浙江省“十一五”重点教材建设项目

出纳实务

主　编：郑宝凤
副主编：解媚霞　刘　蕾

浙江工商大学出版社

图书在版编目(CIP)数据

出纳实务 / 郑宝凤主编. — 杭州:浙江工商大学出版社, 2012.4(2016.7 重印)

ISBN 978-7-81140-567-5

Ⅰ. ①出… Ⅱ. ①郑… Ⅲ. ①出纳—会计实务—高等职业教育—教材 Ⅳ. ①F233

中国版本图书馆 CIP 数据核字(2012)第 172390 号

出纳实务

郑宝凤 主编

责任编辑 郑 建

封面设计 朱 丽

责任校对 周敏燕

责任印制 包建辉

出版发行 浙江工商大学出版社

(杭州市教工路 198 号 邮政编码 310012)

(E-mail:zjgsupress@163.com)

(网址:http://www.zjgsupress.com)

电话:0571-88904980,88831806(传真)

排 版 杭州朝曦图文设计有限公司

印 刷 虎彩印艺股份有限公司

开 本 787mm×960mm 1/16

印 张 20.25

字 数 410 千

版 印 次 2012 年 4 月第 1 版 2016 年 7 月第 3 次印刷

书 号 ISBN 978-7-81140-567-5

定 价 39.00 元

浙江工商大学出版社营销部邮购电话 0571-88904970

前　言

出纳是企业会计工作的重要组成部分，它担负着一个单位所有货币资金的收付、存取任务，处于企业经济活动的最前端。因此，出纳工作的好坏，对企业会计核算的准确性以及企业整个经营活动能否顺利运作都具有非常重要的影响。

出纳岗位作为企业会计机构设置的一部分，和会计岗位具有密不可分的联系，两者之间相互依赖，但同时又各有特点，互有分工。会计专业毕业的学生，走上财务工作岗位的第一项任务往往和出纳工作有关，因此，熟悉出纳岗位业务操作流程，对增强学生岗位胜任能力具有重要意义。

本书在编写过程中，以国家最新颁布的相关法律法规政策为依据，同时紧紧围绕项目教学、任务驱动、工学结合等教学改革要求，遵循以就业为导向，以能力为本位，以实践为中心的原则，着力于提高学生解决实际问题的能力，以将学生培养成为高素质技能型专门人才为目标。因此，本教材在编写过程中主要突出以下特点：

1. 仿真性。教材贯彻从实践中来，到实践中去的编写思路，通过校企合作，获取企业出纳业务的真实资料，筛选后结合理论知识精心设计成教材的实务案例与实训题材，真实反映企业出纳工作的整个过程。

2. 项目化。教材按出纳岗位各项工作内容作为情境教学单元，在每个情境中，根据出纳岗位各项任务要求设计子情境，以工作任务驱动整个工作过程。

3. 社会性和可持续性。教材突破一般出纳教材仅限于现金核算和银行存款核算的单一性，根据高职会计教育就业定位目标，力求与社会实际工作岗位（主要指中小型企业）对出纳提出的综合能力要求相衔接，将工商、税务、社保、住房公积金等交叉工作和边缘工作纳入教材体系，以使学生更好地适应社会实际工作岗位能力要求，更好地体现可持续发展能力和职业迁移能力。

本书属浙江省“十一五”重点教材建设项目，适用于各类高职高专院校、成人高校会计类相关专业，也可作为各类财会人员职业培训教材等。

本书由浙江经贸职业技术学院郑宝凤副教授担任主编,负责制定教材编写大纲,策划、统筹教材编写工作。全书共分七个学习情境,具体编写分工如下:学习情境一由郑宝凤老师、何燕同志负责编写,学习情境二由解媚霞老师、郑宝凤老师负责编写,学习情境三由刘蕾老师、郑宝凤老师和胡帆老师负责编写,学习情境四由解媚霞老师、郑宝凤老师和刘蕾老师负责编写,学习情境五由邱正山老师负责编写,学习情境六由郑宝凤老师负责编写,学习情境七由张会莉老师负责编写。本书的编写离不开浙江中瑞江南税务师事务所杨红帆同志、杭州鑫茂会计服务有限公司何燕同志和浙江工商大学胡帆老师在工学结合方面给予的支持和提供的帮助,在此一并表示感谢。

限于作者水平,书中难免存在疏漏和不妥之处,敬请读者不吝指正。

编　者

2012 年 4 月

目　录

学习情境1　认识出纳新岗位

知识目标

☆ 理解出纳的含义
☆ 了解企业出纳岗位的工作特点和基本要求
☆ 熟悉出纳岗位的工作职能、基本原则和业务流程
☆ 理解出纳、会计岗位机构设置与人员配备及相互间的分工协作关系

技能目标

☆ 能理解出纳基本工作职能
☆ 能对出纳岗位现金和银行存款收支业务流程做出基本描述
☆ 能分析货币经济业务从发生到进入报表数据的整个过程中出纳和会计岗位间的具体分工和协作

主要概念

出纳　收银员　现金收入业务处理程序　现金支出业务处理程序　银行存款收入业务处理程序　银行存款支出业务处理程序　钱账分管原则

小张是高职会计专业大三的学生，还有半年就要毕业了。寒假期间，小张准备了多份求职简历，忙碌于各类招聘会，终于有企业将橄榄枝伸向了她，对她提出了面试邀请。她既紧张又开心地来到了公司，面试官对她的第一印象很好：穿着整齐，待人有礼。接着，面试官对她的专业情况进行了大体了解，最后说道："如果你来我们单位的话，要先从出纳做起，你愿意吗？""出纳？你们不是招会计吗？"小张很纳闷。就这样，小张失去了第一次工作机会。后来，她在QQ上碰到了一位学姐，便向她倾诉了自己的遭遇，没想到学姐告诉她："对啊，我也是先从出纳岗位做起的。我们同学很多都是从出纳岗位学起的。出纳岗位很重要，要做会计，首先要了解出纳岗位啊！"听了学姐的解释，小张重新摆正了自己就业的位置，并对出纳岗位的工作内容进行了全面了解……

子情境1.1　认识出纳岗位基本工作任务

知识与技能准备

一、什么是出纳？

什么是出纳？顾名思义，出即支出，纳即收入，出纳就是指企业货币资金的收入与支出。从实践来看，广义的货币资金包括企业的库存现金、银行存款、票据、有价证券等。因此，从广义上讲，出纳是按照有关规定和制度，办理本单位货币资金、票据和有价证券的收付、保管、核算等工作的总称。狭义的出纳则仅指各单位会计部门专设出纳岗位或人员的各项工作。出纳与会计、稽核、会计主管等岗位组成会计工作的有机整体。

在实际生活中，出纳两个字还有另外一层含义，即按照有关规定和制度，办理本单位货币资金、票据和有价证券的收付、保管、核算等工作的人，也就是出纳人员，通常我们也简称出纳。

需要特别注意的是收银员与出纳的区别。从广义上讲，出纳人员既包括会计部门的出纳工作人员，也包括业务部门的各类收银员。收银员一般工作在经济活动的第一线，其主要工作是办理货币资金和各种票据的收入、保管、核对并转交给专职出纳，保证自己经手的货币资金和票据的安全与完整。因此，收银员一般不专门设置账户进行核算。收银员是出纳（会计）机构的派出人员，是各单位出纳队伍中的一员，他们的工作是整个出纳工作的一部分。狭义的出纳人员仅指会计部门的出纳人员。本书主要针对会计部门出纳人员工作职责进行阐述。

二、出纳岗位工作特点

出纳是整个会计工作的重要组成部分，具有一般会计工作的本质属性，但它又是一个专门的岗位，一项专门的技术，因此，具有自己专门的工作特点。出纳岗位的主要特点有：

1.社会性。出纳工作担负着一个单位货币资金的收付、存取任务，而这些任务的完成是置身于整个社会经济活动的大环境之中的，是和整个社会的经济运转相联系的。只要这个单位发生经济活动，就必然要求出纳员与之发生经济关系。例如出纳人员要了解国家有关财会政策法规并参加这方面的学习和培训，出纳人员要经常跑银行等。因此，出纳工作具有广泛的社会性。

2.专业性。出纳工作作为会计工作的一个重要岗位，有着专门的操作技术和工作规则。凭证如何填，日记账怎样记都很有学问，就连保险柜的使用与管理也是很讲究的。因此，要做好出纳工作，一方面要求经过一定的职业教育，另一方面也需要在实践中不断积累经验，掌握其工作要领，熟练使用现代化办公工具，做一个合格的出纳人员。

3.政策性。出纳工作是一项政策性很强的工作，其工作的每一环节都必须依照国家规定进行。例如，办理现金收付要按照国家现金管理规定进行，办理银行结算业务要根据国家银行结算办法进行。《会计法》、《会计基础工作规范》等法规都把出纳工作并入会计工作中，并对出纳工作提出具体规定和要求。出纳人员不掌握这些政策法规，就做不好出纳工作；不按这些政策法规办事，就违反了财经纪律。

4.时间性。出纳工作具有很强的时间性，何时发放职工工资，何时核对银行对账单等，都有严格的时间要求，一天都不能延误。因此，出纳员心里应有个时间表，及时办理各项工作，保证出纳工作质量。

三、出纳岗位工作职能

出纳工作是财会工作的一个重要组成部分，从总的方面来讲，其职能可概括为收付、反映、监督、管理四个方面，具体如下：

1.收付职能。出纳的最基本职能是收付职能。企业经营活动少不了货物价款的收付、往来款项的收付，也少不了各种有价证券以及金融业务往来的办理。这些业务往来的现金、票据和金融证券的收付和办理，以及银行存款收付业务的办理，都必须经过出纳人员之手。

2.反映职能。出纳要利用统一的货币计量单位，通过其特有的现金与银行存款日记账、有价证券的各种明细分类账，对本单位的货币资金和有价证券进行详细地记录与核算，以便为经济管理和投资决策提供所需的完整、系统的经济信息。因此，反映职能是出纳工作的主要职能之一。

3. 监督职能。出纳要对企业的各种经济业务，特别是货币资金收付业务的合法性、合理性和有效性进行全过程的监督。

4. 管理职能。出纳还有一个重要的职能是管理职能。对货币资金与有价证券进行保管，对银行存款和各种票据进行管理，对企业资金使用效益进行分析研究，为企业投资决策提供金融信息，甚至直接参与企业的方案评估、投资效益预测分析等都是出纳的职责所在。

四、出纳岗位业务工作流程

1. 现金收入业务处理流程

企业主要的现金收入包括从银行提取现金和收取个人或不能转账的集体单位的现金销售收入，以及不足结算起点(1000 元)的小额现金销售收入等。因此，现金收入业务处理程序主要是指办理现金收入时，从填制现金支票到从银行取得现金并登记现金日记账，及从复核现金收入的来源到向银行交存现金并登记现金日记账的处理步骤和规则。

(1)从银行提取现金业务的处理程序

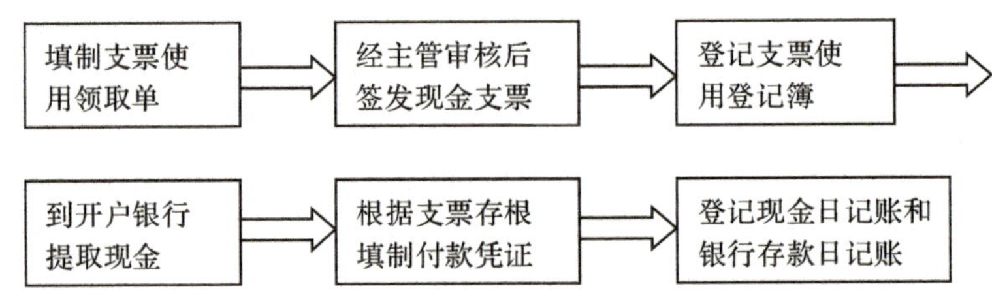

图 1-1 从银行提取现金业务流程

(2)现金收取零星收入业务的处理程序

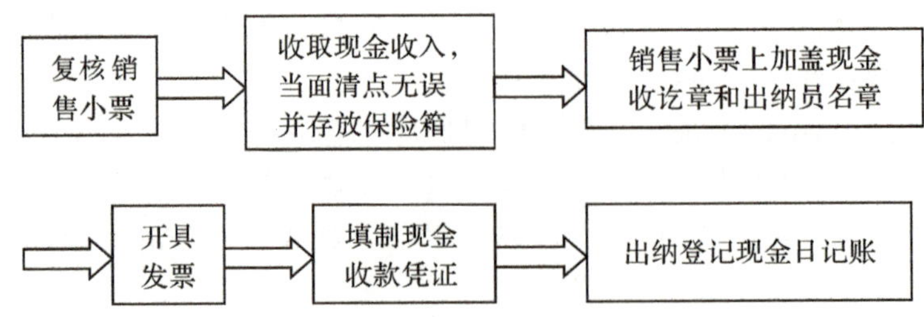

图 1-2 现金收取零星收入业务流程

2. 现金支出业务处理程序

企业主要的现金支出包括将现金按要求送交银行、费用报销、人工费和福利费的发放等。因此，现金支出业务处理程序主要是指办理以上经济业务并登记现金日记账的处理步骤和规则。

(1)向银行送交现金业务的处理程序

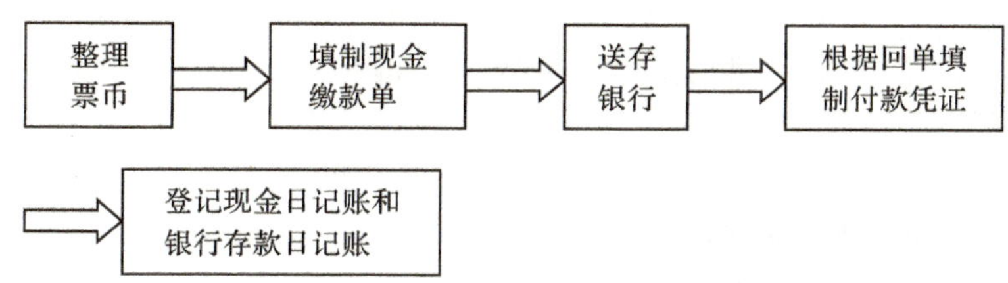

图 1-3 向银行送交现金业务流程

(2)现金报销费用业务的处理程序

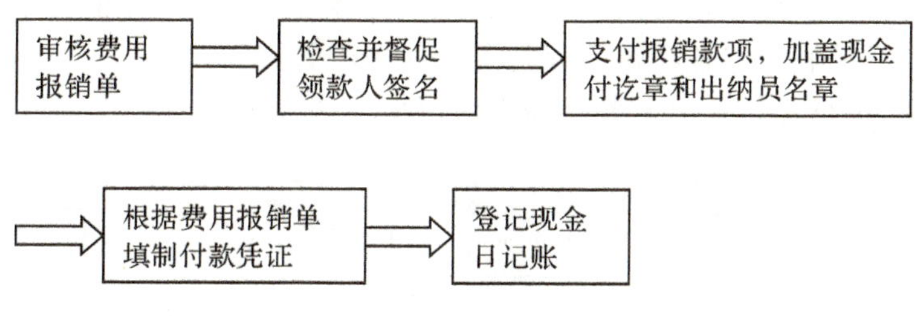

图 1-4 现金报销费用业务流程

(3)人工费、福利费发放业务的处理程序

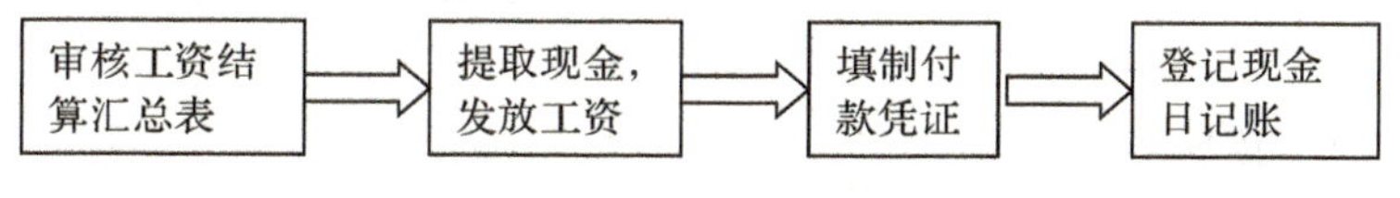

图 1-5 人工费、福利费发放业务流程

3. 银行存款收入业务处理程序

银行存款收入业务的范围包括各类以银行结算方式取得的主营业务收入(如货款收入、提供劳务收入)和其他业务收入(如销售原材料收入、对外出租固定资产收入、对外转让无形资产使用权收入)、取得银行借款收入、取得投资者投入资本、取得各类投资收益等。

根据中国人民银行有关支付结算办法的规定，企业银行结算方式具体包括支票、银行本票、银行汇票、商业汇票、托收承付、委托收款、汇兑等。因此，银行转账结算是银行

存款收入业务处理程序的重要环节。一般来说,银行存款收入业务处理程序可用下图表示:

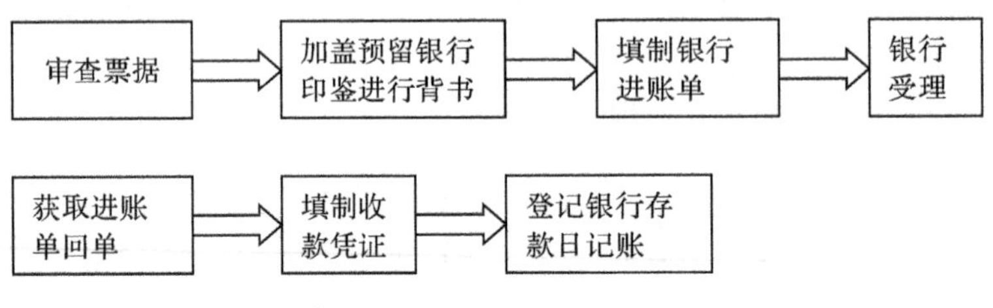

图 1-6　银行存款收入业务流程

4.银行存款支出业务处理程序

银行存款支出业务的范围包括各类以银行结算方式支出的主营业务支出(如购买货物支出、取得劳务支出)和其他业务支出(如租入固定资产支出、取得无形资产使用权支出)、归还银行借款支出、对外投资支出、投资者分红支出、各项税款支出等。

采用银行转账结算是企业实现资金收付的主要手段,对各种银行结算方式业务程序的熟悉程度是顺利完成各项银行存款资金往来的关键。

一般来说,银行存款支出业务处理程序可用下图表示:

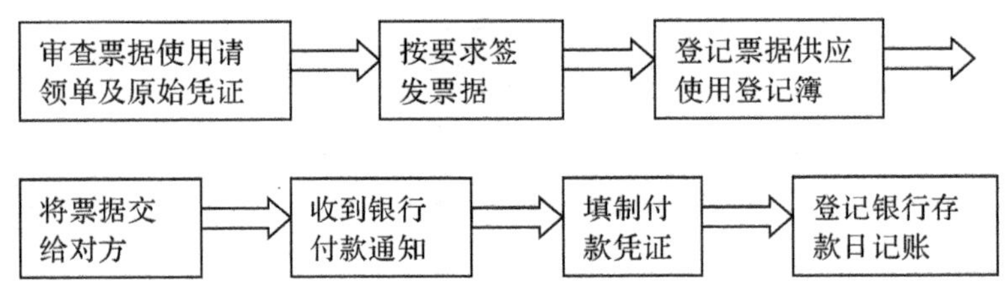

图 1-7　银行存款支出业务流程

五、出纳岗位基本原则

出纳岗位的主要工作对象是货币资金的收付和保管,因此,为防止错弊行为的发生,出纳工作必须以“钱账分管原则”(又称内部牵制原则)作为基本原则。

《会计法》第二十一条第二、三款规定:“会计机构内部应当建立稽核制度。出纳人员不得兼管稽核、会计档案保管和收入、费用、债权债务账目的登记工作。”

出纳岗位应严格遵循“钱账分管原则”,凡是涉及款项和财物收付、结算及登记的任何一项工作,必须由两人或两人以上分工办理,以起到相互制约作用。例如,现金和银行存款的支付,应由会计主管人员或其授权的代理人审核、批准,出纳人员付款,记账人员记账;发放工资,应由工资核算人员编制工资单,出纳人员向银行提取现金和分发工资，记账人员记账。

当然，出纳员不是完全不能记账，只要所记的账不是收入、费用、债权、债务方面的账目，还是可以承担一部分记账工作的。总之，“钱账分管原则”是出纳工作的一项重要原则，各单位都应建立健全这一制度，加强会计人员之间的相互制约和相互监督，提高会计核算质量，防止工作误差和营私舞弊等行为的发生，切实维护国家和单位财产的安全。

六、出纳岗位基本要求

做好出纳工作并不是一件很容易的事，它要求出纳员要有全面精通的政策水平，熟练高超的业务技能，严谨细致的工作作风，明确强烈的安全意识，清正廉洁的道德修养。

1.全面精通的政策水平

出纳工作涉及的法律法规、条例制度很多，如《会计法》及各种会计制度，现金管理制度及银行结算制度，《会计基础工作规范》，成本管理条例及费用报销额度，税收管理制度及发票管理办法，还有本单位自己的财务管理规定等等。出纳人员必须刻苦学习、掌握这些法律法规和条例制度，充分了解自己的岗位职责，这样才能在出纳岗位得心应手，避免犯错误。

2.熟练高超的业务技能

出纳岗位作为企业会计工作的重要组成部分，一方面具有会计工作的某些共同技能要求，另一方面又有出纳岗位的特殊要求。具体来说，出纳人员应具备以下业务技能：

(1)具备处理一般会计事务的财会专业基本知识。

(2)具备较高的处理出纳事务的出纳专业知识水平。

(3)具备较强的数字运算能力，能熟练使用计算机、算盘、计算器等计算工具。

(4)具备汉字和阿拉伯数字的规范书写能力。

(5)具备正确辨别现钞和票据真伪的能力。

(6)具备熟练的点钞能力。

3.严谨细致的工作作风

出纳每天和金钱打交道，稍有不慎就会造成意想不到的损失，出纳员必须养成与出纳职业相符合的工作作风，概括起来就是：精力集中，有条不紊，严谨细致，沉着冷静。精力集中就是工作起来就要全身心地投入，不为外界所干扰；有条不紊就是计算器具摆放整齐，钱款票据存放有序，办公环境洁而不乱；严谨细致就是认真仔细，做到收支计算准确无误，手续完备，不发生工作差错；沉着冷静就是在复杂的环境中随机应变，化险为夷。

4.明确强烈的安全意识

现金、有价证券、票据、各种印鉴，既要有内部的保管分工，各负其责，并相互牵制；也要有对外的保安措施，从办公用房的建造，门、屉、柜的锁具配置，到保险柜密码的管理，都要符合保安的要求。出纳人员既要密切配合保安部门的工作，更要增强自身的保安意识，学习保安知识，把保护自身分管的公共财产物资的安全完整作为自己的首要任务来完成。

5.清正廉洁的道德修养

出纳是一项特殊的职业，出纳员掌握着一个单位的现金和银行存款，“万贯家财手中过”，因此，出纳人员必须严格遵守职业道德修养，爱岗敬业，遵纪守法，洁身自好，清正廉洁，按照会计法律法规和国家统一会计制度规定的程序和要求，真实客观地反映经济活动的本来面目，并注意保守商业秘密。面对钱欲物欲的考验，出纳人员应在出纳工作中坚持原则，实事求是，自觉维护财经纪律和会计工作秩序，自觉履行会计监督的职责，自觉抵制不正之风。

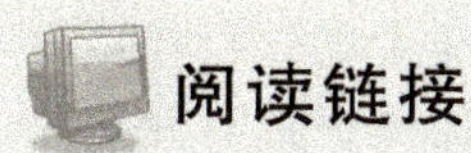

阅读链接

出纳舞弊案例[①]

一、案件简述

郑州市某企业资金充裕，银行活期账户上经常有上千万资金流动，银行业务量大，每月有 1000 多笔记录。为减少错误，每月均先将单位银行存款日记账与银行对账单核对无误后方结账。

2005 年初，会计因急于结账，在帮助出纳核对银行账的过程中发现银行账对不上，在查找过程中发现有几笔未达账项不熟悉，上月银行存款余额调节表实际两边不相等等异常情况。企业遂仔细查找，最后查出异常情况的背后是一起舞弊案件。

二、舞弊手段

经审计检查发现，该单位出纳以银行定期存款到期转存需携带印鉴，付款凭证（支票或电汇）印鉴模糊需补盖印鉴等理由拿到印鉴，或以提取备用金为由骗盖印鉴等手段，逐笔提取现金，多则四五万元少则七八千元，时间累计长达一年有余，共计贪污挪用公款 56 万多元。该出纳舞弊的手法如下：

1. 制作虚假银行对账单，声称银行对账单最后一页暂未拿到或丢失，用真实对账单粘贴复印制作虚假银行对账单，用虚假银行对账单余额制作银行存款余额调节表以应付检查，掩盖贪污挪用资金事实。

2. 用真实银行对账单余额对账，将多笔提取现金数额捏造成虚假银行已付企业未付之未达账项，造成已付货款暂未记账假相。

3. 编造谎言，声称银行记错账，下月转回，甚至委托拉拢银行人员与其统一口径。

4. 制作虚假银行存款调节表，调节表两边实际计算不相等，硬性相等。

三、舞弊案件启示

该企业遵循了各会计法规对出纳的岗位及职责作出限制性规定，如：出纳人员不得兼管稽核、会计档案保管和收入、费用、债权债务账目的登记工作等；也制定了相应的内部控制制度，如：规定财务印鉴由多人保管等。但仅仅做到这些还是远远不够的，由这起舞弊案件，企业应该认识到：

1. 有了内部控制制度，必须严格遵守并严格检查执行情况，才能保证制度的有效运行。如果缺乏有效的执行，则形同虚设。

---

① 本案例来源于中国税网 http://www.ctaxnews.com.cn/

2. 该案例还揭示出一个现实财务工作中值得讨论的问题，即：对企业的银行存款日记账账面余额与银行对账单余额是否一致，到底应该由出纳还是会计负责核对并制作银行存款余额调节表。相关的规章制度及规范中均没有明确表述，如何才能加强企业的资金管理控制好风险，也就是说企业的银行账到底应该由谁对？如何对？怎么监督管理才能杜绝挪用公款之现象？

事实上，企业在实行电算化后出纳人员一般不再记账，而一个单位与银行的业务一般都是出纳负责的，各种单据包括银行对账单也都是出纳负责拿的，如果银行账也由出纳负责核对的话，容易给不法分子挪用资金造成可乘之机，如上述企业一样。即便是会计人员行使了每月检查调节表并核对每笔未达账项的职责，但由于一些规模大的单位的银行对账单一个月几十页，账上资金动辄几千万上亿元，导致未达账项不显示的同月间资金流动仍然不能监控，如月初挪用，月末补回等。

因此，如果由出纳以外的会计人员来核对银行账并制作银行存款余额调节表则可以起到互相监督、互相牵制的作用，有效防止挪用资金等舞弊行为。

近两年，为防范金融犯罪以及与国际接轨，各银行以前主要在柜台发放的银企余额对账单也多由上级银行通过邮寄的方式直接送达企业并要求企业对账后的反馈信息也邮寄给上级银行，这样，绕过了企业及银行的直接经手人，也在很大程度上制约了挪用资金行为。

3. 人们通常把出纳工作只看成是一项简单的收付活动，其实这是一个误解。《会计基础工作规范》第 13 条规定“会计人员的工作岗位应当有计划地进行轮换”。在实际工作中，很少有企业认真执行轮岗制度，而轮岗其实是防止挪用资金行为的有效方法。

子情境 1.2　正确处理出纳和会计岗位的关系

知识与技能准备

一、出纳岗位机构设置与人员配备

1.出纳岗位机构设置

出纳机构一般设置在会计机构内部，各单位可根据单位规模大小和货币资金管理的要求，结合出纳工作的繁简程度来设置出纳机构。以工业企业为例，大型企业可在财务处下设出纳科；中型企业可在财务科下设出纳室，小型企业可在财务股下配备专职出纳员。有些主管公司为了资金的有效管理和总体利用效益，把若干分公司的出纳业务(或部分出纳业务)集中起来办理，成立专门的内部“结算中心”，这种“结算中心"，实际上也是出纳机构。

2.出纳人员配备

一般讲，实行独立核算的企业单位，在银行开户的行政、事业单位，有经常性现金收入和支出业务的企业、行政事业单位都应配备专职或兼职出纳人员，担任本单位的出纳工作。出纳人员配备的多少，主要决定于本单位出纳业务量的大小和繁简程度，要以业务需要为原则，既要满足出纳工作量的需要，又要避免徒具形式、人浮于事的现象。一般可采用一人一岗、一人多岗、一岗多人等几种形式：

(1)一人一岗：规模不大的单位，出纳工作量不大，可设专职出纳员一名。

(2)一人多岗：规模较小的单位，出纳工作量较小，可设兼职出纳员一名。如无条件单独设置会计机构的单位，至少要在有关机构中(如单位的办公室、后勤部门等)配备兼职出纳员一名。需要注意的是，根据《会计法》第三十七条规定：“会计机构内部应当建立稽核制度。出纳人员不得兼任稽核、会计档案保管和收入、支出、费用、债权债务账目的登记工作。”

(3)一岗多人：规模较大的单位，出纳工作量较大，可设多名出纳员，并综合考虑管理的要求和工作便利等因素对出纳人员的工作进行明确分工，如分设管理收付的出纳员和管账的出纳员，或分设现金出纳员和银行结算出纳员等。

3.出纳人员职责

出纳是会计工作的重要环节，明确出纳人员的职责和权限，是做好出纳工作的起码条件。根据《会计法》、《会计基础工作规范》等财会法规，出纳员具有以下职责：

(1)按照国家有关现金管理和银行结算制度的规定，办理现金收付和银行结算业务。出纳员应严格遵守现金开支范围，遵守库存现金限额规定，做到现金管理日清日结，银行存款管理日清月结。

(2)根据会计制度的规定，在办理现金和银行存款收付业务时，要严格审核有关原始凭证，再据以编制收付款凭证，然后根据编制的收付款凭证逐笔顺序登记现金日记账和银行存款日记账，并结出余额。

(3)按照国家外汇管理和结汇、购汇制度的规定及有关批件，办理外汇出纳业务。随着改革开放的深入发展，外汇出纳也越来越重要。出纳人员应熟悉国家外汇管理制度，及时办理结汇、购汇、付汇；避免国家外汇损失。

(4)掌握银行存款余额，不准签发空头支票，不准出租出借银行账户为其他单位办理结算。

(5)保管库存现金和各种有价证券(如国库券、债券、股票等)的安全与完整。要建立适合本单位情况的现金和有价证券保管责任制，如发生短缺，属于出纳员责任的要进行赔偿。

(6)保管有关印章、空白收据和空白支票。通常，单位财务公章和出纳员印章要实行分管，交由出纳员保管的出纳印章要严格按规定用途使用，各种票据要办理领用和注销手续。

4.出纳人员权限

根据《会计法》、《会计基础工作规范》等财会法规，出纳员具有以下权限：

(1)维护财经纪律，执行财会制度，抵制不合法的收支和弄虚作假行为。

(2)参与货币资金计划定额管理的权力。

(3)管好用好货币资金的权力。提出合理安排利用资金的意见和建议，及时提供货币资金使用与周转信息是出纳员义不容辞的责任。

二、会计岗位机构设置与人员配备

1.会计机构的设置

《中华人民共和国会计法》第三十六条规定："各单位应当根据会计业务的需要，设置会计机构，或者在有关机构中设置会计人员并指定会计主管人员；不具备设置条件的，应当委托经批准设立从事会计代理记账业务的中介机构代理记账。"

各单位可以根据单位规模的大小、经济业务和财务收支的繁简、经营管理的要求来决定是否设置会计机构。

2.会计人员的配备

《会计基础工作规范》对会计人员配备原则作了规定，"会计工作岗位，可以一人一岗、一人多岗或者一岗多人"。完整意义上的会计岗位可以包括：会计机构负责人或者会计主管人员、出纳、财产物资核算、工资核算、成本费用核算、财务成果核算、资金核算、往来核算、总账报表、稽核、档案管理等。

三、出纳与会计的分工协作关系

会计，从其所分管的账簿来看，可分为总账会计、明细账会计和出纳。三者既有区别又互相联系，是分工与协作的关系。

1. 出纳与会计的分工关系

总账会计负责企业经济业务的总括核算，为企业经济管理和经营决策提供总括的全面的核算资料；明细分类账会计分管企业的明细账，为企业经济管理和经营决策提供明细分类核算资料；出纳则分管企业票据、货币资金，以及有价证券等的收付、保管、核算工作，为企业经济管理和经营决策提供各种金融信息。总体上讲，必须实行钱账分管，出纳人员不得兼管稽核和会计档案保管，不得负责收入、费用、债权债务等账目的登记工作。总账会计和明细账会计则不得管钱管物。

2. 出纳与会计的协作关系

出纳、明细分类账会计、总账会计之间，有着很强的依赖性。它们核算的依据都是会计原始凭证和会计记账凭证。这些凭证作为记账凭据必须在出纳、明细账会计、总账会计之间按照一定的顺序传递；它们相互利用对方的核算资料，共同完成会计任务，缺一不可。同时，它们之间又互相牵制与控制。出纳的现金和银行存款日记账与总账会计的现金和银行存款总分类账，总分类账与其所属的明细分类账，明细账中的有价证券账与出纳账中相应的有价证券账，都有金额上的等量关系。这样，出纳、明细账会计、总账会计三者之间就构成了相互牵制与控制的关系，三者之间必须相互核对保持一致。

3. 出纳与会计工作的区别

出纳核算是一种特殊的明细核算。它要求分别按照现金和银行存款设置日记账，银行存款还要按照存入的不同户头分别设置日记账，逐笔序时地进行明细核算。“现金日记账”要每天结出余额，并与库存数进行核对；“银行存款日记账”也要在月内多次结出余额，与开户银行进行核对。月末都必须按规定进行结账。月内还要多次出具报告单，报告核算结果，并与现金和银行存款总分类账进行核对。

出纳工作是一种账实兼管的工作。一方面，出纳需要办理现金、银行存款和各种有价证券的收支结算，并进行出纳账务处理，另一方面，出纳还要负责现金、有价证券的保管和银行存款账户的管理工作。这与其他财会人员管账不管钱、管账不管物是明显不同的，但这并不违背出纳“钱账分管原则”。所谓“钱账分管原则”是指出纳人员不得兼管稽核和会计档案保管，不得负责收入、费用、债权债务等账目的登记工作。

单元小结

本情境主要介绍了出纳岗位的含义、工作特点、工作职能、业务工作流程、岗位基本原则和基本要求等，并对出纳、会计岗位机构设置与人员配备情况作了说明，最后分析了出纳人员的职责、权限及与会计的分工协作关系。相关内容及要求主要如下：

任务内容	认识出纳新岗位	
	知识与技能准备	技能要求与目标
认识出纳岗位基本工作任务	1.出纳的含义 2.出纳岗位工作特点 3.出纳岗位工作职能 4.出纳岗位业务工作流程 5.出纳岗位基本原则 6.出纳岗位基本要求	1.能建立对出纳岗位工作的基本认知 2.能正确描述出纳岗位现金和银行存款收支业务流程 3.能树立出纳岗位职业道德规范意识
正确处理出纳和会计岗位的关系	1.出纳岗位机构设置与人员配备 2.会计岗位机构设置与人员配备 3.出纳与会计的分工协作关系	1.能正确划分出纳和会计之间的岗位分工 2.能和会计人员之间建立良好的人际合作和岗位合作关系

思考与练习

一、思考题

1.什么是出纳？其与收银员是什么关系？

2.简述出纳岗位工作特点和工作职能。

3.简述出纳岗位工作业务流程。

4.如何理解出纳工作钱账分管原则？

5.出纳岗位基本要求包括哪些内容？

6.简述出纳和会计岗位机构设置与人员配备。

7.简述出纳人员职责和权限。

8.如何理解出纳与会计的分工协作关系？

二、练习题

【单选题】

1. 下列选项中，体现办理现金业务不相容岗位相互分离的是(　　)。

A. 由出纳人员兼任会计档案保管工作

B. 由出纳人员保管签发支票所需全部印章

C. 由出纳人员兼任收入总账和明细账的登记工作

D. 由出纳人员兼任固定资产明细账及总账的登记工作

2. 下列选项中，不符合现金管理的基本原则是(　　)。

A. 钱账分管原则　　B. 收付合法原则

C. 日清日结原则　　D. 禁止坐支现金

3. 出纳根据收款凭证收款或付款凭证付款后，为避免重收重付，应(　　)。

A. 在凭证上加盖“收讫”或“付讫”戳记

B. 由收款人员或付款人员在备查簿上签名

C. 由出纳人员在备查簿登记

D. 由出纳人员在凭证上划线注销

4. 为了总括反映和监督库存现金的收支和结存情况，企业应设置(　　)账户进行总分类核算。

A.“库存现金”　　B.“备用金”

C.“银行存款”　　D.“货币资金”

5. 现金收入不包括(　　)。

A. 银行汇票转账结算取得的销售收入

B. 销售商品取得的现金收入

C. 提供劳务取得的收入

D. 出差人员报销差旅费退回的多余款项

6. 企业从银行提取现金，应(　　)。

A. 借记“库存现金”　　B. 借记“银行存款”

C. 借记“备用金”　　D. 贷记“库存现金”

7. 出纳员负责办理(　　)。

A. 现金收付业务　　B. 会计档案保管

C. 收入账目登记　　D. 稽核

8. 企业应设置“现金日记账”，由(　　)按照经济业务发生的先后顺序逐日逐笔登记。

A. 主管人员　　B. 出纳人员

C. 会计人员　　D. 经办人员

9. 现金结算起点为(　　)元。

A. 500　　B. 5 000

C. 100　　D. 1 000

10. 每日应将现金日记账与(　　)核对,做到账款相符。

A. 库存现金　　B. 现金总分类账

C. 收付款凭证　　D. 银行存款日记账

【多选题】

1. 作为一名合格的出纳员应具备的基本素质要求(　　)。

A. 要有良好的职业道德　　B. 要有较强的政策水平

C. 要有熟练的专业技能　　D. 要有良好的工作态度

2. 出纳员要做到具备良好的职业道德,应做到(　　)。

A. 爱岗敬业　　B. 廉洁自律

C. 客观公正　　D. 保守秘密

3. 资金支出的一般程序是(　　)。

A. 明确资金支出的金额和用途　　B. 付款审批

C. 办理付款　　D. 付款退回

4. 出纳人员的配备一般可采用(　　)。

A. 一人一岗　　B. 一人多岗

C. 一岗多人　　D. 多人多岗

5. 出纳人员不得兼管(　　)工作。

A. 稽核　　B. 会计档案保管

C. 收入账目登记　　D. 现金日记账登记

6. 以下各项属出纳人员业务范围的有(　　)。

A. 保管库存现金和有价证券　　B. 保管空白支票和空白收据

C. 保管有关印章　　D. 保管会计档案

7. 下列做法不正确的有(　　)。

A. 从本单位的现金收入中直接支付现金

B. 用不符合财务制度的凭证顶替库存现金

C. 单位之间相互调剂现金

D. 私营企业将企业收入的现金以个人名义存入储蓄

8. 出纳工作的职能是(　　)。

A. 收付职能　　B. 反映职能

C. 监督职能　　D. 管理职能

9. 出纳人员的可以登记的账簿有(　　)。

A. 收入明细账　　B. 总账

C. 库存现金日记账　　D. 银行日记账

10. 下列凭证可以作为现金收付款原始凭证的有(　　)。

A. 现金支票存根

B. 财务部门开具的小额销货发票记账联

C. 银行缴款单回执联

D. 未经批准的职工临时暂款单

三、技能训练题

实训目的：掌握现金业务办理流程。

实训资料：浙江昊阳实业股份有限公司出纳汪小婕第一天上岗，就遇到了两笔业务：

(1)收到销售部门交来现金 6 000 元。

(2)销售部门小王前来报销办公费用 500 元。

实训要求：

(1)勾画现金业务流程图，简述现金业务办理程序。

(2)简述上述业务流程中财务部门各岗位应如何进行分工合作。

学习情境2　练好出纳岗位基本功

知识目标

☆ 掌握文字与数字的书写要求
☆ 掌握点钞的基本方法
☆ 掌握人民币真假和票据真伪的识别方法
☆ 熟悉损伤票币挑剔的标准和兑换方法
☆ 掌握保险柜的使用、管理和维护
☆ 掌握会计凭证的装订和保管方法

技能目标

☆ 能正确规范地进行文字和数字的书写
☆ 能熟练运用手持式单指单张点钞法进行点钞
☆ 能正确辨别现钞和票据的真伪
☆ 能对损伤票币进行正确的挑剔和兑换
☆ 能正确使用和保管保险柜
☆ 能正确装订凭证

主要概念

五好钱捆　点钞　手持式单指单张点钞　伪造币　变造币　票据　损伤票币
保险柜　会计凭证装订

通过一段时间的努力和等待，小张又迎来了第二次面试机会。她决定一定要好好抓住这次机会。刚开始，面试官也同样对她的基本情况作了了解，最后说道：“如果你来我们单位的话，要先从出纳做起，你愿意吗？”“愿意。”“你知道出纳岗位的主要工作是什么吗？”小张于是娓娓道来，面试官频频点头，非常满意。三天后，小张就收到了录用通知。她得到了第一份实习工作——出纳，试用期 3 个月。试用期满后，若经考核优秀，她就可以拿着毕业证书顺利签合同。她觉得非常兴奋，因为终于要真正开始工作了。但与此同时，小张也开始担心，虽然自己学得不错，但毕竟学习和工作还是有差距的。下周就要上岗了，于是小张赶紧利用空余时间准备出纳基本功……

子情境 2.1　规范书写文字与数字

知识与技能准备

文字和数字的规范书写，是对出纳人员的基本要求之一。无论是开具发票，还是填写支票，或者是编制凭证、登记账簿，对文字和数字的书写都有规范性的要求。

一、文字的正确书写

1. 要用蓝黑墨水或碳素墨水书写，不得用铅笔、圆珠笔(用复写纸复写除外)。红色墨水只在特殊情况下使用。填写支票必须使用碳素笔书写。

2. 文字书写一般要紧靠左竖线书写，文字与左竖线之间不得留有空白部分。

3. 文字不能顶格写，一般要占空格的 1/2 或 2/3。

4. 文字要清晰，要用正楷或行书书写。

二、数字的正确书写

1. 阿拉伯数字书写要求

(1)字体应当一个一个地写，独立成形，不得连笔写。

(2)每个字要紧靠凭证或账表行格底线书写，字体约占行格高度的 1/3，如果行格较低的可占 1/2。

(3)阿拉伯数字前应写明币种符号，币种符号与阿拉伯数字金额之间不得留有空白。凡阿拉伯数字前有币种符号的，数字后边不再写单位。

(4)以元为单位的阿拉伯数字，除表示单价外一律写到角分；无角分的，角分位写“00”或符号“－”；有角无分的，分位应写“0”，不得写符号“－”。

2. 阿拉伯数字标准写法

(1)字体要各自成形，大小匀称，排列整齐。

(2)有圆圈的数字如 6、8、9、0 等，圆圈必须封口。

(3)字体要自右上方斜向左下方书写，倾斜度为 45 度。

(4)除“4”、“5”以外的数字，必须一笔写成。写 6 时比一般数字向右上方长出 1/4，写 7、9 时比一般数字下方(过行格底线)长出 1/4。

示范如图 2-1 所示：

图 2-1　阿拉伯数字书写标准

3. 大写数字书写要求

(1)大写金额前未印货币名称的，应加填货币名称，货币名称与金额之间不得留有空白。

(2)大写金额数字到元或角为止的，在“元”或“角”之后应当写“整”或“正”；大写金额有分的，“分”字之后不再写“整”或“正”。

(3)阿拉伯数字中间有“0”时，汉字大写要写“零”字；阿拉伯数字中间连续有几个“0”时，汉字大写金额只写一个零字。

4. 大写数字标准写法

壹、贰、叁、肆、伍、陆、柒、捌、玖、拾、零、佰、仟、万、亿、元、角、分(整)。

账、证、表的文字与数字的书写是出纳人员的重要基本功。凭证的处理、账簿的登记、报表的编制都需要用规范的文字和数字加以表达，应当做到使书写的文字和数字正确、清晰、流利、匀称。

子情境 2.2　熟练掌握点钞技术

知识与技能准备

一、点钞的基本要领

出纳人员在办理现金的收付与整点时，要做到“准”、“快”和“好”。“准”，就是钞券清点不错不乱，准确无误。“快”，是指在“准”的前提下，加快点钞速度，提高工作效率。“好”，就是清点的钞券要符合“五好钱捆”的要求。人民银行“五好钱捆”管理标准是指：

(1)点准。各商业银行缴存的款项必须清点，百张一把、十把一捆，张数、金额准确无误。

(2)挑净。按规定标准对回收的人民币进行挑剔，完整券与损伤券分开。完整券和损伤券相互掺叉不超过 5%。

(3)墩齐。每捆清点后，捆扎前应墩齐，票券内不折叠，不露边、不露角。

(4)扎紧。每把的捆扎腰条不显松驰，正反面不过紧起皱。每捆捆扎时应放置与票券大小一致相对较厚的底鉴。每捆绳头扎扣死结后各分两边卷入绳内，长度应短于封签两头 1.5 厘米。每捆捆后上下移动最高处不超过 1 厘米。

(5)印章清晰。每把腰条须盖复点员印章，封签上应加盖行名章、日期章、封包员、复核员印章，钱捆验收后应加盖验收人名章。另外，钱捆质量要求完整券为单腰条，损伤券为双腰条，扎于人民币 1/4 处。

“准”是做好现金收付和整点工作的基础和前提，“快”和“好”是银行加速货币流通、提高服务质量的必要条件。

学习点钞，首先要掌握基本要领。基本要领对于哪一种方法都适用。点钞基本要求大致可概括为以下几点：

(1)坐姿端正。点钞时，两手各部位的肌肉要放松，双肘自然放在桌面上，持票的左手手腕接触桌面，右手腕稍抬起。

(2)券要墩齐。这是点准钞券的前提。对折角、弯折、揉搓过的钞券要将其弄直、抹平，明显破裂、质软的票子要先挑出来。清理好后，将钞券在桌面上墩齐。

(3)操作定型，用品定位。点钞时使用的印泥、图章、水盒、腰条等要按使用顺序固定位置放好，以便点钞时使用顺手。

(4)点数准确。点和数是点钞过程的二个重要方面，这二个方面要相互配合，协调一致。

(5)扎把捆紧。扎小把,以提起把中第一张钞票不被抽出为准。按"#"字形捆扎的大捆,以用力推不变形、抽不出票把为准。

(6)盖章清晰。腰条上的名章,是分清责任的标志,每个人整点后都要盖章,图章要清晰可辨。

(7)动作连贯。动作连贯是保证点钞质量和提高效率的必要条件。点钞过程的各个环节(拆把、清点、墩齐、扎把、盖章)必须密切配合,环环相扣。清点中双手动作要协调,速度要均匀,切忌忽快忽慢、忽多忽少,同时尽量减少不必要的小动作、假动作,以免影响动作的连贯性和点钞速度。

二、点钞的基本环节

点钞是一个从拆把开始到扎把为止这样一个连续、完整的过程。它一般包括拆把持钞、清点、记数、墩齐、扎把、盖章等环节。要加速点钞速度,提高点钞水平,必须把各个环节的工作做好。

1. 拆把持钞

成把清点时,首先需将腰条纸拆下。拆把时可将腰条纸脱去,保持其原状,也可将腰条纸用手指勾断。通常初点时采用脱去腰条纸的方法,以便复点时发现差错进行查找,复点时一般将腰条纸勾断。

2. 清点

清点是点钞的关键环节。清点的速度、清点的准确性、直接关系到点钞的准确与速度。因此,要勤学苦练清点基本功,做到清点既快又准。

在清点过程中,还需将损伤券按规定标准剔出,以保持流通中票面的整洁。如该把钞券中夹杂着其他版面的钞券,应将其挑出。

在点钞过程中如发现差错,应将差错情况记录在原腰条纸上,并把原腰条纸放在钞券上面一起扎把,不得将其扔掉,以便事后查明原因,另作处理。

3. 记数

记数是点钞的基本环节,与清点相辅相成。在清点准确的基础上,必须做到记数准确。

4. 墩齐

钞券清点完毕扎把前,先将钞券墩齐,以便扎把保持钞券外观整齐美观。票子墩齐要求四条边水平,不露头或不呈梯形错开,卷角应拉平。墩齐时,双手松拢,先将钞券竖起来,双手将钞券捏成瓦形在桌面上墩齐,然后将钞券横立并将其捏成瓦形在桌面上墩齐。

5. 扎紧

每把钞券清点完毕后,要扎好腰条纸。腰条纸要求扎在钞券的 1/2 处,左右偏差不得超过二厘米。同时要求扎紧，以提起第一张钞券不被抽出为准。

6. 盖章

盖章是点钞过程的最后一环，在腰条纸上加盖点钞员名章，表示对此把钞券的质量、数量负责，所以每个出纳员点钞后均要盖章，而且图章要盖得清晰，以看得清行号、姓名为准。

三、点钞的基本方法

点钞方法主要有手工点钞和机器点钞两种。为防止差错，实务中往往采用手点一遍、机过一遍的方式，将手工点钞和机器点钞配合使用。

手工点钞方式主要有手持式点钞法和扇面式点钞法。手持式点钞法是将钞券拿在手上进行清点的点钞方法，一般有手持式单指单张点钞、手持式一指多张点钞、手持式四指拨动点钞和手持式五指拨动点钞等多种方法。其中手持式单指单张点钞是一种适用面较广的点钞方法，可用于收款、付款和整点各种新旧大小钞券。这种点钞方法的优点是：持票人持票所占的票面较小，视线可及票的四分之三，容易发现假票，挑剔残破币也较方便。

扇面式点钞法是把钞票捻成扇面状进行清点的方法，一般有扇面式一按多张点钞法、扇面式多指多张点钞法。这种点钞方法最适合用于整点新券及复点工作，是一种效率较高的点钞方法。但这种点钞方法清点时往往只看票边，票面可视面极小，不便挑剔残破券和鉴别假票，不适用整点新旧币混合的钞券。

以下介绍最常见的手持式单指单张点钞法的具体操作：

1. 持钞

左手横执钞券，下面朝向身体，左手拇指在钞券正面左端的 1/4 处，食指和中指在钞券背面与拇指一起捏住钞券，无名指和小指自然弯曲；捏起钞券后，无名指和小指伸向票前压住钞券的左下方，中指弯曲稍用力，与无名指和小指夹住钞券；食指伸直，拇指向上移动按住钞券的侧面将钞券压成瓦形，左手将钞券往桌面上轻轻擦，拇指借用桌面的擦力将钞券向上翻成微形票面。同时右手的拇指、食指、中指沾水作点钞准备。

2. 清点

左手持钞稍斜，正面对胸前。右手从右上角开始捻钞，右手拇指尖向下捻动钞票的右上角，拇指不要抬得太高，动作的幅度也不宜太大，以免影响速度；食指在钞票背面托住少量钞票配合拇指工作，随着钞票的捻出要向前移动，以及时托住另一部分票子；无名指将捻下来的钞票往怀里方向弹，每捻下一张弹一次，要注意轻点快弹；中指翘起不要触及票面，以免妨碍无名指动作，在清点中拇指上的水用完可向中指沾一下便可点完 100 张。同时，左手拇指也要配合动作，当右手将钞券下捻时，拇指要随即向后移动，并用指尖向外推动钞券，以利捻钞时下钞均匀。在这一环节中，要注意右手拇指捻钞时，主要负责将钞券捻开，下钞主要靠无名指弹拨。

3. 挑残破券

在清点过程中，如发现残破券应按剔旧标准将其挑出。为了不影响点钞速度，点钞时不要急于抽出残破券，只要用右手中指、无名指夹住残破券将其折向外边，待点完100张后再抽出残破券补上完整券。

4. 记数

在清点钞券的同时要记数。由于单指单张每次只捻一张钞券，记数也必须一张一张记，直至记到100张。从“1”到“100”的数中，绝大多数是两位数，记数速度往往跟不上捻钞速度，所以必须巧记。通常可采用分组计数法，把10作1记，即1、2、3、4、5、6、7、8、9、1；1、2、3、4、5、6、7、8、9、2；……1、2、3、4、5、6、7、8、9、10。这样正好100张。这种记数方法既简捷迅速又省力好记，有利于准确记数。记数时要注意不要用嘴念出声来，要用心记，做到心、眼、手三者密切配合。

5. 扎把

点钞完毕后需要对所点钞票进行扎把，通常是100张捆扎成一把，分为缠绕式和扭结式两种方法。

临柜收款常采用缠绕式扎把法，这种方法需使用牛皮纸腰条，其具体操作方法如下：

(1)将点过的钞票100张墩齐。

(2)左手从长的方向拦腰握着钞票，使之成为瓦状(瓦状的幅度影响扎钞的松紧，在捆扎中幅度不能变)。

(3)右手握着腰条头将其从钞票的长的方向夹入钞票的中间(离一端1/3—1/4处)从凹面开始绕钞票两圈。

(4)在翻到钞票原度转角处将腰条向右折叠90度，将腰条头绕捆在钞票的膘条转两圈打结。

(5)整理钞票。

考核、比赛时则常采用扭结式扎把法，这种方法需使用绵纸腰条，其具体操作方法如下：

(1)将点过的钞票100张墩齐。

(2)左手握钞，使之成为瓦状。

(3)右手将腰条从钞票凸面放置，将两腰条头绕到凹面，左手食指、拇指分别按住腰条与钞票厚度交界处。

(4)右手拇指、食指夹住其中一端腰条头，中指、无名指夹住另一端腰条头，并合在一起，右手顺时针转180°，左手逆时针转180°，将拇指和食指夹住的那一头从腰条与钞票之间绕过、打结。

(5)整理钞票。

子情境 2.3　正确辨别现钞真伪

知识与技能准备

一、假币的主要类型

通常所说的假币,包括伪造币和变造币。

1.伪造币

指仿造真币原样,利用各种手段非法重新仿制的各类假票币。按其伪造手段和方法有以下几种类型:手工描绘或手工刻版印刷的假币;利用一般办公工具伪造的假币;使用小型的印刷设备制造的假币;机制假币;利用化学药品复印的假币。

2.变造币

指在真币基础上或以真币为基本材料,通过挖补、剪接、涂改、揭层等办法加工处理,使原币改变数量、形态,以此实现升值的假货币。其主要特征是票面不完整,如拼凑券是多条拼成的,揭页券是无正面或无背面,挖补券是券别数字和文字被变造。

二、第五套人民币防伪特征

为适应经济发展和市场货币流通的要求,1999 年 10 月 1 日,在中华人民共和国建国 50 周年之际,中国人民银行陆续发行第五套人民币(1999 年版)。

1999 年 10 月 1 日,首先发行了 100 元纸币。

2000 年 10 月 16 日发行了 20 元纸币、1 元和 1 角硬币。

2001 年 9 月 1 日,发行了 50 元、10 元纸币。

2002 年 11 月 18 日,发行了 5 元纸币、5 角硬币。

2004 年 7 月 30 日,发行了 1 元纸币。

为提高第五套人民币的印刷工艺和防伪技术水平,经国务院批准,中国人民银行于 2005 年 8 月 31 日发行了第五套人民币 2005 年版 100 元、50 元、20 元、10 元、5 元纸币和不锈钢材质 1 角硬币。

1.第五套人民币 1999 年版和 2005 年版纸币均采用的防伪特征

(1)手工雕刻头像。

(2)胶印缩微文字。

(3)雕刻凹版印刷(正面)。

(4)有色荧光图案(正面):特定波长的紫外光下可见黄色荧光的面额数字。

(5)固定位置水印:1 元(新式 1 元纸币的防伪设计属于 2005 年版,但票背仍印 1999 年)、5 元(包括 1999 年版和 2005 年版,下同)、10 元及 20 元为花卉,50 元及 100 元为人像。

2.第五套人民币 1999 年版和 2005 年版部分面额纸币采用的防伪特征

(1)凹印手感线纹:1 元及 2005 版 5 元、10 元、20 元、50 元、100 元。

(2)双色横排号码:1 元、5 元、10 元、20 元及 2005 版 50 元、100 元。

(3)隐形面额数字:新式 1 元及 2005 版 5 元、10 元、20 元、50 元、100 元。

(4)EURion constellation:(欧姆龙环,正面面额及固定位置水印间的一堆圆圈,又称"防复印图案"。这组特殊排列的圆圈可以防止纸币被复印或打印。很多彩色复印机、扫描仪、打印机和图像处理软件都有识别此特殊图案的功能,发现带此图案的原稿就会拒绝复印或打印。)1 元及 2005 版 5 元、10 元、20 元、50 元、100 元。

(5)白水印:5 元、10 元及 2005 版 20 元、50 元、100 元。

(6)黄、蓝彩色纤维:5 元、10 元、20 元、50 元及 100 元,特定波长的紫外光照射下始可见。

(7)光变油墨面额数字:50 元及 100 元,倾斜一定角度时,"100"元券由绿色变为蓝色,"50"元券由金色变为绿色。

(8)彩虹过渡印刷:100 元。

(9)雕刻凹版印刷(背面):5 元、10 元、50 元、100 元及 2005 版 20 元。

(10)全息磁性开窗安全线:5 元、10 元及 2005 版 20 元、50 元、100 元。

(11)阴阳互补对印图案:10 元、50 元、100 元及 2005 版 20 元。

(12)有色荧光图案(背面):特定波长的紫外光下可见,20 元为绿色荧光图案,100 元为桔黄色图案。

3.第五套人民币 1999 年版纸币采用,2005 年版纸币不再采用的防伪特征

(1)红、蓝彩色纤维:1999 年版的 5 元、10 元、20 元、50 元及 100 元。

(2)磁性缩微文字安全线:1999 年版 50 元及 100 元。

(3)明暗之间安全线:1999 年版的 20 元。

(4)横竖异色双号码:1999 年版的 50 元和 100 元。

2005 年版第五套人民币 1 角硬币材质由铝合金改为不锈钢,色泽为钢白色。其正背面图案、规格、外形与 1999 年版的 1 角硬币相同。

2005 年版第五套人民币 100 元纸币和 50 元纸币主要防伪特征如图 2-2、图 2-3 所示:

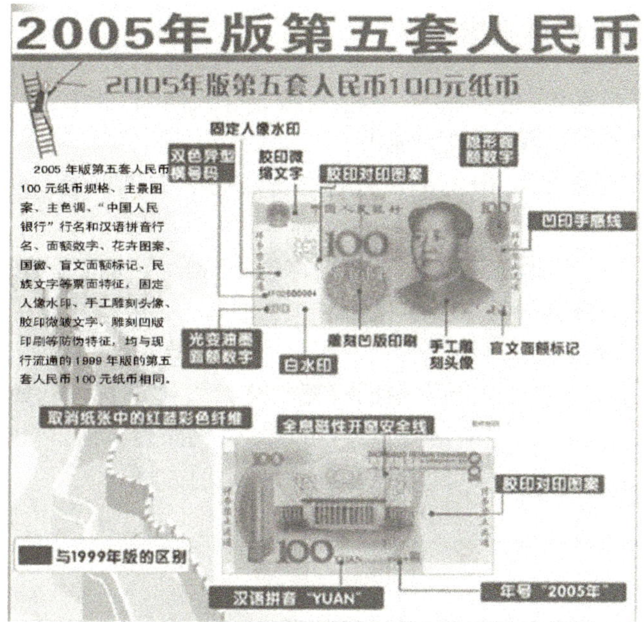

图 2-2　100 元纸币防伪特征

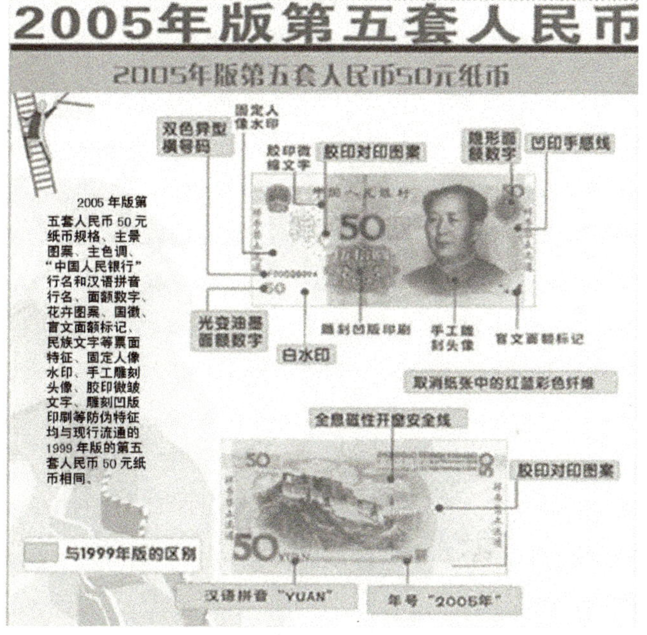

图 2-3　100 元纸币防伪特征

三、真假人民币的辨别方法

识别人民币纸币真伪，通常采用“一看、二摸、三听、四测”的方法：

一看：看水印、看安全线、看光变油墨。

二摸：摸人像、盲文点、中国人民银行行名等处是否有凹凸感；摸纸币是否薄厚适中，挺括度好。

三听：通过抖动钞票使其发出声响，根据声音来分辨人民币真伪。人民币的纸张，具有挺括、耐折、不易撕裂的特点。手持钞票用力抖动、手指轻弹或两手一张一弛轻轻对称拉动，能听到清脆响亮的声音。

四测：借助一些简单的工具和专用的仪器来分辨人民币真伪。如借助放大镜可以观察票面线条清晰度、胶、凹印缩微文字等；用紫外灯光照射票面，可以观察钞票纸张和油墨的荧光反映；用磁性检测仪可以检测黑色横号码的磁性。

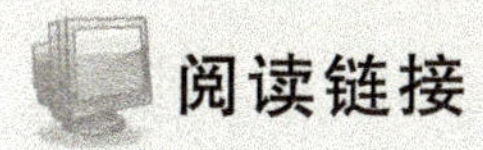

阅读链接

2010 年度十大贩卖假币案件[①]

2010 年全国假币犯罪发案量比 2009 年下降 69%，银行临柜收缴假币量同比下降 46%。流通领域中假币数量明显减少，货币市场明显净化，但仍需保持高度警惕性。

位于公安部发布的 2010 年度十大经典贩卖假币案件之首的是广东、湖南"4·27"特大伪造货币案。2010 年 4 月 27 日，广州公安机关在京珠高速公路一辆长途客车上截获假人民币 6 700 万元，当场抓获涉嫌运输假币的黄某等 6 名犯罪嫌疑人，并查明该批假币来自湖南省。4 月 30 日，湖南公安机关在常宁市捣毁一个特大伪造货币窝点，缴获假人民币 904 万元。经鉴定，广州公安机关查获的 6 700 万元假币系该窝点生产。之后，广东、湖南两地公安机关将该案犯罪嫌疑人全部抓获。

其他九大贩卖假币案件分别为上海"4·5"运输假币案，湖北、北京破获贾某购买、运输假币案，四川、广东"8·5"特大伪造货币案，浙江平阳伪造世博会纪念币案，广东潮州"9·6"特大伪造货币案，江苏淮安家族式假币犯罪团伙案，河南信阳刘某购买、运输假币案，云南玉溪"12·2"购买、运输假币案和贵州遵义"12·22"购买假币案。

要案摘登：

1. 四川、广东：涉案 4 500 余万元

2010 年 7 月 9 日，四川成都公安机关查获百元面额假人民币 400 余万元，抓获犯罪嫌疑人漆某、钟某。经查，该批假币由犯罪嫌疑人漆某赴广东向钟某购买。

据此线索，广东揭阳、四川成都公安机关联合开展侦查工作，并于 8 月 5 日在揭阳市捣毁一个伪造货币窝点，抓获犯罪嫌疑人 6 名，缴获百元面额、半成品假人民币 4 100 余万元及印制机器设备等，同时查获假发票印制及仓储窝点各 1 个。

2. 广东潮州：涉案 6 000 万元

2010 年 8 月，广东省潮州市公安机关获悉，饶平县有人从事印制假币犯罪活动，遂成立专案组开展工作。9 月 6 日，公安机关在该县某村一举捣毁一个印制假币窝点，抓获犯罪嫌疑人张某等 7 人，缴获百元面额、半成品假人民币 6 000 万元，同时查获全套印制假币设备及一大批原材料。

---

① 本文来源于京华时报，第 8 版，2011 年 3 月 22 日。

3.浙江平阳:伪造世博纪念币

2010年7月,浙江省平阳县公安机关捣毁一个特大伪造世博会纪念币窝点,查获假贵金属纪念币6 711枚,市场价133万余元。

经查,2010年初,浙江省平阳县人许某与吴某合谋,伪造上海世博会纪念币等特许商品,并通过余某等人刻制模具,由吴某组织生产,许某负责销售。现该案犯罪嫌疑人全部落网。

子情境 2.4　正确辨别票据真伪

知识与技能准备

一、票据的主要类型

广义的票据，泛指各种有价证券，如债券、股票、提单等等。狭义的票据仅指以支付金钱为目的的有价证券，即出票人根据票据法签发的，由自己无条件支付确定金额或委托他人无条件支付确定金额给收款人或持票人的有价证券。在我国，票据即汇票、支票及本票的统称。

二、票据真伪识别方法

票据真伪识别方法主要是一查、二听、三摸、四比、五照五个方面：

一查：即通过审查票面的"四性"——清晰性、完整性、准确性、合法性来辨别票据的真伪。

1. 清晰性：主要指票据平整洁净，票面无折痕、水迹、油渍或其他污物。字迹印章清晰可辨，票面各记载要素、签章及背书无涂改痕迹。

2. 完整性：主要指票据无缺角、撕痕或其他破损，票面各记载要素及背书填写完整、各种签章齐全。

3. 准确性：主要指票面各记载要素填写正确，票据大、小写金额一致，书写规范，背书连续，签章符合《票据法》的规定。

4. 合法性：主要指票据能正常流转和受理，不属于被盗、被骗、遗失范围及公检法禁止流通和公示催告范围。注有"不得转让"、"质押"、"委托收款"字样的票据不得办理贴现。

二听：即通过听抖动票据纸张发出的声响来辨别票据的真伪。用手抖动票据，票据纸张会发出清脆的响声，能明显感到纸张韧性，而假票的纸张手感则软、绵、不清脆，而且票面颜色发暗、发污，个别印刷处字迹模糊。

三摸：即通过触摸票据号码凹凸感来辨别票据的真伪。

四比：即借助票面"四种防伪标志"比较来辨别票据的真伪，下面以银行承兑汇票为例进行说明。

1. 纸张防伪

不需借助仪器可看到在汇票表面无规则地分布着色彩纤维；汇票纸张中加入一种

化学元素，如用酸、碱性物质进行涂改，汇票则会变色。

2. 油墨防伪

汇票正中大写金额线由荧光水溶线组成，如票据被涂改、变造，此处则会发生变化，线条会消失。

3. 缩微文字

汇票正面“银行承兑汇票”字样的下划线是由汉语拼音“HUIPIAO”的字样组成；汇票中间是由汉语拼音“HUIPIAO”字样的缩微文字组成的右斜线，横贯整个票面的宽带区域。

4. 印刷防伪

汇票右下角的梅花花心内为小写汉语拼音“H”的字样。注意“H”字母应为空心。

五照：即借助鉴别仪的“四个灯”来辨别票据的真伪，下面以银行承兑汇票为例进行说明。

1. 放大灯

在放大灯下可观测到汇票正面的印刷纹路清晰连续，且纸张无涂改变色痕迹。同时，还可通过子母放大镜的子镜观测到汇票正面清晰连续的缩微文字。

2. 短波灯

在短波灯下可观测到汇票背面的二维标识码在灯下呈淡绿色荧光反应。

3. 长波灯

在长波灯下可以观测到在汇票表面无规则地分布着荧光纤维；汇票正面大写金额线有红色荧光反应；汇票的左上角印有红色的承兑行行徽，呈现桔红色；汇票字样右侧有暗记，为各行行徽，长波灯下呈淡绿色荧光反应。

4. 水印灯

在水印灯下可以观测到汇票内部排列着黑白水印相间的小梅花，以及“HP”字样，一正一倒，一阴一阳地进行排列，位置不固定，定向不定位。

子情境 2.5　挑剔与兑换损伤票币

知识与技能准备

一、损伤票币挑剔的标准

出纳人员在办理现金的收付、票币的整点时，应随时把损伤票币挑剔出来，按规定兑换成合格的人民币。

损伤票币是指人民币在流通中因自然磨损，保管不善等原因造成其票面不完整的票币，如纸币破裂、油浸、熏焦、水湿、污染变色、虫蛀、鼠咬、霉烂、火烧等，金属币出现严重磨损、破缺、变形等。

损伤票币的挑剔标准是：

(1)票面缺少部分损及行名、花边、字头、号码、国徽之一的。

(2)票面裂口超过纸幅 1/3 或损及花边、图案的。

(3)纸质较旧，四周或中间有裂缝或票面断开又粘补的。

(4)由于油浸、墨渍造成票面肮脏的面积较大，或涂写字迹过多，妨碍票面整洁的。

(5)票面变色严重、影响图案清晰的。

(6)硬币残缺、穿孔、变形、磨损、氧化腐蚀损坏部分花纹的。

二、损伤票币的兑换方法

依据中国人民银行颁布的《残缺人民币兑换办法》的规定，凡残缺人民币属于下列情况之一者，可持币向银行营业部门全额兑换：

(1)票面残缺部分不超过 1/5，其余部分的图案、文字能照原样连接。

(2)票面污损、熏焦、水湿、油浸、变色，但能辨别真假，票面完整或残缺不超过 1/5，票面其余部分的图案、文字能照原样连接。

凡残缺人民币属于下列情况者，可持币向银行营业部门照原面额的半数兑换，但不得流通使用：票面残缺 1/5 以上至 1/2，其余部分的图案、文字能照原样连接。

凡残缺人民币属于下列情况之一者，不予兑换：

(1)票面残缺 1/2 以上者。

(2)票面污损、熏焦、水湿、变色不能辨别真假者。

(3)故意挖补、涂改、剪贴、拼凑、揭去一面者。

不予兑换的残缺人民币由中国人民银行收回销毁，不得流通使用。

子情境 2.6　正确使用保险柜

知识与技能准备

一、保险柜的使用和管理

为了保卫财产安全和完整，各单位都配备有专用保险柜，用于专门存放现金、各种有价证券、银行票据、印章及其他出纳票据。

一般来说保险柜的使用应注意以下几点：

1. 保险柜的管理

保险柜一般由总会计师或财务处(科、股)长授权,由出纳员负责管理使用。

2. 保险柜钥匙的配备

保险柜要配备两把钥匙,一把由出纳员保管,供出纳员日常工作开启使用;另一把交由保卫部门封存,或由单位总会计师或财务处(科、股)长负责保管,以备特殊情况下经有关领导批准后开启使用。出纳员不能将保险柜钥匙交由他人代为保管。

3. 保险柜的开启

保险柜只能由出纳员开启使用,非出纳员不得开启保险柜。如果单位总会计师或财务处(科、股)长需要对出纳员工作进行检查,如检查库存现金限额、核对实际库存现金数额,或者有其他特殊情况需要开启保险柜的,应按规定的程序由总会计师或财务处(科、股)长开启,在一般情况下不得任意开启由出纳员掌管使用的保险柜。

4. 财物的保管

每日终了后,出纳员应将其使用的空白支票(包括现金支票和转账支票)、银钱收据、印章等放入保险柜内。保险柜内存放的现金应设置和登记现金日记账,其他有价证券、存折、票据等应按种类造册登记,贵重物品应按种类设置备查簿登记其质量、重量、金额等,所有财物应与账簿记录核对相符。按规定,保险柜内不得存放私人财物。

5. 保险柜密码

出纳员应将自己保管使用的保险柜密码严格保密,不得向他人泄露,以防为他人利用。出纳员调动岗位,新出纳员应更换使用新的密码。

二、保险柜的正常维护和异常事故

1. 保险柜的维护

保险柜应放置在隐蔽、干燥之处,注意通风、防湿、防潮、防虫和防鼠;保险柜外要经常擦干净,保险柜内财物应保持整洁卫生、存放整齐。一旦保险柜发生故障,应到公安机关指定的维修点进行修理,以防泄密或失盗。

2. 保险柜被盗的处理

出纳员发现保险柜被盗后应保护好现场,迅速报告公安机关(或保卫部门),待公安机关勘查现场时才能清理财物被盗情况。节假日满两天以上或出纳员离开两天以上没有派人代其工作的,应在保险柜锁孔处贴上封条,出纳员到位工作时揭封。如发现封条被撕掉或锁孔处被弄坏,也应迅速向公安机关或保卫部门报告,以使公安机关或保卫部门及时查清情况,防止不法分子进一步作案。

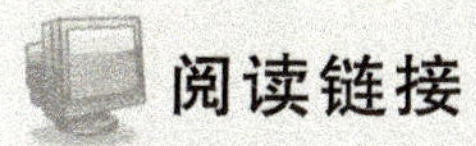

阅读链接

警惕盗窃保险柜案件的发生[①]

近日，焦作市解放路某大酒店财务室人员张某到焦作市山阳派出所报案称："2011年4月8日20时许其离开财务室时，将财务室的防盗门关上，把财务室外面的办公室门和上。2011年4月9日早上7时，经理给她打电话说财务室保险柜被盗。闻讯后，张某到店内发现财务室外面办公室的保险柜被撬开了，财务室的防盗门被撬开，里面的2条零8盒中华香烟，两条玉溪香烟，两条金渠香烟，两条帝豪香烟也被盗了，同时被盗现金3万余元。"

民警根据以往类似案例的分析认为，在失窃的这些保险柜中，多数都存有大量现金。许多单位认为，现金存银行进进出出很不方便，便违反规定将大额现金留在单位的保险柜中过夜。还有一些单位虽然安装了报警器，却因为怕麻烦，根本没打开。加之夜间值班人员不够，造成盗窃案发生。

因此，企事业单位一定要切实提高安全防范意识，不要在保险柜内存放大量现金及贵重物品。同时要进一步强化内部安全保卫工作，落实各项安全防控措施，重点部位安装防盗报警设施；严格落实值班和更夫管理制度，加大巡防力度，有效避免和减少此类案件的发生。

---

① 本文来源于焦作公安网 http://www.jzga.gov.cn/。

子情境 2.7 装订会计凭证

知识与技能准备

一、会计凭证装订前的准备

会计凭证装订前的准备，是指对会计凭证进行排序、粘贴和折叠。因为原始凭证的纸张面积与记账凭证的纸张面积不可能全部一样，有时前者大于后者，有时前者小于后者，这就需要会计人员在制作会计凭证时对原始凭证加以整理，以便下一步装订成册。

对于纸张面积大于记账凭证的原始凭证，可按记账凭证的面积尺寸，先自右向后，再自下向后两次折叠。注意应把凭证的左上角或左侧面让出来，以便装订后可展开查阅。

对于纸张面积过小的原始凭证，一般不能直接装订，可先按一定次序和类别排列，再粘在一张同记账凭证大小相同的白纸上，粘贴时宜用胶水。小票应分张排列，同类、同金额的单据尽量粘在一起；同时，在一旁注明张数和合计金额。如果是板状票证，可以将票面票底轻轻撕开，厚纸板弃之不用。

对于纸张面积略小于记账凭证的原始凭证，可先用回形针或大头针别在记账凭证后面，待装订时再抽去回形针或大头针。

有的原始凭证不仅面积大，而且数量多，可以单独装订，如工资单、耗料单等，但在记账凭证上应注明保管地点。

原始凭证附在记账凭证后面的顺序应与记账凭证所记载的内容顺序一致，不应按原始凭证的面积大小来排序。会计凭证经过上述的加工整理之后，就可以装订了。

二、会计凭证的装订方法

会计凭证的装订是指把定期整理完毕的会计凭证按照编号顺序，外加封面、封底，装订成册，并在装订线上加贴封签。在封面上，应写明单位名称、年度、月份、记账凭证的种类、起讫日期、起讫号数，以及记账凭证和原始凭证的张数，并在封签处加盖会计主管的骑缝图章。会计凭证封面格式如图 2-4 所示。

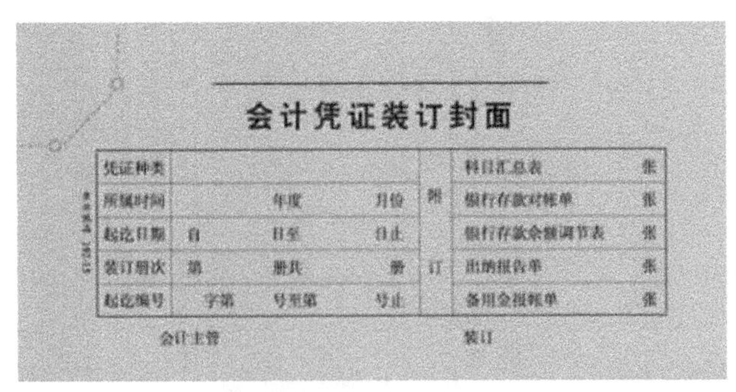

会计凭证装订封面

凭证种类				附	科目汇总表	张
所属时间		年度	月份		银行存款对帐单	张
起讫日期	自	日至	日止		银行存款余额调节表	张
装订册次	第	册共	册	订	出纳报告单	张
起讫编号	字第	号至第	号止		备用金报帐单	张

会计主管　　　　装订

图 2-4 会计凭证装订封面格式

如果采用单式记账凭证，在整理装订凭证时，必须保持会计分录的完整。为此，应按凭证号码顺序还原装订成册，不得按科目归类装订。对各种重要的原始单据，以及各种需要随时查阅和退回的单据，应另编目录，单独登记保管，并在有关的记账凭证和原始凭证上相互注明日期和编号。

会计凭证装订的要求是既美观大方又便于翻阅，所以在装订时要先设计好装订册数及每册的厚度。一般来说，一本凭证厚度以 1.5—2.0 厘米为宜，太厚了不便于翻阅核查，太薄了又不利于独立放置，此时可用纸折一些三角形纸条，均匀地垫在此处，以保证它的厚度与凭证中间的厚度一致。

凭证装订册数可根据凭证多少来定，原则上以月份为单位装订，每月订成一册或若干册。有些单位业务量小，凭证不多，把若干个月份的凭证合并订成一册就可以，只要在凭证封面注明本册所含的凭证月份即可。

有些会计在装订会计凭证时采用角订法，这种方法简单易行，具体操作步骤如下：

1. 将凭证封面和封底裁开，分别附在凭证前面和后面，再拿一张质地相同的纸（可以再找一张凭证封皮，裁下一半用，另一半为订下一本凭证备用）放在封面上角，做护角线。

2. 在凭证的左上角画一边长为 5 厘米的等腰三角形，用夹子夹住，用装订机在底线上分布均匀地打两个眼儿。

3. 用大针引线绳穿过两个眼儿。如果没有针，可以将回形别针顺直，然后将两端折向同一个方向，将线绳从中间穿过并夹紧，即可把线引过来，因为一般装订机打出的眼儿是可以穿过的。

4. 在凭证的背面打线结。线绳最好在凭证中端系上。

5. 将护角向左上侧折，并将一侧剪开至凭证的左上角，然后抹上胶水。

6. 向后折叠，并将侧面和背面的线绳扣粘死。

7. 待晾干后，在凭证本的脊背上面写上"某年某月第几册共几册的字样"。装订人在装订线封签处签名或者盖章。现金凭证、银行凭证和转账凭证最好依次顺序编号，一个月从头编一次序号，如果单位的凭证少，可以全年顺序编号。

三、会计凭证的保管

会计凭证装订成册后，应由专人负责分类保管，年终应登记归档。

对已归档原始凭证不得外借，其他单位和个人如因特殊原因需要使用原始凭证时，应经本单位会计机构负责人、会计主管人员批准，并填写"会计档案调阅表"，详细填写借阅会计凭证的名称、调阅日期、调阅人姓名和工作单位、调阅理由、归还日期、调阅批准人等。调阅人员一般不准将会计凭证携带外出。需复制的，要说明所复制的会计凭证名称、张数，经本单位领导同意后在本单位财会人员监督下进行，并应登记与签字。

会计凭证的保管期限，必须严格按照会计制度的有关规定。一般会计凭证应至少保管 15 年，对超过规定期限的会计凭证，要严格依照有关程序销毁。需永久保留的有关会计凭证，不能销毁。

单元小结

本情境主要介绍了出纳员胜任出纳岗位职责应具备的基本功，包括文字与数字的规范书写能力、熟练点钞的能力、识别假币的能力、识别票据真伪的能力、挑剔和兑换损伤票币的能力、规范使用、管理保险柜的能力、装订会计凭证的能力等。相关内容及要求主要如下：

任务内容	练好出纳岗位基本功	
	知识与技能准备	技能要求与目标
规范书写文字与数字	1. 文字的正确书写 2. 数字的正确书写	1. 能在发票、票据、凭证、账簿上规范书写文字、阿拉伯数字和大写数字 2. 能熟练进行中文大写金额和阿拉伯数字小写金额之间的转换
熟练掌握点钞技术	1. 点钞的基本要领 2. 点钞的基本环节 3. 点钞的基本方法	能运用手持式单指单张点钞法熟练完成拆把持钞、清点、挑残破券、记数、扎把、盖章等环节
正确辨别现钞真伪	1. 假币的主要类型 2. 第五套人民币防伪特征 3. 真假人民币的辨别方法	1. 能正确认识伪造币和变造币 2. 能正确辨别第五套人民币（包括 1999 年版和 2005 年版）的真伪
正确辨别票据真伪	1. 票据的主要类型 2. 票据真伪识别方法	1. 能正确审查票据清晰性、完整性、准确性和合法性 2. 能熟悉识别票据真伪的方法
挑剔与兑换损伤票币	1. 损伤票币挑剔的标准 2. 损伤票币的兑换方法	1. 能正确挑剔损伤票币 2. 能持币向银行办理损伤票币的正确兑换
正确使用保险柜	1. 保险柜的使用和管理 2. 保险柜的正常维护和异常事故	能正确进行保险柜的开启、保险柜密码和钥匙的管理、保险柜内财务的保管、保险柜的日常维护和异常处理
装订会计凭证	1. 会计凭证装订前的准备 2. 会计凭证的装订方法 3. 会计凭证的保管	1. 能对会计凭证进行装订前的正确排序、粘贴和折叠 2. 能采用角订法等正确装订凭证 3. 能正确保管会计凭证

思考与练习

一、思考题

1. 简述阿拉伯数字书写要求和标准写法。
2. 点钞基本要求具体包括哪些?
3. 简述点钞的基本环节。
4. 简述手持式单指单张点钞方法。
5. 假币的主要类型包括哪些?
6. 简述第五套人民币防伪特征。
7. 识别人民币纸币真伪时采用的"一看、二摸、三听、四测"分别指什么?
8. 票据的主要类型有哪些?
9. 票据真伪识别方法"一查二听三摸四比五照"分别指什么?
10. 简述损伤票币挑剔的标准和兑换方法。
11. 如何正确使用和管理保险柜?
12. 会计凭证装订前应做哪些准备工作?
13. 简述会计凭证的具体装订方法。

二、练习题

【单选题】

1. 每把钞券清点完毕后,要扎好腰条纸。腰条纸要求扎在钞券的(　　)处,左右偏差不得超过二厘米。

A. 1/2　　B. 1/3
C. 1/4　　D. 1/5

2. (　　)最适合用于整点新券及复点工作,但不适用整点新旧币混合的钞券。

A. 手持式点钞法　　B. 扇面式点钞法
C. 手按式点钞法　　D. 单指单张点钞

3. 票面残缺部分不超过(　　),其余部分的图案、文字能照原样连接的票币可向银行营业部门全额兑换。

A. 1/4　　B. 1/3
C. 1/5　　D. 1/2

4. 票面残缺部分达到(　　)以上的票币,银行不予兑换。

A. 1/4　　B. 1/3
C. 1/5　　D. 1/2

5. 出纳员不得将(　　)放入保险柜。

A. 个人存折　　B. 空白支票

C. 空白收据　　D. 印章

6. 出纳员离开(　　)以上没有派人代其工作的，应在保险柜锁孔处贴上封条，出纳员到位工作时揭封。

A. 一天　　B. 两天

C. 三天　　D. 四天

7. 会计凭证装订的要求是既美观大方又便于翻阅，一般来说，一本凭证厚度以(　　)为宜。

A. 0.5-1.0 厘米　　B. 1.0—1.5 厘米

C. 1.5-2.0 厘米　　D. 2.0—2.5 厘米

8. 下列不属于变造币的是(　　)。

A. 拼凑券　　B. 揭页券

C. 挖补券　　D. 复印币

9. 100 元面额的纸币具有光变油墨面额数字防伪特征，当倾斜一定角度时，“100”元数字由绿色变为(　　)。

A. 蓝色　　B. 黄色

C. 红色　　D. 紫色

10. 原始凭证的保管期限为(　　)。

A. 10 年　　B. 20 年

C. 5 年　　D. 15 年

【多选题】

1. 辨认真假币的方法有(　　)。

A. 看水印　　B. 听声音

C. 看图案　　D. 验钞机鉴别

2. 出纳归档资料包括(　　)。

A. 出纳凭证　　B. 出纳账簿

C. 财务计划书　　D. 银行存款对账单

3. “五好钱捆”的标准是指(　　)。

A. 点准　　B. 挑净

C. 墩齐　　D. 扎紧

E. 印章清晰

4. 点钞的基本环节包括(　　)。

A. 拆把持钞　　B. 清点与记数

C. 墩齐与扎把　　D. 盖章

5. 点钞完毕后需要对所点钞票进行扎把，扎把分为(　　)两种方法。

A. 缠绕式　　B. 绕线式

C. 扭结式　　D. 捆绑式

6. 以下属于伪造币的有(　　)。

A. 手工刻版印刷的假币　　B. 机制假币

C. 拼凑券　　D. 利用化学药品复印的假币

7. 以下防伪特征 2005 年版第五套人民币不再采用的有(　　)。

A. 红、蓝彩色纤维

B. 全息磁性开窗式安全线

C. 明暗之间安全线

D. 横竖异色双号码

8. 识别人民币纸币真伪，通常采用(　　)的方法。

A. 一看　　B. 二摸

C. 三听　　D. 四测

9. 识别票据真伪时应首先确认票面的(　　)。

A. 清晰性　　B. 完整性

C. 准确性　　D. 合法性

10. 下列哪些票据不得办理贴现(　　)。

A. 注有“不得转让”字样的票据

B. 注有“质押”字样的票据

C. 进行过背书转让的票据

D. 注有“委托收款”字样的票据

【案例分析题】

杭州丽雅化妆品公司出纳小王生病了，需要请假一个月，期间由小刘暂代出纳一职，对此小王应该如何办理病前病后的保险柜交接手续？

【技能训练题】

技能训练 1

实训目的：掌握阿拉伯数字规范书写。

实训资料与要求：用规范化的阿拉伯数字在账格中进行书写。

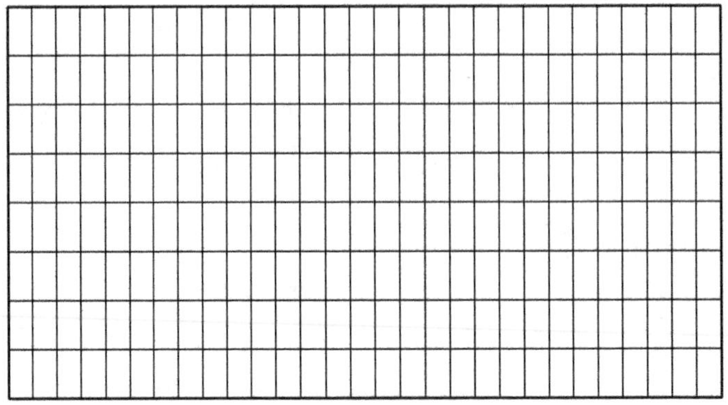

技能训练 2

实训目的：掌握中文大写金额与阿拉伯数字小写金额之间的转换。

实训资料与要求：

(1)人民币贰拾柒元陆角肆分　　应写成

(2)人民币叁仟贰佰万陆仟玖佰柒拾捌元整　　应写成

(3)人民币捌仟万零贰拾元整　　应写成

(4)人民币壹拾玖万零贰拾柒元整　　应写成

(5)人民币捌角玖分　　应写成

(6)人民币柒万肆仟伍佰零贰元捌角陆分　　应写成

(7)人民币叁仟玖佰元零伍角整　　应写成

(8)人民币肆拾贰万零捌佰零玖元零壹分　　应写成

(9)人民币壹拾万元整　　应写成

(10)人民币柒佰万元零陆分　　应写成

(11)¥38 503.49　　应写成

(12)¥35 000.00　　应写成

(13)¥1 680.20　　应写成

(14)¥5 000 090.10　　应写成

(15)¥90 106.05　　应写成

(16)¥209 070.80　　应写成

(17)¥806 074.03　　应写成

(18)¥30 001.23　　应写成

(19)¥67 008 000.00　　应写成

(20)¥12 378.50　　应写成

技能训练 3

实训目的：掌握文字与数字的规范书写。

实训资料：

(1)2012 年 1 月 1 日，浙江名天广告设计公司现金日记账期初余额为 800 元，1 月 2 日发生办公费用现金支出 369.26 元，现金收入 458.71 元。

(2)2012 年 1 月 3 日，浙江名天广告设计公司出纳何新收到杭州丽雅化妆品公司交来的转账支票一张，金额 4 608.29 元，款项用途为广告效果图制作费。

实训要求：

(1)将以上业务登入现金日记账。

(2)向杭州丽雅化妆品公司开具发票一张。

现金日记账

年		凭证号码	摘　要	√	借　方												贷　方												余　额											
月	日				十	亿	千	百	十	万	千	百	十	元	角	分	十	亿	千	百	十	万	千	百	十	元	角	分	十	亿	千	百	十	万	千	百	十	元	角	分

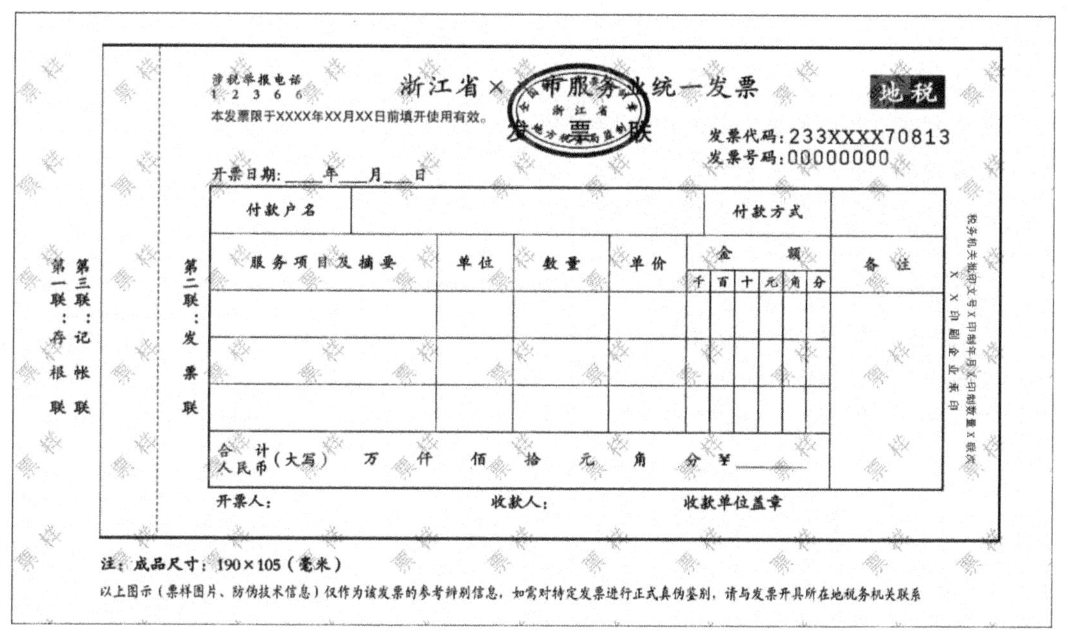
涉税举报电话 1 2 3 6 6

本发票限于XXXX年XX月XX日前填开使用有效。

浙江省× [illegible] 市服务业统一发票

发票联

地税

发票代码：233XXXX70813

发票号码：00000000

开票日期：____年____月____日

付款户名				付款方式	
服务项目及摘要	单位	数量	单价	金额（千 百 十 元 角 分）	备注
合计人民币（大写）　万　仟　佰　拾　元　角　分 ¥______					

开票人：　　　　收款人：　　　　收款单位盖章

第一联：存根联　第三联：记帐联　第二联：发票联

税务机关批印文号X印制年月X印制数量X联次 X X印刷企业承印

注：成品尺寸：190×105（毫米）

以上图示（票样图片、防伪技术信息）仅作为该发票的参考辨别信息，如需对特定发票进行正式真伪鉴别，请与发票开具所在地税务机关联系

技能训练 4

实训目的:掌握手持式单指单张点钞法。

实训资料:点钞券或真钞、扎把纸条、印章、签字笔。

实训要求:

(1)点钞

(2)扎把

(3)盖章

技能训练 5

实训目的:掌握第五套人民币防伪特征,正确识别人民币真假。

实训资料:

1999 年版第五套人民币。

2005 年版第五套人民币。

实训要求:指出 1999 年版和 2005 年版第五套人民币主要防伪特征并进行比较。

技能训练 6

实训目的:掌握银行承兑汇票防伪标识。

实训资料:银行承兑汇票样张。

实训要求:指出银行承兑汇票票面的四种防伪标志。

技能训练 7

实训目的:掌握损伤票币的正确挑剔和兑换方法。

实训资料:损伤纸币若干张。

实训要求:根据票币损伤程序判断兑换方法。

技能训练 8

实训目的:掌握会计凭证的装订方法。

实训资料:凭证装订封面、打孔机、装订线、大夹子及凭证若干。

实训要求:用角订法装订凭证。

学习情境3　库存现金管理与核算

知识目标

☆ 了解企业库存现金限额的核定方法
☆ 熟悉现金开支范围的核定方法
☆ 掌握银行提现业务处理流程
☆ 掌握备用金业务处理流程
☆ 掌握费用报销业务处理流程
☆ 掌握向银行缴存现金业务处理流程
☆ 掌握现金收付款凭证的编制流程
☆ 掌握现金日记账的登记方法
☆ 掌握库存现金的盘点方法

技能目标

☆ 能正确进行现金管理，合理确定现金开支范围
☆ 能正确办理库存现金存取业务
☆ 能正确办理零星销售收取现金业务
☆ 能正确办理现金报销费用业务
☆ 能正确办理库存现金盘点业务
☆ 能正确设置和登记现金日记账

主要概念

库存现金限额　备用金　库存现金日常保管制度　备用金　定额备用金制　非定额备用金制　收款凭证　付款凭证　通用记账凭证　普通日记账　现金日记账　银行存款日记账　实地盘点制

引导案例

上岗第一周，小张就迎来了众多挑战。职工小李前来报销业务招待费……小杨前来领取高温补贴……小王前来预支差旅费……小张该如何审核原始凭证？如何和会计进行合作分工？登记现金日记账时应该注意什么问题？还有，保险柜里的钱不够了……怎么办？会计刘燕决定让小张填开一张现金支票到银行提取备用金，同时将销售部门零售的现金缴存到银行……现金支票该怎么填呢？还有，小张想：为什么不直接把钱借给小王呢……

子情境 3.1　核定企业库存现金限额

知识与技能准备

一、库存现金限额制

库存现金限额，是指为保证各单位日常零星支付按规定允许留存的现金的最高数额。核定库存现金限额，有利于保证现金的安全，规范现金管理，同时又能保证开户单位的现金正常使用。

库存现金的限额，由开户行根据开户单位的实际需要和距离银行远近等情况核定。其限额一般按照单位 3—5 天日常零星开支所需现金确定。远离银行机构或交通不便的单位可依据实际情况适当放宽，但最高不得超过 15 天。

凡在银行开户的独立核算单位都要核定库存现金限额；独立核算的附属单位，由于没有在银行开户，但需要保留现金，也要核定库存现金限额，其限额可包括在其上级单位库存限额内；商业企业的零售门市部需要保留找零备用金，其限额可根据业务经营需要核定，但不包括在单位库存现金限额之内。

二、库存现金限额核定程序

1. 开户单位填制“库存现金限额申请批准书”。

2. 开户单位将申请批准书报送单位主管部门，经主管部门签署意见，再报开户银行审查批准，开户单位凭开户银行批准的限额数作为库存现金限额。

一般情况下，开户单位与开户银行协商核定的库存现金限额＝每日零星支出额×核定天数，其中每日零星支出额＝月（或季）平均现金支出额（不包括定期性的大额现金支出和不定期的大额现金支出）/月（或季）平均天数

3. 库存现金限额一般每年核定一次，单位因生产和业务发展、变化需要增加或减少库存限额时，可向开户银行提出申请，经批准后，方可进行调整，单位不得擅自超出核定限额增加库存现金。

实务技能训练案例 3-1

浙江昊阳实业股份有限公司出纳汪小婕于2012年4月28日到开户银行用现金支票提取现金30 000元，用于采购部职工杨立新一行5人次日赴北京考察的差旅费。由于公司经营活动事项临时变动，经讨论决定延迟杨立新一行考察时间，具体时间待定。从银行取现回来的汪小婕听到这个消息后傻眼了，怎么办呢？

实务分析

显然，如果杨立新一行迟迟不向出纳领取预借差旅费的话，就会使库存现金余额超出限额要求，这时，出纳员应将超额库存现金送存银行。假设超额金额为30 000元，出纳员将现金送存银行后应做如下会计分录：

借：银行存款　　　　30 000

　贷：库存现金　　　　30 000

子情境 3.2 核定企业现金开支范围

知识与技能准备

一、现金开支范围

按照国务院发布的《现金管理暂行条例》规定，开户单位可在下列范围内使用现金：

1. 职工工资、津贴。
2. 个人劳务报酬。
3. 根据国家制度条例的规定，颁发给个人的科学技术、文化艺术、体育等方面的各种奖金。
4. 各种劳保、福利费用以及国家规定的对个人的其他支出，如退休金、抚恤金、学生助学金、职工困难生活补助。
5. 向个人收购农副产品和其他物资的价款。
6. 出差人员必须随身携带的差旅费。
7. 结算起点(1 000 元)以下的零星支出。
8. 中国人民银行确定需要现金支付的其他支出。如由于采购地点不确定，交换不便，抢险救灾以及其他特殊情况，办理转账结算不够方便，必须使用现金的支出。对于这类支出，现金支取单位应向开户银行提出书面申请，由本单位财会部门负责人签字盖章，开户银行审查批准后予以支付现金。

除上述 5、6 两项外，其他各项在支付给个人的款项中，支付现金每人不得超过1 000元，超过限额的部分根据提款人的要求，在指定的银行转存为储蓄存款或以支票、银行本票予以支付。企业与其他单位的经济往来除规定的范围可以使用现金外，应通过开户银行进行转账结算。

开户单位现金收入应当于当日送存开户银行。当日送存确有困难的，由开户银行确定送存时间。开户单位支付现金，可以从本单位库存现金限额中支付或者从开户银行提取，不得从本单位的现金收入中直接支付(即坐支)。因特殊情况需要坐支现金的，应当事先报经开户银行审查批准，由开户银行核定坐支范围和限额。坐支单位应当定期向开户银行报送坐支金额和使用情况。

二、现金管理“八不准”

1. 不准用不符合财务制度的凭证顶替库存现金。

2.不准单位之间互相借用现金。

3.不准谎报用途套取现金。

4.不准利用银行账户代其他单位和个人存入或支取现金。

5.不准将单位收入的现金以个人名义存入储蓄。

6.不准保留账外公款。

7.不准发生变相货币。

8.不准以任何票券代替人民币在市场上流通。

实务技能训练案例 3-2

审计人员在对浙江华信实业股份有限公司现金日记账查账时发现：2012 年 5 月 8 日，该公司共开具现金支票 9 张，提取现金 15 万元，当日的库存现金高达 16 万元，直至 5 月 29 日库存现金余额为 200 元。对此，查证人员怀疑该公司有白条顶库或其他违纪行为，于是查证人员认真地审查了现金日记账的每一笔收付业务，发现 5 月 29 日第 65 号凭证为：

借：银行存款　　　　120 000
　贷：库存现金　　　　100 000
　　　银行存款　　　　20 000

调阅第 65 号凭证，发现所附原始凭证共两张，一张是公司下属单位付给公司的货款，金额120 000元（付款委托书一张），另一张是该公司付给下属单位的货款，金额20 000元（付款委托书一张），其中“贷：库存现金 100 000”没有原始凭证，可能隐瞒收入，但现金去向何处？

进一步调查发现，该笔巨款由行政科在 4 月 29 日制表，5 月 8 日提现发给职工，属于白条顶库，5 月 29 日转账。

公司应如何纠正这一问题？

实务分析

对于收到的货款，华信公司应作为主营业务收入确认，并计提相关销项税额；

对于购买的货物，华信公司应作为原材料确认，并计算相关进项税额；

对于发放给职工的金额，如果确属职工薪酬范畴，应作为“应付职工薪酬”确认，并列入工资总额计算代扣代缴个人所得税。如果是谎报用途，应将现金追回。

子情境 3.3　从银行提取现金

知识与技能准备

一、提现业务办理程序

当企业需要使用现金或库存现金小于库存现金限额需要现金补足时，可按规定从银行提取现金。

提现业务流程如图 3-1 所示：

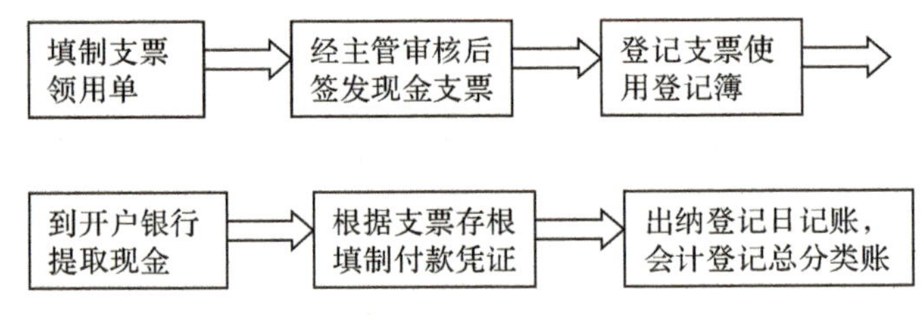

图 3-1　提现业务流程

签发现金支票是提现业务流程中的重要环节。现金支票是由存款人签发，委托开户银行向收款人支付一定数额现金的票据。现金支票是支票的一种，是专门用于支取现金的。开户单位应按现金的开支范围签发现金支票。现金支票的金额起点为 100 元，其付款方式是见票即付。签发现金支票应认真填写支票的有关内容，如款项用途，取款金额，签发单位账号，收款人名称，并加盖预留银行印鉴章，一般为财务专用章和法定代表人名章等。

二、现金支票的填写和使用方法

现金支票填写事项如下：

1. 出票日期

出票日期必须大写。壹月贰月前零字必写，叁月至玖月前零字可写可不写。拾月至拾贰月必须写成壹拾月、壹拾壹月、壹拾贰月（前面多写了“零”字也认可，如零壹拾月），壹日至玖日前零字必写，拾日至拾玖日必须写成壹拾日及壹拾×日（前面多写了“零”字也认可，如零壹拾伍日，下同），贰拾日至贰拾玖日必须写成贰拾日及贰拾×日，叁拾日至叁拾壹日必须写成叁拾日及叁拾壹日。

举例：

“2012年1月5日”应写成“贰零壹贰年零壹月零伍日”；

“2012年3月17日”应写成“贰零壹贰年叁月壹拾柒日”或“贰零壹贰年零叁月零壹拾柒日”。

2.收款人

现金支票收款人可写为本单位名称，此时现金支票背面“被背书人”栏内加盖本单位的财务专用章和法人章，之后收款人可凭现金支票直接到开户银行提取现金。（由于有的银行各营业点联网，所以也可到联网营业点取款，具体要看联网覆盖范围而定）。

现金支票收款人也可写收款人个人姓名，此时现金支票背面不盖任何章，收款人在现金支票背面填上身份证号码和发证机关名称，凭身份证和现金支票签字领款。

3.出票人付款行名称、账号

指本单位开户银行名称及银行账号，银行账号应采用小写。

4.出票金额

出票金额包括人民币大写和人民币小写金额，大小写金额必须一致。

大写金额数字写法：零、壹、贰、叁、肆、伍、陆、柒、捌、玖、亿、万、仟、佰、拾。

大写数字金额到元的，应在元后加“整”或“正”，但不能加写“零角零分”；

大写数字金额到角的，应在角后加“整”或“正”，但不能加写“零分”；

大写数字金额到分的，不需要在后面加任何文字。

举例：

“￥500.00”应写成“人民币伍佰元整（或正）”；

“￥500.50”应写成“人民币伍佰元零伍角整（或正）”，零字可写可不写；

“￥500.56”应写成“人民币伍佰元零伍角陆分”，零字可写可不写；

“￥500.06”应写成“人民币伍佰元零陆分”。

书写人民币小写金额时，其最高金额的前一位空白格应用“￥”字头打掉，数字填写要求完整清楚。

5.用途

现金支票用途有一定限制，一般填写“备用金”、“差旅费”、“工资”、“劳务费”等。

6.盖章

现金支票正面预留银行印鉴章，一般为财务专用章和法人章，缺一不可，印泥为红色，印章必须清晰，印章模糊只能将本张支票作废，换一张重新填写重新盖章。现金支票收款人为本单位名称时，还应在现金支票背面“被背书人”栏内加盖本单位的财务专用章和法人章。出票单位现金支票背面印章如果盖模糊了，可把模糊印章打叉，重新再盖一次。

7.其他

现金支票正面不能有涂改痕迹，否则本支票作废。

受票人如果发现现金支票填写不全，可以补记，但不能涂改。

现金支票的有效期为10天，日期首尾算一天。节假日顺延。

现金支票见票即付，不记名。

现金支票如若丢失，假如支票未被冒领，可到开户银行挂失。

实务技能训练案例 3-3

2010年12月25日，浙江昊阳实业股份有限公司出纳汪小婕准备签发现金支票一张，向开户银行提取现金1 000元备用。请问汪小婕应如何操作这笔业务？

公司信息如下：

单位名称：浙江昊阳实业股份有限公司

开户银行：中国工商银行杭州西湖支行

账号：123456789012345

法人代表：张昊阳

总经理：张旭光

会计主管：李朝阳

制单会计：唐雅莉

实务操作

浙江昊阳实业股份有限公司提现业务办理具体操作步骤如下：

步骤1：出纳员填制“支票领用单”（如图3-2所示），经领导和会计主管审核无误后签字或盖章。

支 票 领 用 单

转账□　现金☑　　　　　　　　　　　　　　领导签批：张旭光

<table>
<tr><td colspan="5">2010年12月25日</td></tr>
<tr><td rowspan="3">由领用人填写</td><td colspan="4">收款人全称：浙江昊阳实业股份有限公司</td></tr>
<tr><td colspan="4">用途：备用金</td></tr>
<tr><td colspan="4">预计金额：￥1 000.00</td></tr>
<tr><td rowspan="3">由出纳填写</td><td>开户银行</td><td>账号</td><td>支票号码</td><td></td></tr>
<tr><td>中国工商银行杭州西湖支行</td><td>123456789012345</td><td>1976516</td><td></td></tr>
<tr><td colspan="4">金额（大写）：　零万壹仟零佰零元零角零分　　￥ 1 000.00</td></tr>
<tr><td colspan="5">部门负责人：李朝阳　　　　出纳：汪小婕　　　　领用人：汪小婕</td></tr>
</table>

图3-2　支票领用单

步骤 2:出纳员根据“支票领用单”内容签发现金支票,并持支票经会计主管人员批准后由会计主管人员在票据的正面和背面加盖昊阳公司财务专用章,经单位负责人批准后由法人代表章保管人员在票据的正面和背面加盖昊阳公司法人代表章。一般情况下,公司财务专用章由会计主管保管,法人代表章由出纳员保管。签发好的现金支票如图 3-3、图 3-4 所示。

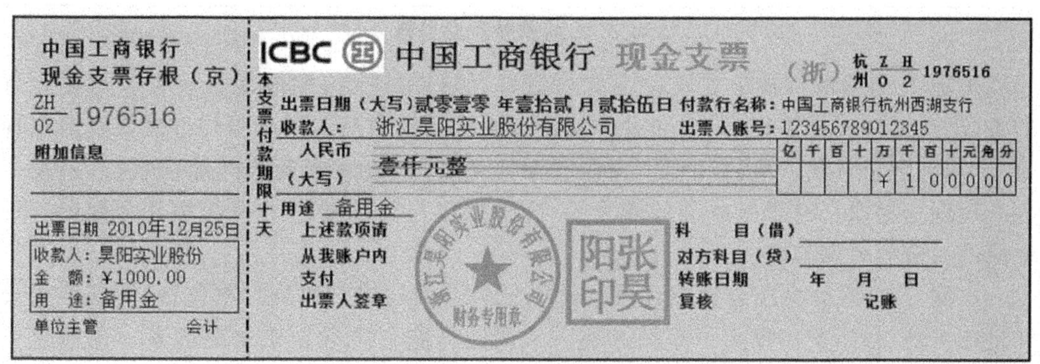
中国工商银行
现金支票存根(京)
ZH 02 1976516
附加信息
出票日期 2010年12月25日
收款人:昊阳实业股份
金　额:¥1000.00
用　途:备用金
单位主管　会计

本支票付款期限十天

ICBC 中国工商银行 现金支票 (浙) 杭州 ZH 02 1976516
出票日期(大写)贰零壹零 年壹拾贰 月贰拾伍日 付款行名称:中国工商银行杭州西湖支行
收款人:浙江昊阳实业股份有限公司 出票人账号:123456789012345

人民币(大写)	亿	千	百	十	万	千	百	十	元	角	分
壹仟元整					¥	1	0	0	0	0	0

用途 备用金
上述款项请从我账户内支付
出票人签章
浙江昊阳实业股份有限公司 财务专用章
张昊印
科　目(借)
对方科目(贷)
转账日期　年　月　日
复核　记账

图 3-3　现金支票正面

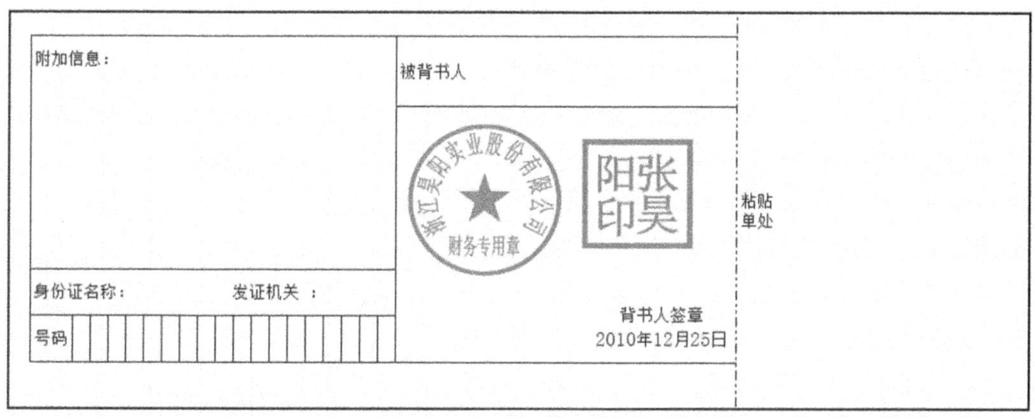
附加信息:
被背书人
浙江昊阳实业股份有限公司 财务专用章
张昊印
背书人签章
2010年12月25日
身份证名称:　发证机关:
号码
粘贴单处

图 3-4　现金支票背面

步骤 3:出纳员根据填制的现金支票登记“支票使用登记簿”,如图 3-5 所示。

支票使用登记簿

2010年		支票号码	银行名称	支票金额	用途	到期日	开具人	使用人	备注
月	日								
12	25	1976156	工行西湖支行	¥1 000.00	备用金	2011.01.04	汪小婕	汪小婕	

图 3-5 支票使用登记簿

步骤 4:出纳员将现金支票正联交与银行,银行受理后,领取现金款项。需要注意的是,出纳员在银行提现时,应同时使用银行的验钞机和手工清点两种方法认真清点现金,并辨别现金真伪。取款过程中应注意保密和安全,应由专人陪同前往银行,不得一人办理现金提取。对于提取金额较大的,应根据银行要求提前一天告知开户银行。现金取回后应放入保险箱。

步骤 5:出纳员将现金支票存根联交制单会计编制银行存款付款凭证,再交审核会计进行审核,最后交出纳人员审核。相关人员均应在付款凭证上加盖名章。为简化业务程序,会计主管可兼任审核会计,但制证会计与出纳人员要求有两人担任,以形成内部牵制,减少错弊行为的发生。付款凭证如图 3-6 所示:

付款凭证

银付字第 01 号

贷方科目:银行存款　　2010年12月25日　　附件 1 张

摘要	借方科目		金额										记账符号
	总账科目	明细科目	千	百	十	万	千	百	十	元	角	分	
备用金提现	库存现金						1	0	0	0	0	0	
结算方式及票号:		合计				¥	1	0	0	0	0	0	

会计主管　　记账　　出纳 汪小婕　　复核 李朝阳　　制单唐雅莉

图 3-6 银行存款付款凭证

步骤 6:出纳员根据上述付款凭证逐日逐笔登记库存现金日记账、银行存款日记账,做好日记账余额与库存现金实有数之间的核对。会计登记相关总分类账(账簿略)。

子情境 3.4　办理现金收取零星收入业务

知识与技能准备

当企业收取个人或不能转账的集体单位的销售收入，以及不足结算起点(1 000 元)的小额零星销售收入时，可以现金方式收取。现金收取零星收入业务的处理程序如图 3-7 所示。

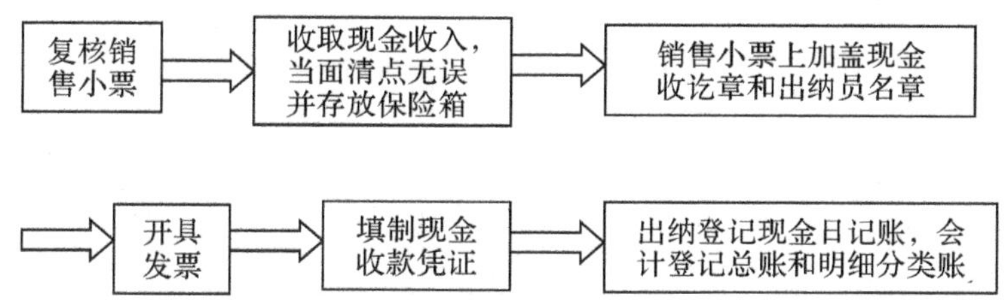

图 3-7　现金收取零星收入业务流程

实务技能训练案例 3-4

2010 年 12 月 26 日，浙江昊阳实业股份有限公司进行元旦前促销活动，销售部向浙江利达商贸有限公司销售吉祥物标志小熊 50 只，每只含税单价 10 元，应收取款项 500 元，作为零星收入以现金收取货款。

应如何办理这笔业务?

浙江昊阳实业股份有限公司相关信息如下：

开户银行：中国工商银行杭州西湖支行

账号：123456789012345

税务登记号：223456789012345

单位地址：杭州西湖区古翠路 15 号

单位电话：0571－87654321

法人代表：张昊阳

实务操作

现金零星收入业务操作步骤具体如下：

步骤 1：销售部门销售人员黄玲玲销售后开出一式三联销售小票作为收款通知。

步骤 2：客户将收款通知（销售小票）交出纳员汪小婕，出纳员审核收款通知上各个项目填写是否正确、完整，签章是否齐全，审核无误后根据收款通知上所列示的金额收取现金，并加盖“现金收讫”章和出纳名章（如图 3-8 所示），同时将一联留存，一联给交款人用以卄具发票，一联交制单会计。注意：现金应当面清点无误，并利用验钞机和手工清点两种方法辨别现金真伪。

销　售　小　票

柜 组：　玩具部　　　　　　2010年12月26日　　　　　　编号：2356891

商品名称	商品编码	单位	数量	单价	金额						
					万	千	百	十	元	角	分
吉祥物玩具熊	1256	个	50	10			5	0	0	0	0
		现金收讫									
合　计	大写：零万零仟伍佰零拾零元零角零分					¥	5	0	0	0	0

第二联：顾客

销售人：　黄玲玲　　　　　　收款人：汪小婕

图 3-8　销售小票

步骤 3：交款人持已付款并盖章的收款通知（销售小票）到销售部门领取货物并开具发票，如图 3-9 所示。

步骤 4：制单会计核对发票和收款通知（销售小票）相关内容，审核无误后编制现金收款凭证，如图 3-10 所示，并在制单栏签章。

步骤 5：会计主管审核现金收款凭证及所附原始凭证并在审核栏签章，如图 3-10 所示。

步骤 6：出纳人员审核现金收款凭证及所附原始凭证并在出纳栏签章，如图 3-10 所示。

步骤 7：出纳员根据现金收款凭证逐日逐笔登记库存现金日记账，做好日记账余额与库存现金实有数之间的核对。会计人员登记明细分类账和总分类账。

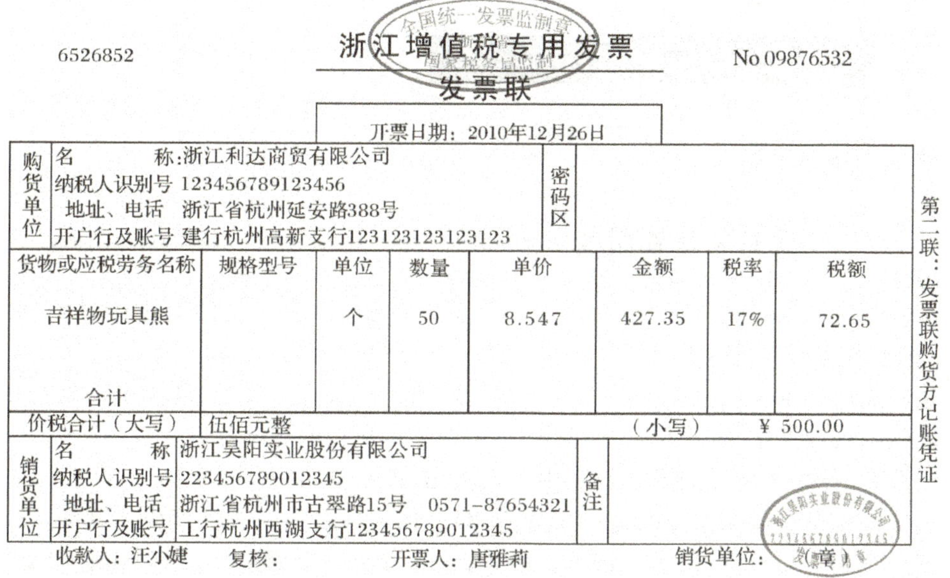

6526852　　浙江增值税专用发票　　No 09876532

发票联

开票日期：2010年12月26日

购货单位	名　　称：浙江利达商贸有限公司 纳税人识别号 123456789123456 地址、电话 浙江省杭州延安路388号 开户行及账号 建行杭州高新支行123123123123123	密码区					
货物或应税劳务名称	规格型号	单位	数量	单价	金额	税率	税额
吉祥物玩具熊		个	50	8.547	427.35	17%	72.65
合计							
价税合计（大写）	伍佰元整				（小写）	¥ 500.00	
销货单位	名　　称 浙江昊阳实业股份有限公司 纳税人识别号 223456789012345 地址、电话 浙江省杭州市古翠路15号　0571-87654321 开户行及账号 工行杭州西湖支行123456789012345	备注					

收款人：汪小婕　　复核：　　开票人：唐雅莉　　销货单位：（章）

第二联：发票联购货方记账凭证

图 3-9　增值税专用发票

收 款 凭 证

现收字第 01 号

借方科目：库存现金　　2010 年12 月26 日　　附件 2 张

摘　要	贷方科目		金　额										记账符号
	总账科目	明细科目	千	百	十	万	千	百	十	元	角	分	
销售商品收款	主营业务收入	吉祥物玩具熊						4	2	7	3	5	
	应交税费	应交增值税（销项税额）							7	2	6	5	
结算方式及票号:		合　计					¥	5	0	0	0	0	

会计主管　　记账　　出纳 汪小婕　　复核 李朝阳　　制单唐雅莉

图 3-10　现金收款凭证

子情境 3.5 向银行送存现金

知识与技能准备

一、库存现金日常保管制度

现金是流动性最强的资产，为保证现金资产的安全，应建立健全现金日常保管制度，做好以下几个方面的工作：

1. 超过库存现金限额以外的现金应在下班前送存银行。按照《现金管理暂行条例》及其实施细则的规定，开户单位支付现金，可以从本单位的现金库存中支付或者从开户银行提取，不得从本单位的现金收入中直接支出(即坐支)。

坐支也不是一律都禁止的。按照规定，单位因特殊需要确实需要坐支现金的，应事先向开户银行提出申请，说明申请坐支的理由、用途和每月预计坐支的金额，然后由开户银行根据有关规定进行审查，核定开户单位的坐支范围和坐支限额。坐支单位应当定期向开户银行报送坐支金额和使用情况。

2. 为加强对现金的管理，除工作时间需要的小量备用金可放在出纳人员的抽屉内外，其余则应放入出纳专用的保险柜内，不得随意存放。

3. 限额内的库存现金当日核对清楚后，一律放在保险柜内，不得放在办公桌内过夜。

4. 库存现金的纸币和铸币，应实行分类保管。出纳人员应对库存票币分别按照纸币的票面金额和铸币的币面金额，以及整数(大数)和零数(小数)分类保管。

二、存现业务办理程序

向银行送交现金业务的处理程序如图 3-11 所示：

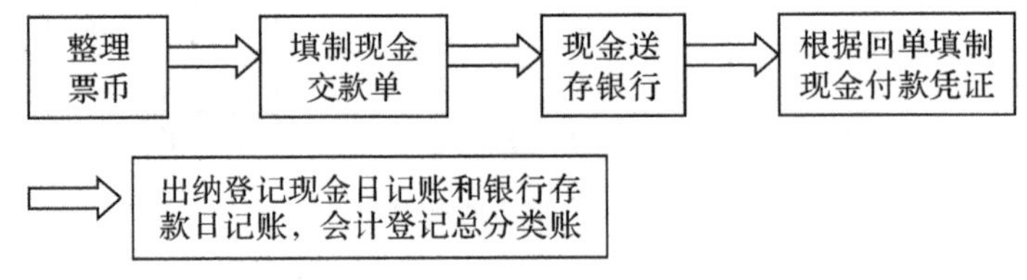

图 3-11 存现业务流程

在现金送存银行之前，为了便于银行柜台清查现金，提高工作效率，应对送存现金进行分类整理，其整理的方法为：

纸币应按照票面金额(即券别)分类整理。纸币可分为主币和辅币,主币包括100元、50元、10元、5元、2元和1元,辅币包括5角、2角、1角、5分、2分、1分。出纳员应将各种纸币打开铺平,然后按币别每100张为一把,用纸条和橡皮筋箍好,每10把扎成一捆,比如100元券的纸币一把即为10 000元,一捆即为100 000元;10元券一把即为1 000元,一捆即为10 000元。不满100张的,从大到小平摊摊放。

铸币包括1元、5角、1角、5分、2分、1分(分币也可暂不送银行,作流通用)。铸币也应按币别整理,同一币别每100枚为一卷,用纸包紧卷好,每十卷为一捆。例如5角的铸币每一卷即为50元,每一捆即为500元。不满50枚的硬币,也可不送,或用纸包好另行包放。

残缺破损的纸币和已经穿孔、裂口、破缺、压强、变形以及正面的国徽、背面的数字模糊不清的铸币,应单独剔出,另行包装,整理方法与前同。

现金整理完后,出纳员应根据整理后的金额填写现金交款单,如实填写送款日期、收款单位名称、开户银行及账号、款项来源、交款人、送款金额的大小写及各券别的数量等内容。

出纳员按规定整理现金并填写现金交款单后,应将现金连同现金交款单一起送交银行柜台收款员。柜台收款员清点无误后,在现金交款单上加盖印章,并将回单联退还给送款人作为记账依据。送存途中必须注意安全,送存金额较大的款项时,最好用专车,并派专人护送。

实务技能训练案例3-5

2010年12月26日,浙江昊阳实业股份有限公司出纳员汪小婕将当天的零星现金销售款500元送存开户银行,百元券4张,50元券2张。出纳员应如何办理这一笔业务?

实务操作

步骤1:整理票币。将要送存的现金清点整理,按币别、币种分开。

步骤2:填制现金交款单(如图3-12所示)。现金交款单一式二联,第一联为回单,第二联为交款单。

步骤3:将填好的现金交款单和待存的现金一并送交银行。

步骤4:出纳员将银行加盖“现金收讫”章的现金交款单交制单会计,制单会计审核无误后填制现金付款凭证并签章,再传递给审核会计审核签章,最后传递给出纳审核签章(如图3-13所示)。

中国工商银行现金存款凭条

2010年 12月26日

收款人	全　称	浙江昊阳实业股份有限公司		
	账　号	123456789012345	款项来源	零星销售款
	开户行	中国工商银行杭州西湖支行	交款人	汪小婕

金额大写（币种）	百	十	万	千	百	十	元	角	分
伍佰元整				¥	5	0	0	0	0

票面	张数	金额	票面	张数	金额
100元	4	400	5角		
50元	2	100	2角		
20元			1角		
10元			5分		
5元			2分		
2元			1分		
1元					

第一联　回单联

图 3-12　现金交款单

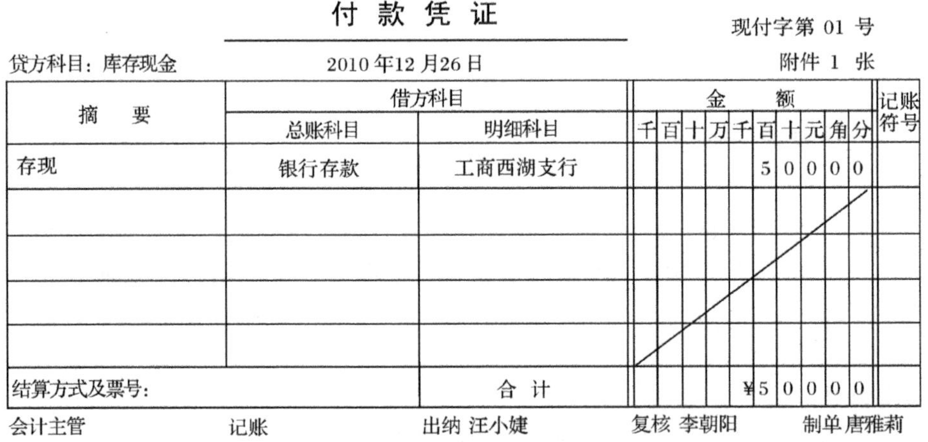

付　款　凭　证

现付字第 01 号

贷方科目：库存现金　　2010 年12 月26 日　　附件 1 张

摘　要	借方科目		金额										记账符号
	总账科目	明细科目	千	百	十	万	千	百	十	元	角	分	
存现	银行存款	工商西湖支行						5	0	0	0	0	
结算方式及票号：		合　计					¥	5	0	0	0	0	

会计主管　　记账　　出纳 汪小婕　　复核 李朝阳　　制单 唐雅莉

图 3-13　现金付款凭证

步骤 5：出纳员根据现金付款凭证逐日逐笔登记库存现金日记账，做好日记账余额与库存现金实有数之间的核对。会计登记相关总分类账。

子情境 3.6　办理备用金预借业务

知识与技能准备

一、备用金制度

备用金是企事业单位或其他经济组织等拨付给非独立核算的内部单位或工作人员备作差旅费、零星采购、零星开支等用途的款项。备用金应指定专人负责管理，按照规定用途使用，不得转借给他人或挪作他用。实行备用金制度，有利于单位内部各部门或工作人员积极、灵活地开展业务，提高工作效率，同时有效地控制资金占用。各单位应建立和健全备用金的领用和报销制度，加强对备用金的拨付和使用情况的管理。

备用金制度分为定额备用金制和非定额备用金制。

定额备用金制是指企业的会计部门协同使用备用金的单位，根据日常零星开支的需要，事先核算备用金定额，由使用备用金单位填制借款单一次性领出现金，报销时由会计部门根据审核后的报销凭证，用现金补足备用金定额。

非定额备用金是指为满足临时性需要而暂付给有关部门和个人的现金，事后经批准实报实销。

二、备用金预支和报销

预支备作差旅费、零星采购等用的备用金，一般按估计需用数额领取，支用后一次报销，多退少补。前账未清，不得继续预支。

对于零星开支用的备用金，可实行定额备用金制度，即由指定的备用金负责人按照规定的数额领取，支用后按规定手续报销，补足原定额。实行定额备用金制度的单位，备用金领用部门支用备用金后，应根据各种费用凭证编制费用明细表，定期向财会部门报销，领回所支用的备用金。

对于预支的备用金，拨付时可记入“备用金”(或“其他应收款——备用金”)科目的借方；报销和收回余款时记入该科目的贷方。在实行定额备用金制度的单位，除拨付、增加或减少备用金定额时通过“备用金”科目核算外，日常支用报销补足定额时，都不需要通过“备用金”(或“其他应收款——备用金”)科目，而是将支用数直接记入有关成本类科目、费用类科目。

单位内部各部门或工作人员因零星开支、零星采购等需要预借备用金时，一般应由经办人填写借款凭证。借款凭证一式三联，第一联为付款凭证，财务部门作为记账依据；第二联为结算凭证，借款期间由出纳员留存，报销时作为核对依据，报销后随同报销单据作为记账凭证的附件；第三联交借款人保存，报销时由出纳员签字后作为借款结算及交回借款的收据。

备用金预支和报销流程如图 3-14 所示：

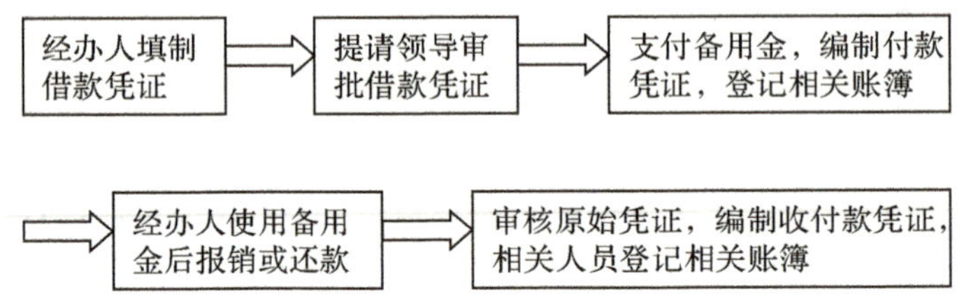

图 3-14　备用金预支和报销流程

实务技能训练案例 3-6

2010 年 12 月 26 日，浙江昊阳实业股份有限公司（相关人员资料同[实务技能训练案例 3-4]，下同）采购部职工孙兰欲赴沪出差采购货物，预借差旅费 3 000 元。出纳员汪小婕应如何办理这笔业务？

实务操作

出纳员汪小婕办理上述业务的操作步骤具体如下：

步骤 1：采购员职工孙兰填写差旅费借支单，并办理相关审批手续（如图 3-15 所示）。

步骤 2：出纳员审核借款单，审核无误后付款，并加盖"现金付讫"章（如图 3-15 所示）。

借　款　单

2010年12月26日

借款部门	采购部		借款人	孙兰	使用部门	采购部
款项类别	现金√　　支票 □　　支票号码：					
借款用途及理由	赴沪采购货物，预借差旅费　　现金付讫					
借款金额	人民币（大写）叁仟元整　　¥3 000.00					
领导批准	张旭光	财务核准	李朝阳	部门审核	杨立新	
附件（张）		备注				

图 3-15　借款单

步骤 3:出纳员将加盖“现金付讫”章的借款单交制单会计,制单会计审核无误后填制现金付款凭证并签章,再传递给审核会计审核签章,最后传递给出纳员审核签章(如图 3-16 所示)。

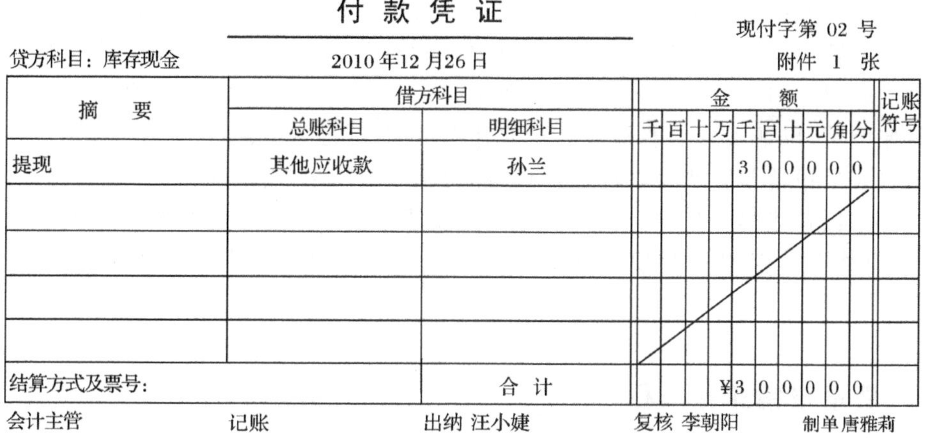

付 款 凭 证

现付字第 02 号

贷方科目:库存现金　　2010年12月26日　　附件 1 张

摘要	借方科目		金额										记账符号
	总账科目	明细科目	千	百	十	万	千	百	十	元	角	分	
提现	其他应收款	孙兰					3	0	0	0	0	0	
结算方式及票号:		合 计				¥	3	0	0	0	0	0	

会计主管　　记账　　出纳 汪小婕　　复核 李朝阳　　制单唐雅莉

图 3-16　现金付款凭证

步骤 4:出纳员根据现金付款凭证逐日逐笔登记库存现金日记账,做好日记账余额与库存现金实有数之间的核对。会计登记明细分类账和总分类账。

思考:如果企业实行定额备用金制度,其业务办理程序有哪些不同?

子情境 3.7　办理费用报销业务

知识与技能准备

一、差旅费以外的其他费用的报销

各单位内部有关人员进行零星物品采购或单位职工支付医药费等费用,可持原始凭证到财务处,出纳人员认真审核这些开支是否符合各种规定,是否有有关人员或部门批准后予以报销。

出纳人员依据批准报销的金额支付现金,在原始凭证上加盖“现金付讫”印章,并依此原始凭证编制记账凭证,登记日记账。

二、差旅费的报销

单位工作人员因公出差需借支差旅费，应先到财务部门领取并填写借款单，按照借款单所列内容填写完整，然后送所在部门领导和有关部门人员审查签字。出纳人员根据自己的职权范围，审核无误后给予现金支付。出差人员回来后，应持各种原始凭证至出纳员处报销，出纳人员要熟知差旅费的开支范围、标准和方法。

出差人员报销差旅费时，应先到财务部门领取报销单，将有关原始凭证，例如车、船票、住宿发票、餐费票等分类后粘贴在报销单据背后，经所在部门领导审核签字后送财务部门，出纳人员根据相关规定审核后予以报销。报销单据作为原始凭证编制记账凭证。

三、费用报销业务流程

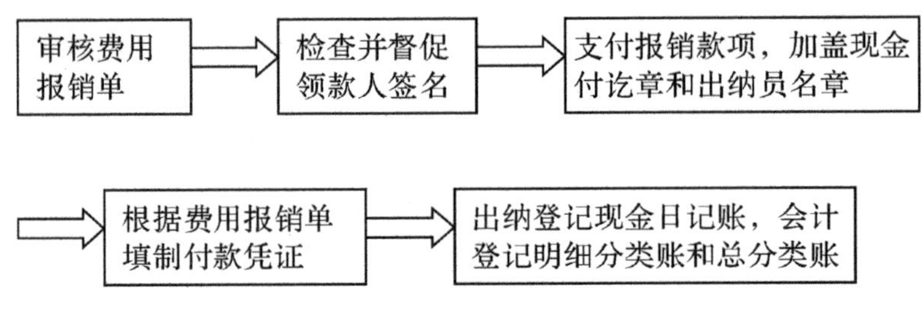

图 3-17　费用报销业务流程

实务技能训练案例 3-7

承[实务技能训练案例 3-6]资料，2010 年 12 月 28 日，浙江昊阳实业股份有限公司采购员孙兰从上海出差回来，次日需报销差旅费，结清借款单，请问该如何完成这笔差旅费报销业务？

实务操作

该业务具体操作步骤如下：

步骤 1：孙兰将粘贴好并经相关负责人签字审批的原始凭证交财务审核（如图 3-18 所示）。

差 旅 费 报 销 单

报销部门：采购部　　　　2010 年 12 月 29 日　　　　附单据 9 张

<table>
<tr><td colspan="2">出差人</td><td>孙兰</td><td>职务</td><td>采购员</td><td>出差事由</td><td colspan="3">采购货物</td></tr>
<tr><td>起日</td><td>止日</td><td>起讫地点</td><td>项目</td><td>张数</td><td>金额</td><td>项目</td><td>天数</td><td>金额</td></tr>
<tr><td>12.26</td><td>12.28</td><td>杭州—上海</td><td>火车费</td><td>2</td><td>180</td><td>途中补助</td><td></td><td></td></tr>
<tr><td></td><td></td><td></td><td>汽车费</td><td>6</td><td>300</td><td>住勤补助</td><td></td><td></td></tr>
<tr><td></td><td></td><td></td><td>市内交通费</td><td>6</td><td>200</td><td>夜间乘车</td><td></td><td></td></tr>
<tr><td></td><td></td><td></td><td>住宿费</td><td>1</td><td>1 820</td><td>其他</td><td></td><td></td></tr>
<tr><td></td><td></td><td></td><td>邮电费</td><td></td><td></td><td></td><td></td><td></td></tr>
<tr><td></td><td></td><td></td><td colspan="2">小　　计</td><td>2 500</td><td colspan="2">小　　计</td><td></td></tr>
<tr><td colspan="3">合　　计</td><td colspan="6">（大写）贰仟伍佰元整　　　　¥：2 500.00</td></tr>
</table>

批准人　张旭光　　部门审核　杨立新　　财务核准　李朝阳　　报销人　孙兰

图 3-18　差旅费报销单

步骤 2：出纳员根据审核无误的原始凭证付款。因孙兰曾于 2010 年 12 月 26 日预借差旅费 3 000 元，因此应收回多余款项 500 元，同时开出收据（如图 3-19 所示），并在原始凭证上加盖"现金收讫"章（如图 3-20 所示）。

收　　据

2010 年 12 月 29 日　　　　No. 003679

<table>
<tr><td>交款单位
（或个人）</td><td colspan="2">孙兰</td><td colspan="3">款项内容</td><td colspan="6">归还多余
差旅费借款</td></tr>
<tr><td rowspan="2">金　额</td><td rowspan="2">人民币
（大写）</td><td rowspan="2">伍佰元整</td><td>百</td><td>十</td><td>万</td><td>千</td><td>百</td><td>十</td><td>元</td><td>角</td><td>分</td></tr>
<tr><td></td><td></td><td></td><td>¥</td><td>5</td><td>0</td><td>0</td><td>0</td><td>0</td></tr>
<tr><td rowspan="2">摘要</td><td colspan="2" rowspan="2"></td><td colspan="9">收款方式</td></tr>
<tr><td colspan="9">现金</td></tr>
</table>

一　存根

收款单位签章：　　　　收款人：汪小婕

图 3-19　收款收据

差旅费报销单

报销部门：采购部　　2010年12月29日　　附单据9张

出差人		孙兰	职务	采购员	出差事由	采购货物		
起日	止日	起讫地点	项目	张数	金额	项目	天数	金额
12.26	12.28	杭州—上海	火车费	2	180	途中补助		
			汽车费	6	300	住勤补助		
			市内交通费	6	200	夜间乘车		
现金收讫			住宿费	1	1820	其　他		
			邮电费					
			小　计		2500	小　计		
合　计			（大写）贰仟伍佰元整			¥：2500.00		

批准人 张旭光　　部门审核 杨立新　　财务核准 李朝阳　　报销人 孙兰

图 3-20　差旅费报销单

步骤 3：出纳员将差旅费报销单和收据记账联交制单会计，制单会计审核无误后填制现金收款凭证和转账凭证并签章，再传递给审核会计审核签章，最后把现金收款凭证传递给出纳员审核签章（如图 3-21、图 3-22 所示）。

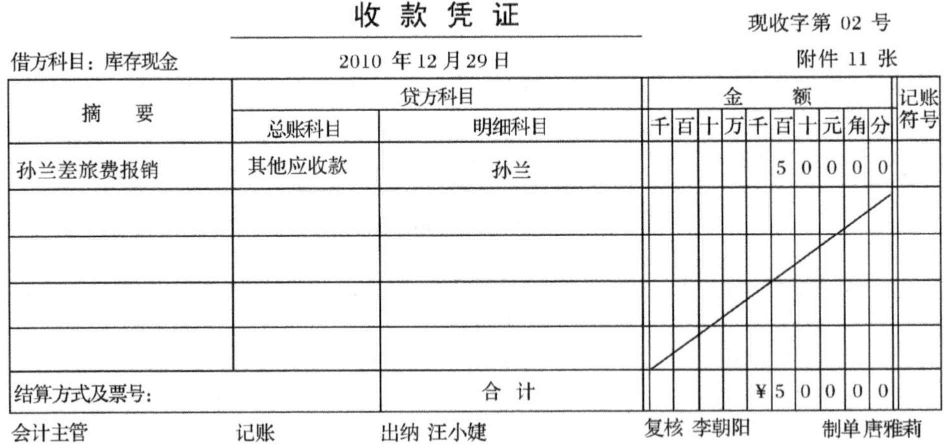

收款凭证

现收字第 02 号

借方科目：库存现金　　2010 年 12 月 29 日　　附件 11 张

摘　要	贷方科目		金额										记账符号
	总账科目	明细科目	千	百	十	万	千	百	十	元	角	分	
孙兰差旅费报销	其他应收款	孙兰						5	0	0	0	0	
结算方式及票号：		合　计					¥	5	0	0	0	0	

会计主管　　记账　　出纳 汪小婕　　复核 李朝阳　　制单 唐雅莉

图 3-21　现金收款凭证

步骤 4：出纳员根据现金付款凭证逐日逐笔登记库存现金日记账，做好日记账余额与库存现金实有数之间的核对。会计根据现金付款凭证和转账凭证登记明细分类账和总分类账。

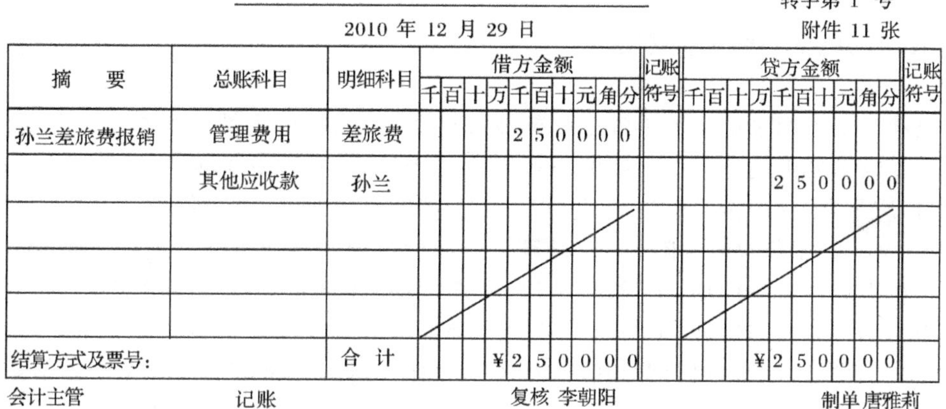

转 账 凭 证

转字第 1 号

2010 年 12 月 29 日　　　　附件 11 张

摘　要	总账科目	明细科目	借方金额										记账符号	贷方金额										记账符号
			千	百	十	万	千	百	十	元	角	分		千	百	十	万	千	百	十	元	角	分	
孙兰差旅费报销	管理费用	差旅费					2	5	0	0	0	0												
	其他应收款	孙兰																2	5	0	0	0	0	
结算方式及票号：		合　计				¥	2	5	0	0	0	0					¥	2	5	0	0	0	0	

会计主管　　记账　　复核 李朝阳　　制单 唐雅莉

图 3-22　转账凭证

思考：如果孙兰差旅费报销单上的金额为 3100 元，应如何办理该业务？

子情境 3.8　编制收付款凭证

知识与技能准备

一、收款凭证的格式

收 款 凭 证

字第　　号

借方科目：　　　　年　　月　　日　　　　附件　　张

摘　要	贷方科目		金　额										记账符号
	总账科目	明细科目	千	百	十	万	千	百	十	元	角	分	
结算方式及票号：		合　计											

会计主管　　记账　　出纳　　复核　　制单

图 3-23　收款凭证格式

二、收款凭证的填制方法

收款凭证是用来记录货币资金收款业务的凭证，它是由出纳人员根据审核无误的原始凭证收款后由制单会计填制的。在借贷记账法下，在收款凭证左上方所填列的借方科目，应是“库存现金”或“银行存款”科目。在凭证内所反映的贷方科目，应填列与“库存现金”或“银行存款”相对应的科目。金额栏填列经济业务实际发生的数额，除合计金额栏需要在金额前加“￥”符号，其余金额栏均不需要，空白金额栏应用斜线划去。凭证上方的“年、月、日”处，填写财会部门受理经济业务事项制证的日期。凭证右上角的“字第　号”处，填写“银收”“现收”或“收”字和已填制凭证的顺序编号，下方填写所附原始凭证张数。“摘要”栏填写能反映经济业务性质和特征的简要说明。“记账”栏则应在已经登记账簿后划“√”符号，表示已经入账，以免发生漏记或重记错误。在最下面的财务主管，记账，出纳等处，需要相关人员签字或签章。

三、付款凭证的格式

付　款　凭　证　　　　字第　　号

贷方科目：　　　　年　　月　　日　　　　附件　　张

摘　要	借方科目		金　额										记账符号
	总账科目	明细科目	千	百	十	万	千	百	十	元	角	分	
结算方式及票号：		合　计											

会计主管　　　　记账　　　　出纳　　　　复核　　　　制单

图 3-24　付款凭证格式

四、付款凭证填制方法

付款凭证是根据现金、银行存款减少的经济业务填制的，它是由出纳人员根据审核无误的原始凭证付款后由制单会计填制的。在凭证左上方的“贷方科目”处填写“库存现金”或“银行存款”。在凭证内“借方科目”栏填写与“库存现金”或“银行存款”对应的借方科目。其余同收款凭证填制方法相同。

需要注意的是，有些企业因为规模较小，其在编制凭证时，不分收款凭证和付款凭证，而是使用通用的记账凭证，格式如图3-25所示。企业在记账凭证总账科目和明细科目栏依次填写借方总账科目、明细科目及贷方总账科目、明细科目，并将借方科目金额写在借方金额栏，贷方科目金额写在贷方金额栏，其余填制方法基本相同。

记　账　凭　证　　　　字第　　号

年　　月　　日　　　　附件　　张

摘　要	总账科目	明细科目	借方金额										记账符号	贷方金额										记账符号
			千	百	十	万	千	百	十	元	角	分		千	百	十	万	千	百	十	元	角	分	
结算方式及票号：		合　计																						

会计主管　　记账　　出纳　　复核　　制单

图3-25　通用记账凭证

五、收付款凭证的审核

收付款记账凭证填制后，必须经过审核无误后，才能据以登记账簿。记账凭证审核的主要内容有：

1.记账凭证是否附有原始凭证，所附原始凭证是否齐全，记账凭证的经济内容是否与所附的原始凭证的内容相符等。

2.记账凭证中载明的业务内容是否合法、正常，应借应贷的账户是否正确。

3.记账凭证上的项目是否填写清楚、完整，编号是否连续，有关人员的签章是否齐全。

实务技能训练案例 3-8

2010 年 12 月 29 日，浙江昊阳实业股份有限公司出纳员汪小婕签发现金支票从开户银行提取3 000元现金备用。请根据业务填写现金付款凭证。

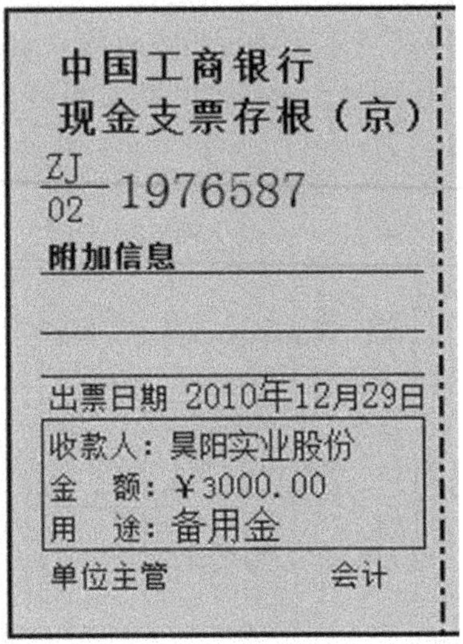

中国工商银行
现金支票存根（京）
ZJ/02 1976587
附加信息

出票日期 2010年12月29日
收款人：昊阳实业股份
金　额：¥3000.00
用　途：备用金
单位主管　　会计

图 3-26　现金支票存根

实务操作

步骤 1：出纳员填写“支票领用单”，经领导和会计主管审核同意后签发现金支票取现，并登记“支票使用登记簿”，同时将支票存根联交制单会计审核制证。

步骤 2：制单会计审核原始凭证（如图 3-26 所示）。

步骤 3：制单会计填制付款凭证并签章（如图3-27所示）。

步骤 4：审核会计审核付款凭证并签章（如图3-27所示）。

步骤 5：出纳人员审核付款凭证并签章（如图3-27所示）。

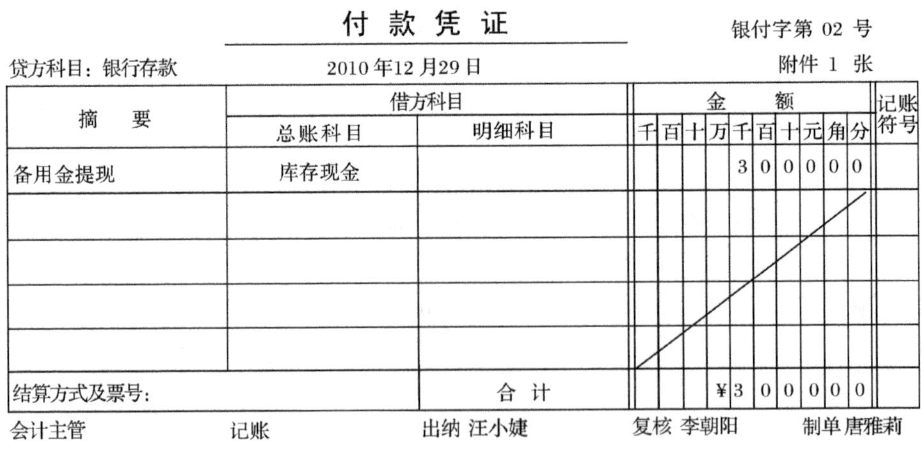

付 款 凭 证

银付字第 02 号

贷方科目：银行存款　　2010 年12 月29 日　　附件 1 张

摘　要	借方科目		金额										记账符号
	总账科目	明细科目	千	百	十	万	千	百	十	元	角	分	
备用金提现	库存现金						3	0	0	0	0	0	
结算方式及票号：		合　计				¥	3	0	0	0	0	0	

会计主管　　记账　　出纳 汪小婕　　复核 李朝阳　　制单 唐雅莉

图 3-27　付款凭证

步骤 6:出纳员根据付款凭证登记库存现金日记账和银行存款日记账,会计登记相关总分类账。

子情境 3.9　登记现金日记账

知识与技能准备

一、日记账的分类

日记账可分为普通日记账和特种日记账。企业最常见的特种日记账有现金日记账和银行存款日记账。日记账分类如图 3-28 所示。

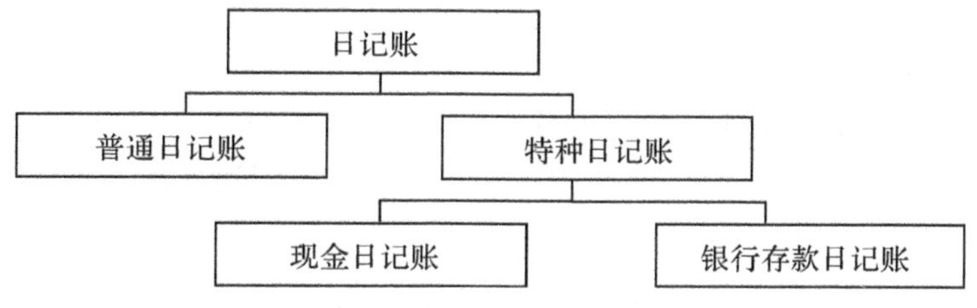

图 3-28　日记账分类

普通日记账是用来登记全部经济业务发生情况的日记账,它通常把每天发生的经济业务按业务发生的先后顺序记入账簿中,依次作为登记分类账的依据,故又称分录日记账。它的优点是格式统一,可以将每天发生的经济业务逐笔加以反映,但是不便于分工记账,而且不能将经济业务进行分类归集,过账的工作量比较大。由于它设有借方和贷方两个金额栏,所以又称为两栏式日记账。

现金日记账是由出纳人员按照经济业务发生的时间先后顺序,根据有关现金收款凭证和现金付款凭证或提取现金的银行存款付款凭证,逐日逐笔进行登记的账簿。

银行存款日记账是由出纳人员按照经济业务发生的时间先后顺序,根据有关银行存款收款凭证和银行存款付款凭证或送存现金的现金付款凭证,逐日逐笔进行登记的账簿。

现金日记账和银行存款日记账通常使用订本式账簿,采用设有“借方(或收入)”、“贷方(或支出)”、“余额(或结余)”三栏式结构的账页。现金日记账格式如图 3-29 所示。

现 金 日 记 账

第　1　页

年		凭证号码	摘要	√	借方												贷方												余额											
月	日				十	亿	千	百	十	万	千	百	十	元	角	分	十	亿	千	百	十	万	千	百	十	元	角	分	十	亿	千	百	十	万	千	百	十	元	角	分

图 3-29　现金日记账

二、现金日记账的设置和登记

1.填写账簿启用及交接表

为保证账薄使用的合法性，明确经济责任，防止舞弊行为，保证账簿资料的完整和便于查找，各单位在启用现金日记账时，首先要按规定内容逐项填写账簿启用及交接表（如图 3-30 所示）。

账簿启用及交接表

<table>
<tr><td>机构名称</td><td></td><td>单位盖章</td></tr>
<tr><td>账簿名称</td><td>（第　　册）</td><td rowspan="4"></td></tr>
<tr><td>账簿编号</td><td></td></tr>
<tr><td>账簿页数</td><td>本账簿共计　　页（本账簿页数
检点人盖章　　）</td></tr>
<tr><td>启用日期</td><td>公元　　年　　月　　日</td></tr>
</table>

<table>
<tr><td rowspan="3">经管人员</td><td colspan="2">负责人</td><td colspan="2">主办会计</td><td colspan="2">复核</td><td colspan="2">记账</td></tr>
<tr><td>姓名</td><td>盖章</td><td>姓名</td><td>盖章</td><td>姓名</td><td>盖章</td><td>姓名</td><td>盖章</td></tr>
<tr><td></td><td></td><td></td><td></td><td></td><td></td><td></td><td></td></tr>
</table>

<table>
<tr><td rowspan="6">接交记录</td><td colspan="2">经管人员</td><td colspan="4">接管</td><td colspan="4">交出</td></tr>
<tr><td>职别</td><td>姓名</td><td>年</td><td>月</td><td>日</td><td>盖章</td><td>年</td><td>月</td><td>日</td><td>盖章</td></tr>
<tr><td></td><td></td><td></td><td></td><td></td><td></td><td></td><td></td><td></td><td></td></tr>
<tr><td></td><td></td><td></td><td></td><td></td><td></td><td></td><td></td><td></td><td></td></tr>
<tr><td></td><td></td><td></td><td></td><td></td><td></td><td></td><td></td><td></td><td></td></tr>
<tr><td></td><td></td><td></td><td></td><td></td><td></td><td></td><td></td><td></td><td></td></tr>
<tr><td>备注</td><td colspan="10"></td></tr>
</table>

图 3-30　账簿启用及交接表

在账簿启用及交接表中，应写明单位名称、账簿名称、账簿编号和启用日期；在经管人员一栏中写明经管人员姓名并签章，在交接记录栏中写明经管人员职别、姓名、接管或移交日期并签章。在单位盖章栏加盖单位公章。

2. 登记现金日记账

出纳应根据审核后的现金收、付款凭证和提现时的银行存款付款凭证逐日逐笔顺序登记现金日记账，具体要求如下：

(1)所记载的内容必须同会计凭证相一致，逐笔分行记录，不得随便增减，不得将收款凭证和付款凭证合并登记，也不得将收款付款相抵后以差额登记。摘要不能过于简略，应以能够清楚地表述业务内容为度，便于事后查对。

(2)逐笔、序时登记日记账，做到日清日结。为了及时掌握现金收、付和结余情况，现金日记账必须当日账务当日记录，并于当日结出余额，不得出现贷方余额(或红字余额)。

(3)必须连续登记，登记完毕，应当逐项复核，复核无误后在记账凭证上的“账页”一栏内做出“过账”符号“√”，表示已经登记入账。不得跳行、隔页，不得随便更换账页和撕去账页。现金日记账采用订本式账簿，其账页不得以任何理由撕去，作废的账页也应留在账簿中。在一个会计年度内，账簿尚未用完时，不得以任何借口更换账簿或重抄账页。记账时必须按页次、行次、位次顺序登记，不得跳行或隔页登记，如不慎发生跳行、隔页时，应在空页或空行中间划线加以注销，或注明“此行空白”、“此页空白”字样，并由记账人员盖章，以示负责。

(4)每一账页记完后，必须按规定转页。为便于计算了解日记账中连续记录的累计数额，并使前后账页的合计数据相互衔接，在每一账页登记完毕结转下页时，应结出本页发生额合计数及余额，写在本页最后一行和下页第一行的有关栏内，并在摘要栏注明“过次页”和“承前页”字样。

(5)每月月末必须按规定结账，具体要求是在最后一笔经济业务记录下面通栏划红单线，结出本月发生额和余额，在摘要栏内注明本月合计字样，在下面再通栏划红单线，再在本月合计下面结出从年初起至本月的累计数额，登记在月份发生额的下面，在摘要栏内注明本年累计字样，并在下面通栏划红单线。12月末的本年累计就是全年的累计发生额，全年累计发生额下面要划通栏双红线，并在摘要栏注明“结转下年”字样。年初必须使用新的现金日记账。在新账第一页的第一行余额栏内填写上年结转的余额，摘要栏注明“上年结转”字样。

(6)记录发生错误时，必须按规定方法更正。账簿记录不得随意涂改，严禁刮、擦、挖、补，或使用化学药物清除字迹。发现差错必须根据差错的具体情况采用划线更正、红字更正、补充登记等方法更正。

实务技能训练案例 3-9

承[实务技能训练案例 3-3][实务技能训练案例 3-4][实务技能训练案例 3-5][实务技能训练案例 3-6][实务技能训练案例 3-7][实务技能训练案例 3-8][实务技能训练案例 3-9],假设浙江昊阳实业股份有限公司 2010 年 1 月 1 日期初余额为 1 000 元,1 月 1 日至 11 月 30 日现金借方发生额为 856 000 元,贷方发生额为 855 000 元,12 月 1 日至 12 月 24 日现金借方发生额为 37 600 元,贷方发生额为 36 600 元,[实务技能训练案例 3-9]为企业 12 月份最后一笔现金业务,请你帮助出纳员汪小婕补充登记现金日记账,并进行月末和年末结账工作。

实务操作

出纳员应将上述业务中审核无误的收付款凭证逐日序时地登入现金日记账,登记完毕后进行月末和年末结账工作,如图 3-31 所示。

现金日记账

第 25 页

2010年		凭证号码	摘要	√	借方												贷方												余额											
月	日				十	亿	千	百	十	万	千	百	十	元	角	分	十	亿	千	百	十	万	千	百	十	元	角	分	十	亿	千	百	十	万	千	百	十	元	角	分
12	25		承前页							3	7	6	0	0	0	0						3	6	6	0	0	0	0							3	0	0	0	0	0
12	25	银付 01	提现								1	0	0	0	0	0																			4	0	0	0	0	0
12	26	现收 01	零星销售									5	0	0	0	0																			4	5	0	0	0	0
12	26	现付 01	存现																					5	0	0	0	0							4	0	0	0	0	0
12	26	现付 02	孙兰预借款																				3	0	0	0	0	0							1	0	0	0	0	0
12	29	现收 02	收回预借款									5	0	0	0	0																			1	5	0	0	0	0
12	29	银付 02	提现								3	0	0	0	0	0																			4	5	0	0	0	0
			本月合计							4	2	6	0	0	0	0						4	0	1	0	0	0	0							4	5	0	0	0	0
			本年累计						8	9	8	6	0	0	0	0					8	9	5	1	0	0	0	0							4	5	0	0	0	0
			结转下年																																4	5	0	0	0	0

图 3-31 现金日记账

子情境 3.10 盘点库存现金

知识与技能准备

一、现金盘点制度

实地盘点库存现金是证实资产负债表所列现金是否存在的一项重要程序，是审查现金的一种必不可少的技术方法。它通过现场清点现金的方法来确定现金的实存数，然后以实存数与现金日记账的账面余额进行核对，以查明账实是否相符。

现金盘点的种类包括：

1. 日检：出纳员应于每日下班前对当日的经济业务进行清理，检查是否全部登记日记账，结出当日库存现金账面余额，并与库存现金实地盘点数核对相符，做到按日清理，按月结账。

2. 清查小组盘查：为确保库存现金安全完整，单位应建立库存现金清查制度，由有关领导和专业人员组成清查小组，定期或不定期地对库存现金情况进行清查盘点。重点检查账款是否相符、有无白条抵库、有无私借公款、有无挪用公款、有无账外资金等违纪违法行为。

清查时，出纳人员必须在场，库存现金由出纳人员经手盘点，清查人员从旁监督。同时，清查人员还应认真审核库存现金收付凭证和有关账簿，检查财务处理是否合理合法、账簿记录有无错误，以确定账存数与实存数是否相符。

库存现金盘点结束后，应直接填制“库存现金盘点报告表”（如图 3-32 所示），由盘点人员、出纳人员及其相关负责人签名盖章，并据以调整库存现金日记账的账面记录。

现 金 盘 点 表

单位名称： 年 月 日

实存金额	账存金额	实存与账存对比		备注
		盘盈	盘亏	
现金使用情况		(1)库存现金限额： (2)白条抵库情况： (3)违反规定的现金支出情况： (4)其他违规行为：		
处理决定：				

会计机构负责人： 盘点人： 出纳：

图 3-32 现金盘点表

二、现金盘点结果处理

现金盘点过程中如发现有长款或短款，应先列入“待处理财产损溢——待处理流动资产损溢”，并进一步查明原因，及时进行处理。

如果经查明长款属于记账错误、丢失单据等，应及时更正错账或补办手续；如属少付他人则应查明退还原主，如果确实无法退还，应经过一定审批手续作为单位的收益，列入“营业外收入”。

对于短款如查明属于记账错误应及时更正错账；如果属于出纳员工作疏忽或业务水平问题，一般应按规定由过失人赔偿。如确属无法查明的其他原因，应经过一定审批手续作为单位的损失，列入“管理费用”。

对超限额保管的现金，应将超过部分及时送存银行，低于库存限额，则应及时补提现金。

对不符合财务制度规定的借条，应要求追回款项。对白条开支，应说明原因，并要求其换取正式票据。

实务技能训练案例 3-10

2011 年 01 月 25 日，浙江昊阳实业股份有限公司实地盘点库存现金，出纳员汪小婕、盘点人员唐雅莉共同进行现金清查，会计主管李朝阳进行监盘。

盘点发现当日现金日记账余额为 2 580 元，保险柜中现金为 2 000 元，另有抵库白条 500 元，请根据相关资料填制库存现金盘点表和相关凭证。

实务操作

现金盘点业务具体操作步骤如下：

步骤 1：编制现金盘点表，并由相关人员签字（如图 3-33 所示）。

现 金 盘 点 表

单位名称：浙江昊阳实业股份有限公司　　　2011 年 01 月 25 日

<table>
<tr><td rowspan="2">实存金额</td><td rowspan="2">账存金额</td><td colspan="2">实存与账存对比</td><td rowspan="2">备注</td></tr>
<tr><td>盘盈</td><td>盘亏</td></tr>
<tr><td>2 000</td><td>2 580</td><td></td><td>580</td><td></td></tr>
<tr><td colspan="2">现金使用情况</td><td colspan="3">(1)库存现金限额：4 000
(2)白条抵库情况：500
(3)违反规定的现金支出情况：
(4)其他违规行为：</td></tr>
<tr><td>处理决定：</td><td colspan="4"></td></tr>
</table>

会计机构负责人：李朝阳　　　　盘点人：唐雅莉　　出纳：汪小婕

图 3-33　现金盘点表

步骤 2：根据现金盘点表编制付款凭证(如图 3-34 所示)，登记相关账簿。

付 款 凭 证

现付字第 01 号

贷方科目：库存现金　　　2011年 01 月 25 日　　　附件 1 张

<table>
<tr><td rowspan="2">摘　要</td><td colspan="2">借方科目</td><td colspan="10">金　额</td><td rowspan="2">记账符号</td></tr>
<tr><td>总账科目</td><td>明细科目</td><td>千</td><td>百</td><td>十</td><td>万</td><td>千</td><td>百</td><td>十</td><td>元</td><td>角</td><td>分</td></tr>
<tr><td>现金盘亏</td><td>待处理财产损溢</td><td>待处理流动资产损溢</td><td></td><td></td><td></td><td></td><td></td><td>5</td><td>8</td><td>0</td><td>0</td><td>0</td><td></td></tr>
<tr><td></td><td></td><td></td><td></td><td></td><td></td><td></td><td></td><td></td><td></td><td></td><td></td><td></td><td></td></tr>
<tr><td></td><td></td><td></td><td></td><td></td><td></td><td></td><td></td><td></td><td></td><td></td><td></td><td></td><td></td></tr>
<tr><td></td><td></td><td></td><td></td><td></td><td></td><td></td><td></td><td></td><td></td><td></td><td></td><td></td><td></td></tr>
<tr><td></td><td></td><td></td><td></td><td></td><td></td><td></td><td></td><td></td><td></td><td></td><td></td><td></td><td></td></tr>
<tr><td colspan="2">结算方式及票号：</td><td>合　计</td><td></td><td></td><td></td><td></td><td>¥</td><td>5</td><td>8</td><td>0</td><td>0</td><td>0</td><td></td></tr>
</table>

会计主管　　记账　　出纳 汪小婕　　复核 李朝阳　　制单唐雅莉

图 3-34　现金付款凭证

步骤 3：经查上述现金盘亏为出纳人员失职所致，批示见图 3-35 所示。

现金盘点表

单位名称：浙江昊阳实业股份有限公司　　2011 年 01 月 25 日

<table>
<tr><td rowspan="2">实存金额</td><td rowspan="2">账存金额</td><td colspan="2">实存与账存对比</td><td rowspan="2">备注</td></tr>
<tr><td>盘盈</td><td>盘亏</td></tr>
<tr><td>2 000</td><td>2 580</td><td></td><td>580</td><td></td></tr>
<tr><td colspan="2">现金使用情况</td><td colspan="3">(1)库存现金限额：4 000
(2)白条抵库情况：500
(3)违反规定的现金支出情况：
(4)其他违规行为：</td></tr>
<tr><td>处理决定：</td><td colspan="4">1. 上述白条抵库属于出纳汪小婕私借给办公室职工祝萍，应由出纳追回补足，若不能在 3 天内追回则由出纳赔偿。
2. 上述现金除白条抵库外短款由出纳失职造成，应由出纳汪小婕赔偿。
总经理：张旭光</td></tr>
</table>

会计机构负责人：李朝阳　　盘点人：唐雅莉　　出纳：汪小婕

图 3-35　现金盘点表

步骤 4：根据批复的现金盘点表编制转账凭证（如图 3-36 所示），登记明细账和总账。

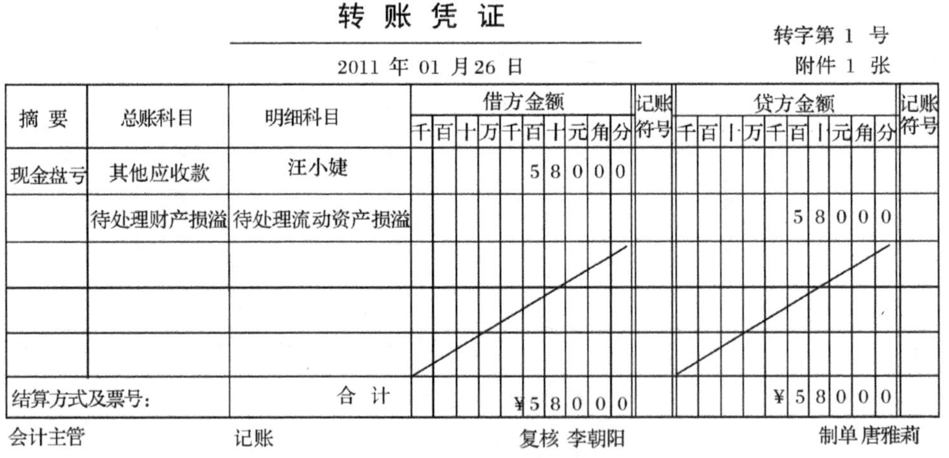

转 账 凭 证

转字第 1 号

2011 年 01 月 26 日　　附件 1 张

摘 要	总账科目	明细科目	借方金额										记账符号	贷方金额										记账符号
			千	百	十	万	千	百	十	元	角	分		千	百	十	万	千	百	十	元	角	分	
现金盘亏	其他应收款	汪小婕						5	8	0	0	0												
	待处理财产损溢	待处理流动资产损溢																	5	8	0	0	0	
结算方式及票号：		合 计					¥	5	8	0	0	0						¥	5	8	0	0	0	

会计主管　　记账　　复核 李朝阳　　制单 唐雅莉

图 3-36　转账凭证

步骤 5：收到出纳员赔款和罚款，开出收据，编制现金收款凭证（如图 3-37 所示），出纳登记现金日记账，会计登记相关明细账和总账。

收 款 凭 证

现收字第 01 号

借方科目：库存现金　　2011 年 01 月 27 日　　附件 1 张

摘　　要	贷方科目		金额										记账符号
	总账科目	明细科目	千	百	十	万	千	百	十	元	角	分	
盘亏现金交回	其他应收款	汪小婕						5	8	0	0	0	
结算方式及票号:		合　计					¥	5	8	0	0	0	

会计主管　　记账　　出纳 汪小婕　　复核 李朝阳　　制单 唐雅莉

图 3-37　现金收款凭证

思考：如果现金清查结果为盘盈，其会计处理结果会发生哪些变化？

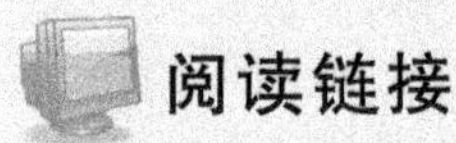

阅读链接

出纳业务长款或短款的处理①

出纳人员长年与现金和银行存款打交道，出现长款或短款是难免的。但是要把差错率降至最低并彻底杜绝，这就要求出纳人员于日常结算时，在“细心”和“认真”上下硬工夫才行。千万不能长了款便放一边了之，短了款自己掏腰包补齐。有果必有因。当发现长款时，千万不能沾沾自喜，以为是自己捡了便宜。会计上有句俗语，叫做“虚长实短”。试想，无缘无故怎能长出钱来？所以，长款中往往隐匿着短款的可能，应当认真查对账目，看是否记账、结账有误。如果实在查找不出来，也不能隐瞒不报，若是短款人找上门来，不是证明你的账务有错吗？要按制度办事，先报告会计主管，请会计人员帮助查找。经反复核对账单，仍无结果时，暂作挂账处理。

如果发生了短款，应冷静地回忆发生过的现金收付业务。出纳员应有一个记事认人的职业习惯，当天发生的收付业务应当在人的特征上、收款付款的金额上、票面面额上有所留意。同时要认真核对账单，一看是否记账有问题；二看是否少收了款；三看是否多付了款；四看是否现金另有放处；五看是否有人借了款，条据存放他处等。若查不出来，也不要瞒着不说，或者私自垫付，应按财务制度规定，报告会计主管，请会计人员帮助查找。有时还真会在账簿数字或算珠上自我迷惑，经过别人核对后立即改正。若实在查找不出来，可暂作挂账处理。

日常工作里，对于出纳工作中出现长款或短款现象，通常采取的处理原则是：

(1)属于技术性的差款和一般责任事故的差款，经过及时查找确实无法核对时，可按规定的审批手续处理。即长款归公，短款报损，不得以长款补短款。

(2)属于当事者工作不负责，玩忽职守，违章操作等原因造成的短款，应追究其经济责任，视情节轻重和损失程度大小，赔偿全部或部分损失，情节严重的要给予行政处分。

(3)属于责任人监守自盗、侵吞公款，或挪用公款的，应以贪污论处，直至追究其刑事责任。根据财务制度规定，对于发生的长款或短款，必须查明原因，方可处理。

出纳业务处于财会工作的“前沿哨所”，其位置之重要可想而知。因此，出纳员在岗位上要慎之又慎，认真细心。这就要求出纳员除了在具体操作中增加复审复核外，还要及时进行现金账目与库存现金的核对清点，做到日清月结。即每项业务终了，应立即将

① 本文来源于中华会计网校 http://www.chinaacc.com.

现金账目与结存情况进行核对，发现差错立即查找；每日将现金日记账的余额与库存现金进行核对；定时将现金日记账余额与“现金”总账账户余额进行核对，并清查月末库存现金金额，以达到账存与实存相符。

总之，做出纳工作，贵在脑勤、手勤、腿脚勤，这“三勤”做到了，才能胜任本职业务。

本情境主要介绍了企业库存现金限额的核定方法、现金开支范围的核定方法、现金收支业务的办理、现金收付款凭证的编制、现金日记账的登记、库存现金的盘点方法。相关内容和要求主要如下：

任务内容	库存现金管理与核算	
	知识与技能准备	技能要求与目标
核定企业库存现金限额	1.库存现金限额制 2.库存现金限额核定程序	1.能正确办理库存现金限额核定手续 2.能正确管理库存现金限额
核定企业现金开支范围	1.现金开支范围 2.现金管理八不准	1.能正确判断现金使用范围 2.能正确管理现金
从银行提取现金	1.提现业务办理程序 2.现金支票的填写和使用方法	1.能正确办理从银行提现的业务 2.能正确填写现金支票，正确登记支票使用登记簿
现金收取零星收入业务	现金收取零星收入业务流程	能正确办理现金收取零星收入的业务，包括审核收款凭证，正确识别现金真伪，与会计的分工协作等
向银行送存现金	1.库存现金日常保管制度 2.存现业务办理程序	1.能正确处理现金日常保管 2.能正确办理向银行交现的业务
办理备用金预借业务	1.备用金制度 2.备用金预支和报销	1.能正确办理非定额备用金制下的备用金预借业务 2.能正确办理定额备用金制下的备用金预借业务
办理费用报销业务	1.差旅费以外的其他费用的报销 2.差旅费的报销 3.费用报销业务流程	1.能正确办理差旅费报销业务 2.能正确办理除差旅费外其他费用的报销
编制收付款凭证	1.收款凭证的格式和填制方法 2.付款凭证的格式和填制方法 3.收付款凭证的审核	1.能正确审核收付款凭证，并在出纳栏处签章 2.能正确审核通用记账凭证，并在出纳栏处签章

续表

任务内容	库存现金管理与核算	
	知识与技能准备	技能要求与目标
登记现金日记账	1.日记账的分类 2.现金日记账的设置和登记	1.能正确填写账簿启用及交接表 2.能正确登记现金日记账，发生错误时能按规定方法更正，月末按规定完成结账
盘点库存现金	1.现金盘点制度 2.现金盘点结果处理	1.能正确盘点现金，做好现金日记账的日清日结工作 2.能正确处理盘点结果

思考与练习

一、思考题

1.什么是库存现金限额？

2.现金的开支范围包括哪些？

3.简述现金支票的填写要求。

4.什么是备用金？备用金的用处是什么？

5.简述差旅费报销流程。

6.如何办理现金的缴存业务？

7.如何填制和审核收款凭证和付款凭证？

8.什么是现金日记账？登记现金日记账时应注意什么？

9.如何对库存现金进行盘点？

10.库存现金盘点中出现长款和短款应如何处理？

二、练习题

【单选题】

1.如现金短缺属于无法查明的其他原因，经批准后计入(　　)科目借方。

A.财务费用　　　　B.管理费用

C.营业外支出　　　　D.营业费用

2.下列项目中，允许使用现金的是(　　)。

A.预支差旅费　　　　B.购买运输卡车

C.购买专利　　　　D.支付企业水电费

3.实行备用金定额制度的企业，各业务部门持有的库存现金应通过(　　)科目核算。

A. 应收账款　　B. 预付账款

C. 库存现金　　D. 其他应收款

4. 企业如因特殊情况需要坐支现金的，应事先报经(　　)审查批准。

A. 财政部门　　B. 税务部门

C. 开户银行　　D. 工商部门

5. 企业日常的库存现金应由(　　)根据企业的实际需要核定一个限额。

A. 财政部门　　B. 税务部门

C. 开户银行　　D. 工商部门

6. 现金长款原因不明，经批准后应(　　)。

A. 冲减管理费用　　B. 增加其他业务收入

C. 冲减营业外支出　　D. 增加营业外收入

7. 现金应(　　)清查以使账实相符。

A. 每日　　B. 每周

C. 每月　　D. 每季

8. 库存现金限额一般为企业(　　)日常开支需要量。

A. 1—3 天　　B. 3—5 天

C. 5—10 天　　D. 10—15 天

9. 企业在进行现金清查时，查出现金溢余，并将溢余数记入“待处理财产损溢”科目，后经进一步核查，无法查明原因，经批准后，对该现金溢余正确的会计处理方法是(　　)。

A. 将其从“待处理财产损溢”科目转入“管理费用”科目

B. 将其从“待处理财产损溢”科目转入“营业外收入”科目

C. 将其从“待处理财产损溢”科目转入“其他应付款”科目

D. 将其从“待处理财产损溢”科目转入“其他应收款”科目

10. 采购人员预借差旅费，以现金支付，应借记(　　)账户核算。

A. 现金　　B. 管理费用

C. 其他应收款　　D. 其他应付款

【多选题】

1. 下列各项中，可以用现金支付的有(　　)。

A. 支付出差人员差旅费 200 元　　B. 一次性购入办公用品 1 200 元

C. 向个人收购农产品支付货款 1 800 元　　D. 零星购买材料 300 元

2. 采购员报销差旅费涉及的账户有(　　)。

A. 其他应收款　　B. 现金

C. 其他应付款　　D. 管理费用

3. 备用金的管理方式有（ ）。

A. 定额管理　　B. 专人管理

C. 预算管理　　D. 非定额管理

4. 按照现金保管制度的要求，出纳人员应该（ ）。

A. 超过库存限额以外的现金应在下班前送存银行

B. 限额内的库存现金当日核对清楚后，一律放入保险柜内，不得放在办公桌内过夜

C. 单位的库存现金不准以个人名义存入银行

D. 库存的纸币和铸币实行分类保管

5. 会计账簿启用时，在账簿首页上应当附启用表，主要内容包括（ ）。

A. 启用日期

B. 单位公章

C. 账簿页数

D. 记账人员和会计机构负责人姓名、会计主管人员姓名并加盖名章

6. 以下项目属违反现金管理制度的行为（ ）。

A. 出差人员随身携带的差旅费超过 1 000 元

B. 用本单位银行账号为他人支取现金

C. 用现金收入进行现金支出

D. 将本单位现金借给其他单位临时支用

7. 对账的内容为（ ）。

A. 账证核对　　B. 账表核对

C. 账账核对　　D. 账实核对

8. 出差人员报销差旅费，出纳库存现金不足支付。下列做法错误的是（ ）。

A. 出纳将私人现金先垫付　　B. 从本单位现金收入中直接支付

C. 出纳个人打欠条　　D. 开出现金支票支付

9. 企业收到某商店支付的包装物押金，应（ ）。

A. 借记“其他应收款”　　B. 贷记“其他应付款”

C. 贷记“库存现金”　　D. 借记“库存现金”

10. 现金盘点的种类包括（ ）。

A. 日检　　B. 清查小组盘查

C. 定期清查　　D. 不定期清查

【判断题】

1. 库存现金的清查一般于月末采用实地盘点法进行。 （ ）

2. 为了简化现金存取手续，企事业单位在需要现金开支时，可以从本单位的库存现

金中支付，也可以从本单位的现金收入直接支付。 ( )

3. 现金日记账必须逐笔序时登记并每日结出余额，以便随时掌握库存现金的数额。 ( )

4. 企业在任何情况下都不得从本企业的现金收入中直接坐支。 ( )

5. 现金清查中，对于无法查明原因的现金短缺，经批准后应计入营业外支出。 ( )

6. 对实行定额备用金制度的企业，在账务处理上需要设置“其他应收款——备用金”账户进行核算，也可单独设置“备用金”账户核算。 ( )

7. 对现金进行日清月结是出纳员办理现金出纳工作的基本原则和要求，也是避免出现长短款的重要措施。 ( )

8. 因出纳人员变更，为明确责任新任出纳应更换新的现金日记账进行登记。 ( )

9. 移交人员办理完交接手续后，仍需对原工作期间经办的会计资料的真实性、完整性负责。 ( )

10. 从账簿的外形看，现金日记账和银行存款日记账采用订本式账簿。 ( )

【案例分析题】

某出纳 2011 年 6 月 8 日和 10 日两天的现金业务结束后例行的现金清查中，分别发现现金短缺 50 元和现金溢余 20 元的情况，对此他经过反复思考也弄不明白原因。为了保全自己的面子，同时又考虑到两次账实不符的金额又很小，他决定采取下列办法进行处理：现金短缺 50 元，自掏腰包补齐；现金溢余 20 元，暂时收起。

根据我国相关法律规定，回答下列问题：

该出纳对以上现金业务的处理是否恰当？

请说明正确的处理方法。

【技能训练题】

实训企业资料信息：

1. 北京天裕实业股份有限公司相关信息如下：

开户银行：中国工商银行北京海淀支行

账号：223456789516516

税务登记号：567895678956789

单位地址：北京海淀区复兴路 180 号

单位电话：010－85685688

法人代表：王天裕

总经理：汤敏儿
销售部经理：黄玲玲
办公室主任：李子豪
会计主管(兼审核会计)：李美静
制单会计：孙丽婷
开票人：郭小羽
出纳：李丽芳

2.北京美达饰品店相关信息如下：
开户银行：中国工商银行北京海淀支行
账号：223456789518519
税务登记号：201201015688888
单位地址：北京海淀区复兴路298号
单位电话：010－82389238

技能训练1

实训目的：掌握提现业务的办理。

实训资料：2012年1月12日，北京天裕实业股份有限公司出纳员李丽芳准备向开户银行提取现金25 000元用于发放工资。

实训要求：

(1)填写支票领用单。

支票领用单

转账□　现金□　　　　　　　　　　　　领导签批

<table>
<tr><td colspan="4">年　　月　　日</td></tr>
<tr><td rowspan="3">由领用人填写</td><td colspan="3">收款人全称：</td></tr>
<tr><td colspan="3">用途：</td></tr>
<tr><td colspan="3">预计金额：</td></tr>
<tr><td rowspan="3">由出纳填写</td><td>开户银行</td><td>账号</td><td>支票号码</td></tr>
<tr><td></td><td></td><td></td></tr>
<tr><td colspan="3">金额(大写)：　万　仟　佰　拾　元　角　分　¥</td></tr>
<tr><td colspan="4">部门负责人：　　出纳：　　领用人：</td></tr>
</table>

（2）填写现金支票正反面。

中国工商银行
现金支票存根（京）
$\frac{BG}{02}$ 1586259
附加信息

出票日期　年　月　日
收款人：
金　额：
用　途：
单位主管　　会计

ICBC 中国工商银行 现金支票 （京） $\frac{北\ B\ G}{京\ 0\ 2}$ 1586259

支票付款期限十天

出票日期（大写）　　年　　月　　日　付款行名称：
收款人：　出票人账号：

人民币（大写）	亿	千	百	十	万	千	百	十	元	角	分

用途
上述款项请　科　目（借）
从我账户内　对方科目（贷）
支付　转账日期　年　月　日
出票人签章　复核　记账

附加信息：

被背书人

背书人签章
年　月　日

粘贴单处

身份证名称：　发证机关：
号码

（3）填写支票使用登记簿。

支票使用登记簿

年		支票号码	银行名称	支票金额	用途	到期日	开具人	使用人	备注
月	日								

(4)填写付款凭证。

付款凭证

字第　　号

贷方科目：　　　　年　　月　　日　　　　附件　　张

摘　要	借方科目		金　额										记账符号
	总账科目	明细科目	千	百	十	万	千	百	十	元	角	分	
结算方式及票号：		合计											

会计主管　　记账　　出纳　　复核　　制单

技能训练 2

实训目的：掌握现金收取零星销售收入业务的办理。

实训资料：2012 年 01 月 19 日，北京天裕实业股份有限公司销售部员工朱小如向北京美达饰品店销售汽车挂件 100 根，每根不含税价 6 元，开出销售小票一张，以现金收取货款。

实训要求：

(1)填写天裕实业销售小票。

销售小票

柜组：　　　　年　　月　　日　　　　编号：

商品名称	商品编码	单　位	数　量	单　价	金　额					
					万	千	百	十	元	角
合　计	大写：万　仟　佰　拾　元　角　分									

第二联：顾客

销售人：　　　　收款人：

（2）填写北京市增值税专用发票。

全国统一发票监制章

6526987　　**北京市增值税专用发票**　　No 09876685

发票联

开票日期：　年　月　日

购货单位	名　　称： 纳税人识别号 地址、电话 开户行及账号			密码区			
货物或应税劳务名称	规格型号	单位	数量	单价	金额	税率	税额
合计							
价税合计（大写）					（小写）　¥		
销货单位	名　　称 纳税人识别号 地址、电话 开户行及账号			备注			

第二联：发票联购货方记账凭证

收款人：　　复核：　　开票人：　　销货单位：　（章）

（3）填写收款凭证。

收　款　凭　证

字第　　号

借方科目：　　年　　月　　日　　附件　　张

摘要	贷方科目		金　　额										记账符号
	总账科目	明细科目	千	百	十	万	千	百	十	元	角	分	
结算方式及票号：		合计											

会计主管　　记账　　出纳　　复核　　制单

技能训练 3

实训目的：掌握向银行送存现金业务的办理。

实训资料：2012年01月19日，北京天裕实业股份有限公司出纳员李丽芳将当天的零星现金销售款702元送存开户银行，其中百元券5张，50元券2张，10元券10张，2元券1张。

实训要求：

(1)填写现金交款单。

中国工商银行现金存款凭条

年　　月　　日

<table>
<tr><td rowspan="3">收款人</td><td>全　称</td><td colspan="13"></td></tr>
<tr><td>账　号</td><td colspan="3"></td><td>款项来源</td><td colspan="9"></td></tr>
<tr><td>开户行</td><td colspan="3"></td><td>交款人</td><td colspan="9"></td></tr>
<tr><td colspan="2" rowspan="2">金额大写(币种)</td><td colspan="4" rowspan="2"></td><td>百</td><td>十</td><td>万</td><td>千</td><td>百</td><td>十</td><td>元</td><td>角</td><td>分</td></tr>
<tr><td></td><td></td><td></td><td></td><td></td><td></td><td></td><td></td><td></td></tr>
<tr><td>票面</td><td>张数</td><td>金额</td><td>票面</td><td>张数</td><td>金额</td><td colspan="9" rowspan="8"></td></tr>
<tr><td>100元</td><td></td><td></td><td>5角</td><td></td><td></td></tr>
<tr><td>50元</td><td></td><td></td><td>2角</td><td></td><td></td></tr>
<tr><td>20元</td><td></td><td></td><td>1角</td><td></td><td></td></tr>
<tr><td>10元</td><td></td><td></td><td>5分</td><td></td><td></td></tr>
<tr><td>5元</td><td></td><td></td><td>2分</td><td></td><td></td></tr>
<tr><td>2元</td><td></td><td></td><td>1分</td><td></td><td></td></tr>
<tr><td>1元</td><td></td><td></td><td></td><td></td><td></td></tr>
</table>

第一联　回单联

(2)填写付款凭证。

付 款 凭 证

字第　　号

贷方科目：　　　　年　　月　　日　　　　附件　　张

<table>
<tr><td rowspan="2">摘　要</td><td colspan="2">借方科目</td><td colspan="10">金　额</td><td rowspan="2">记账符号</td></tr>
<tr><td>总账科目</td><td>明细科目</td><td>千</td><td>百</td><td>十</td><td>万</td><td>千</td><td>百</td><td>十</td><td>元</td><td>角</td><td>分</td></tr>
<tr><td></td><td></td><td></td><td></td><td></td><td></td><td></td><td></td><td></td><td></td><td></td><td></td><td></td><td></td></tr>
<tr><td></td><td></td><td></td><td></td><td></td><td></td><td></td><td></td><td></td><td></td><td></td><td></td><td></td><td></td></tr>
<tr><td></td><td></td><td></td><td></td><td></td><td></td><td></td><td></td><td></td><td></td><td></td><td></td><td></td><td></td></tr>
<tr><td></td><td></td><td></td><td></td><td></td><td></td><td></td><td></td><td></td><td></td><td></td><td></td><td></td><td></td></tr>
<tr><td></td><td></td><td></td><td></td><td></td><td></td><td></td><td></td><td></td><td></td><td></td><td></td><td></td><td></td></tr>
<tr><td colspan="2">结算方式及票号：</td><td>合计</td><td></td><td></td><td></td><td></td><td></td><td></td><td></td><td></td><td></td><td></td><td></td></tr>
</table>

会计主管　　记账　　出纳　　复核　　制单

技能训练4

实训目的:掌握差旅费预借业务的办理。

实训资料:2012年01月20日,北京天裕实业股份有限公司销售部职工张飞翔欲赴重庆出差参加会议,需向出纳员李丽芳预借差旅费4 000元。

实训要求:

(1)填写借款单。

借 款 单

年 月 日

借款部门		借款人		使用部门	
款项类型	现金□ 支票□ 支票号码:				
借款用途及理由					
借款金额	人民币(大写) ¥				
领导批准		财务核准		部门审核	
附件(张)		备 注			

(2)填写付款凭证。

付 款 凭 证 字第 号

贷方科目: 年 月 日 附件 张

摘 要	借方科目		金 额										记账符号
	总账科目	明细科目	千	百	十	万	千	百	十	元	角	分	
结算方式及票号:		合计											

会计主管 记账 出纳 复核 制单

技能训练 5

实训目的：掌握预借差旅费报销业务的办理。

实训资料：2012 年 01 月 26 日，北京天裕实业股份有限公司销售部职工张飞翔赴重庆出差回来，需向出纳员李丽芳报销差旅费3 500元，其中火车票 2 张共 600 元，汽车票 2 张共 400 元，市内交通费 2 张共 200 元，住宿费 1 张共1 500元，途中补助 800 元。

实训要求：

(1)填写差旅费报销单。

差 旅 费 报 销 单

报销部门：　　　　　　　　年　　月　　日　　　　　　　　附单据　　张

出差人			职　务	采购员				
起日	止日	起讫地点	项　目	张　数	金　额	项　目	天　数	金　额
			火车票			途中补助		
			汽车票			住勤补助		
			市内交通费			夜间乘车		
			住宿费			其　他		
			邮电费					
			小计			小计		
合　计			(大写)			￥：		

批准人　　部门审核　　财务核准　　报销人

(2)填写收款凭证。

收 款 凭 证　　　　字第　　号

借方科目：　　　　　　　　年　　月　　日　　　　　　　　附件　　张

摘　要	贷方科目		金　额										记账符号
	总账科目	明细科目	千	百	十	万	千	百	十	元	角	分	
结算方式及票号：		合计											

会计主管　　记账　　出纳　　复核　　制单

(3)填写转账凭证。

转 账 凭 证

字第　　号

年　　月　　日　　　　　　　　附件　　张

摘　要	总账科目	明细科目	借方金额										记账符号	贷方金额										记账符号
			千	百	十	万	千	百	十	元	角	分		千	百	十	万	千	百	十	元	角	分	
结算方式及票号:		合计																						

会计主管　　　　记账　　　　　　　　复核　　　　　　制单

技能训练 6

实训目的:掌握现金日记账的登记。

实训资料:北京天裕实业股份有限公司 2012 年 1 月 1 日库存现金期初余额为 2 000元,1 月 13 日现金发放工资25 000元,1 月 20 日用现金支票提取现金4 000元,用于支付张飞翔差旅费,1 月份其余现金业务见技能训练 1-5 资料。

实训要求:

(1)登记现金日记账。

(2)进行现金日记账月末结账工作。

现 金 日 记 账

第　1　页

年		凭证号码	摘　要	√	借　方											贷　方											余　额										
月	日				十	亿	千	百	十	万	千	百	十	元	角	分	十	亿	千	百	十	万	千	百	十	元	角	分	十	亿	千	百	十	万	千	百	十	元	角	分

续表

年		凭证号码	摘要	√	借方												贷方												余额											
月	日				十	亿	千	百	十	万	千	百	十	元	角	分	十	亿	千	百	十	万	千	百	十	元	角	分	十	亿	千	百	十	万	千	百	十	元	角	分

技能训练 7

实训目的：掌握现金盘点业务的办理。

实训资料：2012 年 2 月 20 日，北京天裕实业股份有限公司实地盘点库存现金，出纳员李丽芳、盘点人员孙丽婷共同进行现金清查，会计主管李美静进行监盘。

盘点发现当日现金日记账余额为 3 000 元，保险柜中现金为 3 200 元，库存现金限额4 000元，另发现 2012 年 2 月 8 日支付给北京美达饰品店的一笔 2 000 元的货款为现金支付。其他无违纪情况。

经查，盘盈金额为少付销售部职工孙怡桦的差旅费报销款。支付给北京美达饰品店的货款应通过银行转账支付，由财务部门自查，杜绝再次发生，并罚财务主管现金 100 元。

实训要求：

(1)填写现金盘点表。

现 金 盘 点 表

单位名称：　　　　　　　　　　　年　　月　　日

实存金额	账存金额	实存与账存对比		备注
		盘盈	盘亏	
现金使用情况		(1)库存现金限额： (2)白条抵库情况： (3)违反规定的现金支出情况： (4)其他违规行为：		
处理决定：				

会计机构负责人：　　　　　　　　　　　盘点人：　　　　　出纳：

(2)填写相关会计凭证。

收 款 凭 证

字第　　号

借方科目：　　　　年　　月　　日　　　　附件　　张

摘　要	贷方科目		金　额										记账符号
	总账科目	明细科目	千	百	十	万	千	百	十	元	角	分	
结算方式及票号：		合计											

会计主管　　记账　　出纳　　复核　　制单

转 账 凭 证

字第　　号

年　　月　　日　　　　附件　　张

摘　要	总账科目	明细科目	借方金额										记账符号	贷方金额										记账符号
			千	百	十	万	千	百	十	元	角	分		千	百	十	万	千	百	十	元	角	分	
结算方式及票号：		合计																						

会计主管　　记账　　复核　　制单

付　款　凭　证

字第　　号

贷方科目：　　　　　　　　年　　月　　日　　　　　　　　附件　　张

摘　要	借方科目		金　额										记账符号
	总账科目	明细科目	千	百	十	万	千	百	十	元	角	分	
结算方式及票号：		合计											

会计主管　　　记账　　　出纳　　　复核　　　制单

收　款　凭　证

字第　　号

借方科目：　　　　　　　　年　　月　　日　　　　　　　　附件　　张

摘　要	贷方科目		金　额										记账符号
	总账科目	明细科目	千	百	十	万	千	百	十	元	角	分	
结算方式及票号：		合计											

会计主管　　　记账　　　出纳　　　复核　　　制单

学习情境4　银行存款管理与核算

知识目标

☆ 熟悉银行存款账户的开设与管理

☆ 掌握现金支票、转账支票、银行本票、银行汇票、商业汇票、汇兑、托收承付等七种银行结算方式的含义、基本结算规定和业务结算流程

☆ 掌握银行存款日记账的登记方法

☆ 掌握银行存款余额调节表的编制方法

技能目标

☆ 能正确开设和管理银行存款账户

☆ 能正确办理现金支票、转账支票、银行本票、银行汇票、商业汇票、汇兑、托收承付等七种银行结算业务

☆ 能正确登记银行存款日记账

☆ 能正确编制银行存款余额调节表

主要概念

基本存款账户　一般存款账户　临时存款账户　专用存款账户　现金支票　转账支票　银行本票　银行汇票　商业承兑汇票　银行承兑汇票　汇兑　托收承付　委托收款　未达账项

小张上岗后，遇到一个问题：

小张所在单位收到振辉机械厂财务部 8 月 15 日开出的两张票据：一张为面额10 000元的转账支票，用于支付会议费；另一张为面额200 000元的银行承兑汇票，到期日为 9 月 5 日，用于支付材料款，该汇票已经银行承兑。

8 月 20 日，小张持转账支票向银行提示付款。银行发现该支票为空头支票。9 月 5 日，小张持银行承兑汇票向银行提示付款，得知振辉机械厂的账户余额不足200 000元。

小张该如何处理这两件事情呢？小张所在单位能收到银行存款吗？

子情境 4.1　开设与管理银行结算账户

知识与技能准备

一、银行结算账户的分类

银行存款就是企业存放在银行或其他金融机构的货币资金。按照有关规定，凡是独立核算的单位都必须在当地银行开设账户。

企业在银行开设账户以后，除按核定的限额保留库存现金外，超过限额的现金必须存入银行；企业在经营过程中发生的一切货币收支业务，除了在规定的范围内可以用现金直接支付的款项外，都必须通过银行存款账户进行核算。

银行结算账户按存款人分为单位银行结算账户和个人银行结算账户。

存款人以单位名称开立的银行结算账户为单位银行结算账户。单位银行结算账户按用途分为基本存款账户、一般存款账户、专用存款账户、临时存款账户。

个体工商户凭营业执照以字号或经营者姓名开立的银行结算账户纳入单位银行结算账户管理。

基本存款账户是指企业办理日常转账结算和现金收付的账户。一般企业单位只能选择一家银行的一个营业机构开立一个基本存款账户，主要用于办理日常的转账结算和现金收付。企业单位的工资、资金等现金的支取，只有通过该账户办理。开立基本存款账户是开立其他银行结算账户的前提。

一般存款账户是指企业在基本存款账户以外的银行借款转存、与基本存款账户的企业不在同一地点的附属非独立核算单位开立的账户，可以办理转账结算和现金缴存，但不能提取现金。企业可以选择在多家银行开立一般存款账户，但一家银行只能在其一个营业机构开立一个一般存款账户。

临时存款账户是指企业因临时生产经营活动的需要而开立的账户，如企业异地产品展销、临时性采购资金等。该账户既可以办理转账结算，又可以根据现金管理规定存取现金。注册验资的临时存款账户在验资期间只收不付，注册验资资金的汇缴人应与出资人的名称一致。

专用存款账户是指企业单位因特定用途需要开立的账户，如基本建设项目专项资金、农副产品资金等，企事业单位的销售货款不得转入专用存款账户。

存款人凭个人身份证件以自然人名称开立的银行结算账户为个人银行结算账户。邮政储蓄机构办理银行卡业务开立的账户纳入个人银行结算账户管理。

二、银行结算账户的开设、变更和撤销

1.银行结算账户的开设

存款人申请开立银行存款账户，应向开户银行出具相关证明文件，如企业法人应出具企业法人营业执照正本，非法人企业应出具企业营业执照正本，从事生产、经营活动的纳税人还应出具税务部门颁发的税务登记证等，同时出具法定代表人或单位负责人的身份证件；授权他人办理的，应出具法定代表人或单位负责人的授权书及其身份证件，以及被授权人的身份证件。

存款人申请开立银行结算账户时，应填制开户申请书，并预留印签章。银行审核无误后，对符合开立基本存款账户、临时存款账户（因注册验资需要开立的临时存款账户除外）和预算单位专用存款账户条件的，应将其开户申请书、相关证明文件和银行审核意见等开户资料报送中国人民银行当地分支行，经其核准后核发开户许可证，办理开户手续；符合开立一般存款账户、其他专用存款账户和个人银行结算账户条件的，由开户银行直接办理开户手续，并于开户之日起5个工作日内向中国人民银行当地分支行备案。

2.银行结算账户的变更

存款人更改名称，但不改变开户银行及账号的，或单位的法定代表人或主要负责人、住址以及其他开户资料发生变更时，应于5个工作日内向开户银行提出银行结算账户的变更申请，并出具有关部门的证明文件。

银行接到存款人的变更通知后，应及时办理变更手续，并于2个工作日内向中国人民银行报告。

3.银行结算账户的撤销

有下列情形之一的，存款人应向开户银行提出撤销银行结算账户的申请：

(1)被撤并、解散、宣告破产或关闭的。

(2)注销、被吊销营业执照的。

(3)因迁址需要变更开户银行的。

(4)其他原因需要撤销银行结算账户的。

三、银行结算账户的管理

1.银行结算账户管理的基本原则

(1)一个基本账户原则。即存款人只能在银行开立一个基本存款账户，不能多头开立基本存款账户。存款人在银行开立基本存款账户，实行由中国人民银行当地分支机构核发开户许可制度。

(2)自愿选择原则。即存款人可以自主选择银行开立账户，银行也可以自愿选择存款人开立账户。任何单位和个人不得强制干预存款人和银行开立或使用账户。

(3)存款保密原则。即银行必须依法为存款人保密，维护存款人资金的自主支配权。除国家法律规定和国务院授权中国人民银行总行的监督项目外，银行不代任何单位和个人查询、冻结、扣划存款人账户内存款。

2.银行结算账户支付结算纪律

单位和个人办理支付结算，不准签发没有资金保证的票据或远期支票，套取银行信用；不准签发、取得和转让没有真实交易和债权债务的票据，套取银行和他人资金；不准无理拒绝付款，任意占用他人资金；不准违反规定开立和使用账户。

实务技能训练案例 4-1

小郭、小王和小李各出资50万成立北京美达饰品有限责任公司，现已将资本金全部存入中国工商银行北京海淀支行，并办理了验资和工商注册手续，现授权小杨持企业法人营业执照正本等证件去中国工商银行北京海淀支行办理开设基本存款账户的手续。

实务操作

步骤1：企业向银行交验下列资料证件及预留印鉴，具体包括：

(1)企业法人营业执照正本、复印件(如图4-1所示)

(2)国地税务登记证正本、复印件(如图 4-2 所示)

(3)组织机构代码证正本、复印件(如图 4-3 所示)

(4)法人代表或单位负责人身份证及复印件

(5)法人代表或单位负责人出具的加盖单位公章的授权书

(6)小杨身份证件及复印件

(7)公章、法人章、财务专用章

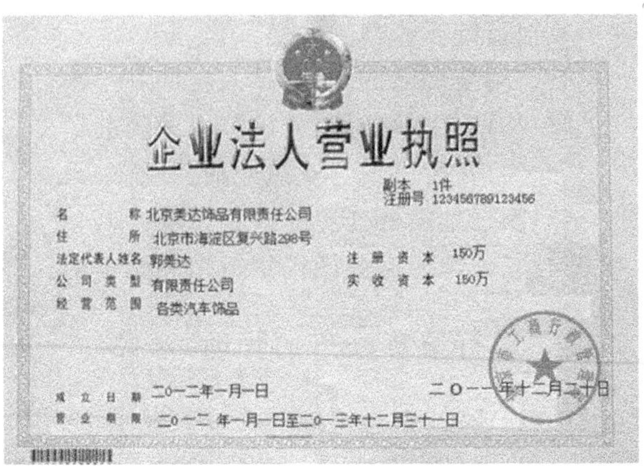

企业法人营业执照

副本 1件
注册号 123456789123456

名　　称　北京美达饰品有限责任公司
住　　所　北京市海淀区复兴路298号
法定代表人姓名　郭美达　　注册资本　150万
公司类型　有限责任公司　　实收资本　150万
经营范围　各类汽车饰品

成立日期　二〇一二年一月一日
营业期限　二〇一二年一月一日至二〇一三年十二月三十一日

二〇一一年十二月二十日

图 4-1　法人营业执照

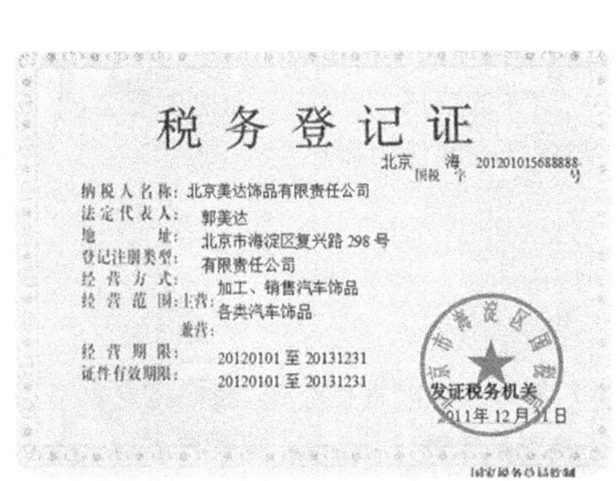

税务登记证

北京国税海字 201201015688888 号

纳税人名称：北京美达饰品有限责任公司
法定代表人：郭美达
地　　址：北京市海淀区复兴路 298 号
登记注册类型：有限责任公司
经营方式：加工、销售汽车饰品
经营范围：主营：各类汽车饰品
兼营：
经营期限：20120101 至 20131231
证件有效期限：20120101 至 20131231

发证税务机关
2011年12月31日

图 4-2　税务登记证

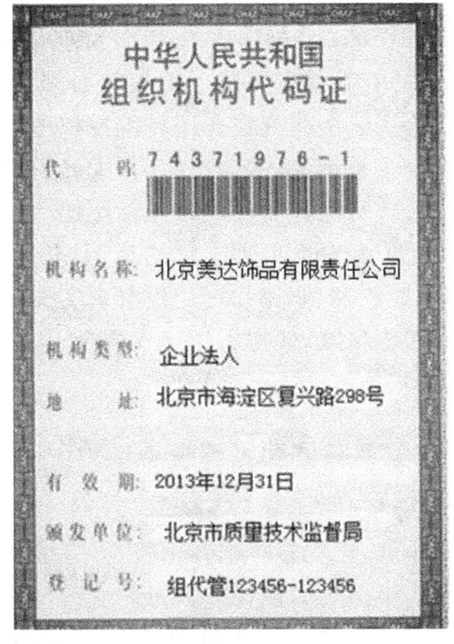

中华人民共和国
组织机构代码证

代　　码：74371976-1

机构名称：北京美达饰品有限责任公司

机构类型：企业法人

地　　址：北京市海淀区复兴路298号

有 效 期：2013年12月31日

颁发单位：北京市质量技术监督局

登 记 号：组代管123456-123456

图 4-3　组织机构代码证

步骤 2:填制开户单位银行结算账户申请书(如图 4-4 所示)。

开立单位银行结算账户申请书

<table>
<tr><td>存款人</td><td colspan="2">北京美达饰品有限公司</td><td>电话</td><td>010－56123560</td></tr>
<tr><td>地址</td><td colspan="2">北京市海淀区复兴路 298 号</td><td>邮编</td><td>301263</td></tr>
<tr><td>存款人类别</td><td>机构存款</td><td>组织机构代码</td><td colspan="2">74371976－1</td></tr>
<tr><td rowspan="2">法定代表人(√)
单位负责人(　)</td><td>姓名</td><td colspan="3">郭美达</td></tr>
<tr><td>证件种类</td><td colspan="3">身份证</td></tr>
<tr><td>行业分类</td><td colspan="4">A(　)B(　)C(　)D(　)E(　)F(　)G(　)H(√)I(　)J(　)K(　)L(　)M(　)N(　)O(　)P(　)Q(　)R(　)S(　)T(　)</td></tr>
<tr><td>注册资金</td><td>150 万</td><td>地区代码</td><td colspan="2"></td></tr>
<tr><td>经营范围</td><td colspan="4">各类汽车饰品</td></tr>
<tr><td rowspan="2">证明文件种类</td><td></td><td rowspan="2">证明文件编号</td><td colspan="2"></td></tr>
<tr><td></td><td colspan="2"></td></tr>
<tr><td>税务登记证编号
(国税或地税)</td><td colspan="4">201201015688888</td></tr>
<tr><td>关联企业</td><td colspan="4">关联企业信息填列在“关联企业登记表”上</td></tr>
<tr><td>账户性质</td><td colspan="4">基本(√)一般(　)专用(　)临时(　)</td></tr>
<tr><td>资金性质</td><td></td><td>有效日期至</td><td colspan="2">年　月　日</td></tr>
</table>

以下为存款人上级法人或主管单位信息:

<table>
<tr><td>上级法人或主管单位名称</td><td colspan="4"></td></tr>
<tr><td>基本存款账户开户许可证核准号</td><td colspan="2"></td><td>组织机构代码</td><td></td></tr>
<tr><td rowspan="3">法定代表人(　)
单位负责人(　)</td><td>姓名</td><td colspan="3"></td></tr>
<tr><td>证件种类</td><td colspan="3"></td></tr>
<tr><td>证件号码</td><td colspan="3"></td></tr>
</table>

以下栏目由开户银行审核后填写：

开户银行名称		开户银行机构代码	
账户名称		账号	
基本存款账户开户许可证核准号		开户日期	
本存款人申请开立单位银行结算账户，并承诺所提供的开户资料真实、有效。 存款人（公章） 2012 年 01 月 03 日	开户银行审核意见： 经办人（签章） 存款人（签章） 年 月 日	人民银行审核意见： 经办人（签章） 人民银行（签章） 年 月 日	

图 4-4 开立单位银行结算账户申请书

步骤 3：开户行与存款人签订人民币单位银行结算账户管理协议。

步骤 4：填写印鉴卡片（如图 4-5）。

中国工商银行北京市海淀支行印鉴卡

2012年1月3日

户名	北京美达饰品有限公司				
地址	北京市海淀区复兴路298号			电话	010-56123560
启用日期	2012年1月3日				
单位财务专用章	法人代表名章	财务主管	银行印鉴		
（北京美达饰品有限责任公司 财务专用章）	（郭美达印）	赵达飞 出纳人员 钱冬梅	（中国工商银行北京市海淀支行 业务专用章）		
印鉴使用说明					

图 4-5 中国工商银行印鉴卡

步骤 5：开户银行将开户单位银行结算账户申请书、印鉴卡片等相关资料报送中国人民银行批准，由中国人民银行核准并核发开户许可证，开户行将开户许可证正本及密码、开户申请书客户留存联交予客户签收。

 子情境 4.2　办理银行支票结算业务

知识与技能准备

一、支票含义及分类

支票是出票人签发的，委托办理支票存款业务的银行或者其他金融机构在见票时无条件支付确定的金额给收款人或者持票人的票据。

根据票据法规定，支票的应记载事项包括：

1. 标明“支票”的字样；
2. 无条件支付的承诺；
3. 出票日期；
4. 出票人签章；
5. 付款银行名称及账号；
6. 收款人名称；
7. 确定的金额。

支票通常分为现金支票、转账支票和普通支票。现金支票只能用于支取现金，不得用于转账，转账支票只能进行银行转账，不得提取现金。普通支票既可以提取现金，也可以进行银行转账。在普通支票左上角划两道平行线叫划线支票，它只能进行银行转账，不得提取现金。目前比较常见的是现金支票和转账支票。

二、支票结算的基本规定

1. 支票结算适用于单位和个人在同城或同一票据交换地区的商品交易、劳务供应以及其他款项的结算，是同城结算中使用最为广泛的一种结算方式。自 2007 年 6 月 25 日起，支票实现了全国通用，异城之间也可使用支票进行支付结算。

2. 支票一律记名，现金支票起点金额为 100 元，但结清账户时，可不受其起点限制。转账结算金额起点无直接规定，一般鼓励转账结算。

3. 支票的付款期限为 10 天，超过提示付款期限，持票人开户银行不予受理。

4. 出票人不得签发空头支票，不得签发与预留银行印鉴不符的支票，不得签发支付密码错误的支票。银行对出现错误问题的支票予以退票，并按规定填制报告书上报中国人民银行，按票面金额处以 5%但不低于 1 000 元的罚款，持票人有权要求出票人赔偿支票金额 2%的赔偿金。对屡次签发出错的，银行应停止其签发支票。

5. 支票签发可以通过支票打印机完成，也可以手工签发。手工签发支票要用碳素墨水或墨汁填写，要求内容齐全，大小写相符，不准涂改、更改，现金支票填写规范具体请参见子情境 3-3，转账支票填写规范基本同现金支票，如图 4-6 所示。

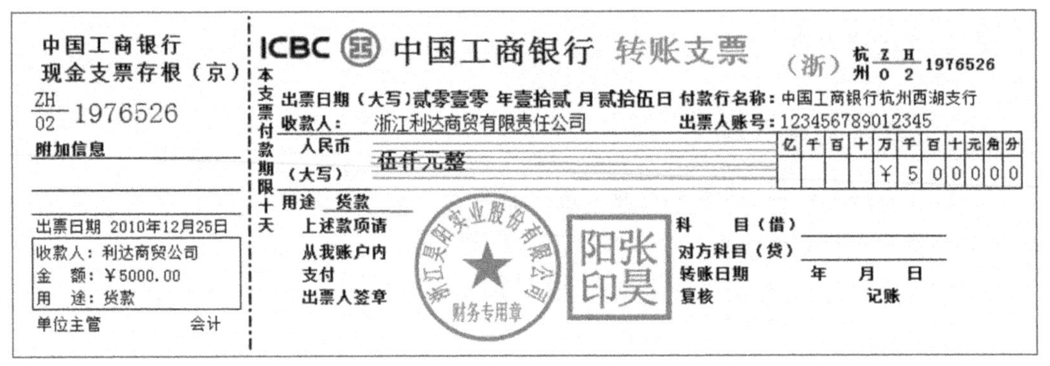
中国工商银行
现金支票存根（京）
ZH 02 1976526
附加信息
出票日期 2010年12月25日
收款人：利达商贸公司
金 额：¥5000.00
用 途：货款
单位主管 会计

本支票付款期限十天

ICBC 中国工商银行 转账支票 （浙） 杭州 ZH 02 1976526
出票日期（大写）贰零壹零 年壹拾贰 月贰拾伍日 付款行名称：中国工商银行杭州西湖支行
收款人： 浙江利达商贸有限责任公司 出票人账号：123456789012345

人民币（大写）	亿	千	百	十	万	千	百	十	元	角	分
伍仟元整					¥	5	0	0	0	0	0

用途 货款
上述款项请从我账户内支付
出票人签章
浙江昊阳实业股份有限公司 财务专用章
张昊阳印
科 目（借）
对方科目（贷）
转账日期 年 月 日
复核 记账

图 4-6　转账支票填写规范

三、支票的结算程序

1. 现金支票结算程序

现金支票由付款人签发交付给持票人，持票人持现金支票到付款人开户银行提取现金。现金支票的结算程序如图 4-7 所示。

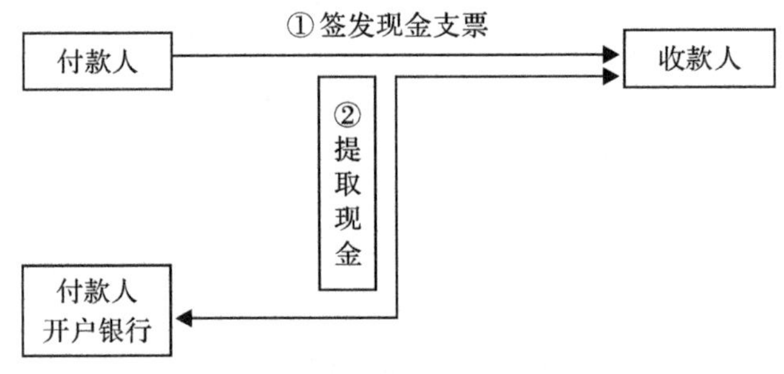

图 4-7　现金支票的结算程序

签发现金支票应认真填写支票的有关内容，如款项用途、取款金额、开户银行及账号、收款人名称，并加盖预留银行印鉴章，一般为财务专用章和法定代表人名章等。现金支票收款人一般为本单位名称，这时现金支票背面“被背书人”栏内应加盖本单位的财务专用章和法人章，收款人可凭现金支票直接到开户银行提取现金。由于有的银行各营业点联网，所以也可到联网营业点取款，具体要看联网覆盖范围而定。现金支票收款人也可写收款人个人姓名，此时现金支票背面不盖任何章，收款人在现金支票背面填上身份证号码和发证机关名称，凭身份证和现金支票签字领款。现金支票结算业务案例具体请参见子情境 3-3。

2. 转账支票结算程序

(1)转账支票正送

付款人签发转账支票交付给收款单位，并由收款单位出纳人员填写进账单后送至收款人开户银行办理转账结算的支票结算方式称为支票正送。支票正送的结算程序如图 4-8 所示。

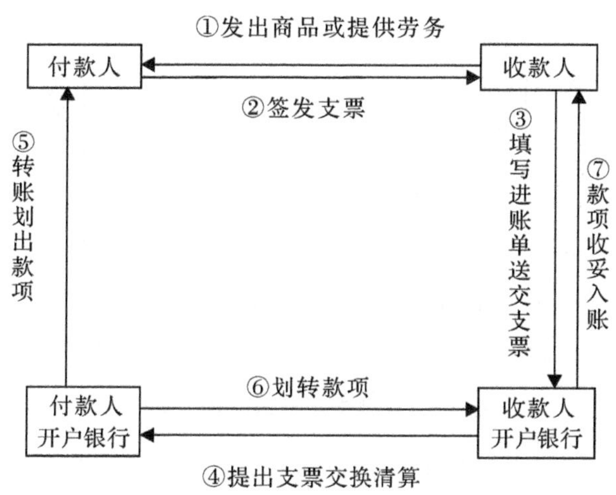

图 4-8　转账支票正送的基本程序

转账支票收款人应填写对方单位名称。转账支票背面出票单位不盖章。收款单位取得转账支票后，在支票背面被背书栏内加盖收款单位财务专用章和法人章，填写好银行进账单后连同该支票交给收款单位的开户银行委托银行收款。收款单位转账支票背面印章盖模糊了(此时票据法规定不能以重新盖章的方法来补救)，收款单位可带转账支票及银行进账单到出票单位的开户银行去办理收款手续(不用付手续费)，俗称“倒打”，这样就用不着到出票单位重新开支票了。

付款方开出转账支票，应根据转账支票存根联及购货发票做如下会计分录：

借：原材料(或库存商品)

　　应交税费——应交增值税(进项税额)

　贷：银行存款

收款方根据进账单收账通知联及销货发票做如下会计分录：

借：银行存款

贷:主营业务收入

　　应交税费——应交增值税(销项税额)

(2)转账支票倒送

付款人签发转账支票并由付款单位出纳人员填写进账单后送至付款人开户银行办理转账结算的支票结算方式称为支票倒送。支票倒送的结算程序如图 4-9 所示。

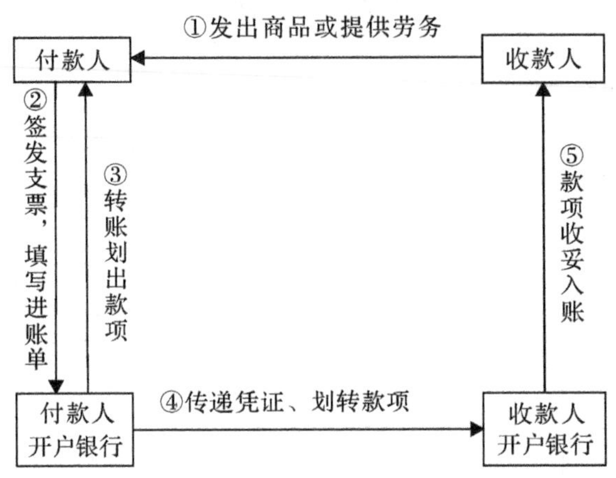

图 4-9　转账支票倒送的基本程序

付款人将转账支票送交付款单位开户银行委托入账时,支票背面可不盖财务专用章和法人章。支票倒送方式下会计分录同上。

实务技能训练案例 4-2

2011 年 12 月 1 日,浙江昊阳实业股份有限公司向浙江东方集团有限公司购买童装一批用于销售,价款 20 000 元,税款 3 400 元,采购员李强向财务处申请开具转账支票一张交给对方用于货款结算。应如何具体操作完成该业务?

公司信息如下:

单位名称:浙江昊阳实业股份有限公司

开户银行:中国工商银行杭州西湖支行

账号:123456789012345

税务登记号:223456789012345

单位地址:杭州西湖区古翠路 15 号
单位电话:0571－87654321
法人代表:张昊阳
总经理:张旭光
采购部经理:杨立新
会计主管(审核会计):李朝阳
制单会计:唐雅莉
开票人:何欣娟
出纳:汪小婕

单位名称:浙江东方集团有限公司
单位地址:杭州上城区解放路 220 号
单位电话:0571－85167806
税务登记号:323456789056789
开户银行:中国工商银行杭州解放支行
账号:523456789034567
法人代表:李东方
总经理:刘正新
会计主管(审核会计):姜雨涵
制单会计:刘心悠
开票人:王艳
出纳:林雅若

实务操作

一、浙江昊阳实业股份有限公司在支票正送方式下办理转账支票业务的具体操作步骤

步骤 1:出纳员根据有关领导签字审批的支票领用单(如图 4-10)和购货发票联(如图 4-11)和抵扣联,签发转账支票(如图 4-12)。

支票领用单

转账☑　　　现金☐　　　　　　　　　　　　　　　　　　　　领导签批：张旭光

<table>
<tr><td colspan="5">2011 年 12 月 01 日</td></tr>
<tr><td rowspan="3">由领用人填写</td><td colspan="4">收款人全称：浙江东方集团有限公司</td></tr>
<tr><td colspan="4">用途：货款</td></tr>
<tr><td colspan="4">预计金额：￥23 400.00</td></tr>
<tr><td rowspan="3">由出纳填　写</td><td>开户银行</td><td>账号</td><td>支票号码</td><td></td></tr>
<tr><td>中国工商银行杭州西湖支行</td><td>123456789012345</td><td>1976836</td><td></td></tr>
<tr><td colspan="4">金额（大写）：贰万叁仟肆佰元整　　￥ 23 400.00</td></tr>
<tr><td colspan="5">部门负责人：杨立新　　　　出纳：汪小婕　　　　领用人：李强</td></tr>
</table>

图 4-10　支票领用单

6521235　　　**浙江增值税专用发票**　　　No 09876532

发票联

开票日期：2011年12月01日

<table>
<tr><td rowspan="4">购货单位</td><td colspan="4">名　　称：浙江昊阳实业股份有限公司</td><td rowspan="4">密码区</td><td colspan="3" rowspan="4"></td></tr>
<tr><td colspan="4">纳税人识别号 223456789012345</td></tr>
<tr><td colspan="4">地址、电话　浙江省杭州市古翠路15号　0571-87654321</td></tr>
<tr><td colspan="4">开户行及账号 工行杭州西湖支行123456789012345</td></tr>
<tr><td colspan="2">货物或应税劳务名称</td><td>规格型号</td><td>单位</td><td>数量</td><td>单价</td><td>金额</td><td>税率</td><td>税额</td></tr>
<tr><td colspan="2">童装</td><td></td><td>套</td><td>200</td><td>100.00</td><td>20000.00</td><td>17%</td><td>3400.00</td></tr>
<tr><td colspan="2">合计</td><td></td><td></td><td></td><td></td><td></td><td></td><td></td></tr>
<tr><td colspan="2">价税合计（大写）</td><td colspan="7">贰万叁仟肆佰元整　　　　（小写）　￥23400.00</td></tr>
<tr><td rowspan="4">销货单位</td><td>名　　称</td><td colspan="3">浙江东方集团有限公司</td><td rowspan="4">备注</td><td colspan="3" rowspan="4">浙江东方集团有限公司 323456789056789 发票专用章</td></tr>
<tr><td>纳税人识别号</td><td colspan="3">323456789056789</td></tr>
<tr><td>地址、电话</td><td colspan="3">杭州上城区解放路220号　0571-85167806</td></tr>
<tr><td>开户行及账号</td><td colspan="3">工行杭州解放支行523456789034567</td></tr>
</table>

收款人：　　　复核：　　　开票人：王艳　　　销货单位：（章）

第二联：发票联购货方记账凭证

全国统一发票监制章 国家税务局监制

图 4-11　增值税专用发票(第二联)

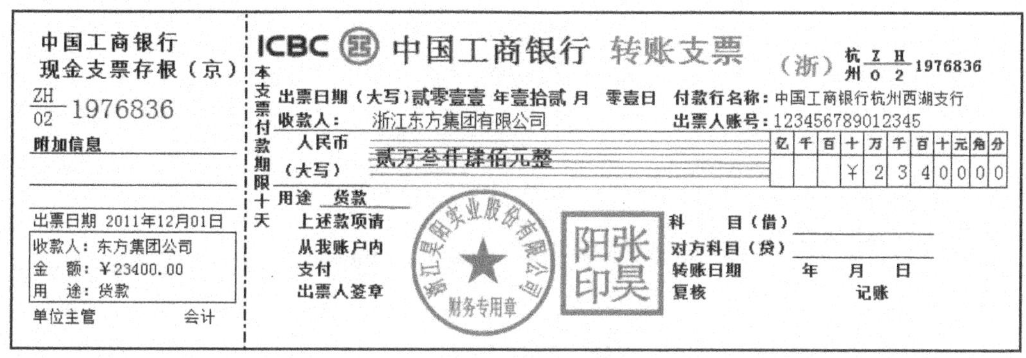

中国工商银行
现金支票存根（京）
ZH 02 1976836
附加信息

出票日期 2011年12月01日
收款人：东方集团公司
金　额：￥23400.00
用　途：货款
单位主管　　会计

ICBC 中国工商银行 转账支票 （浙） 杭州 ZH 02 1976836
本支票付款期限十天
出票日期（大写）贰零壹壹 年壹拾贰 月 零壹日　付款行名称：中国工商银行杭州西湖支行
收款人：浙江东方集团有限公司　出票人账号：123456789012345
人民币（大写）贰万叁仟肆佰元整

亿	千	百	十	万	千	百	十	元	角	分
			￥	2	3	4	0	0	0	0

用途 货款
上述款项请从我账户内支付
出票人签章　浙江昊阳实业股份有限公司 财务专用章　张昊阳印
科　目（借）
对方科目（贷）
转账日期　年　月　日
复核　记账

图 4-12　转账支票正面

步骤 2：出纳员将转账支票存根联和购货发票等传递给制单会计，制单会计审核后编制银行存款付款凭证并签章，再将付款凭证传递给审核会计，审核会计审核无误后签章，再将付款凭证传递给出纳员，出纳员审核后签章（如图 4-13）。

付 款 凭 证

银付字第 01 号

贷方科目：银行存款　　2011年 12月 01 日　　附件 2 张

摘　要	借方科目		金额										记账符号
	总账科目	明细科目	千	百	十	万	千	百	十	元	角	分	
购买童装	库存商品	童装				2	0	0	0	0	0	0	
	应交税费	应交增值税（进项税额）					3	4	0	0	0	0	
结算方式及票号：		合　计			￥	2	3	4	0	0	0	0	

会计主管　　记账　　出纳 汪小婕　　复核 李朝阳　　制单唐雅莉

图 4-13　银行存款付款凭证

步骤 3：出纳员将转账支票正联交给李强，由李强转交给收款单位。出纳员在购货发票上加盖"付讫"章（如图 4-14），并登记"支票使用登记簿"（如图 4-15）。

6521235　　浙江增值税专用发票　　No 09876532

发票联

开票日期：2011年12月01日

购货单位	名　　称:浙江昊阳实业股份有限公司 纳税人识别号 223456789012345 地址、电话　浙江省杭州市古翠路15号　0571-87654321 开户行及账号 工行杭州西湖支行123456789012345					密码区	
货物或应税劳务名称	规格型号	单位	数量	单价	金额	税率	税额
童装		套	200	100.00	20000.00	17%	3400.00
合计							
价税合计（大写）	贰万叁仟肆佰元整				（小写）	¥23400.00	
销货单位	名　　称 浙江东方集团有限公司 纳税人识别号 323456789056789 地址、电话 杭州上城区解放路220号　0571-85167806 开户行及账号 工行杭州解放支行523456789034567				备注		

付讫

第二联：发票联购货方记账凭证

收款人：　　复核：　　开票人：王艳　　销货单位：（章）

图 4-14　增值税专用发票(第二联)

支票使用登记簿

2011年		支票号码	银行名称	支票金额	用途	到期日	开具人	使用人	备注
月	日								
12	1	1976836	工行杭州西湖支行	¥23 400.00	货款	2011.12.11	汪小婕	李强	

图 4-15　支票使用登记簿

步骤 4：出纳员根据付款凭证逐日逐笔登记银行存款日记账(如图 4-16)，每日终了结出银行存款日记账余额，并定期与银行对账单核对，以保证账实相符。银行存款日记账设置和登记基本同现金日记账。会计登记明细分类账和总分类账(账簿略)。

银行存款日记账

开户行名称　中国工商银行杭州西湖支行　　银行账号　123456789012345　　　　第　1　页

2011年		凭证号码	摘要	√	借方												贷方												余额											
月	日				十	亿	千	百	十	万	千	百	十	元	角	分	十	亿	千	百	十	万	千	百	十	元	角	分	十	亿	千	百	十	万	千	百	十	元	角	分
			期初余额																													1	0	0	0	0	0	0	0	0
12	1	银付 01	购货款																			2	3	4	0	0	0	0					9	7	6	6	0	0	0	0

图 4-16　银行存款日记账

二、浙江东方集团有限公司在支票正送方式下办理转账支票业务的具体操作步骤

步骤 1：出纳员审核销货发票（如图 4-17）和昊阳实业股份公司转账支票（如图 4-12）。为避免收进假支票或无效支票，出纳员应审核支票应记载事项是否齐全，书写是否规范，票面有无污损涂改，印鉴是否清楚，是否在付款期限内等。

6521235　　浙江增值税专用发票　　No 09876532

发票联

（全国统一发票监制章 国家税务局监制）

开票日期：2011年12月01日

购货单位	名　　称：浙江昊阳实业股份有限公司 纳税人识别号 223456789012345 地址、电话　浙江省杭州市古翠路15号　0571-87654321 开户行及账号 工行杭州西湖支行123456789012345				密码区		
货物或应税劳务名称	规格型号	单位	数量	单价	金额	税率	税额
童装		套	200	100.00	20000.00	17%	3400.00
合计							
价税合计（大写）	贰万叁仟肆佰元整				（小写）　¥ 23400.00		
销货单位	名　　称 浙江东方集团有限公司 纳税人识别号 323456789056789 地址、电话　杭州上城区解放路220号　0571-85167806 开户行及账号 工行杭州解放支行523456789034567				备注	浙江东方集团有限公司 323456789056789 发票专用章	

收款人：　　复核：　　开票人：王艳　　销货单位：（章）

第四联：记账联销货方记账凭证

图 4-17　增值税专用发票（第四联）

步骤 2：出纳员将审核无误的转账支票交给会计主管，会计主管审核后在支票背面"背书人签章"栏加盖东方公司财务专用章，再由法人代表章保管人员在支票背面"背书人签章"栏加盖东方公司法人代表章。一般情况下，公司财务专用章由会计主管保管，

法人代表章由出纳员保管。出纳员在支票背面“背书人签章”栏填写“委托收款”字样并填写背书日期，在“被背书人”栏填写开户银行名称（如图 4-18），实务中一般仅在“背书人签章”处盖章并写上日期。同时填写一式三联的进账单（如图 4-19、图 4-20）。

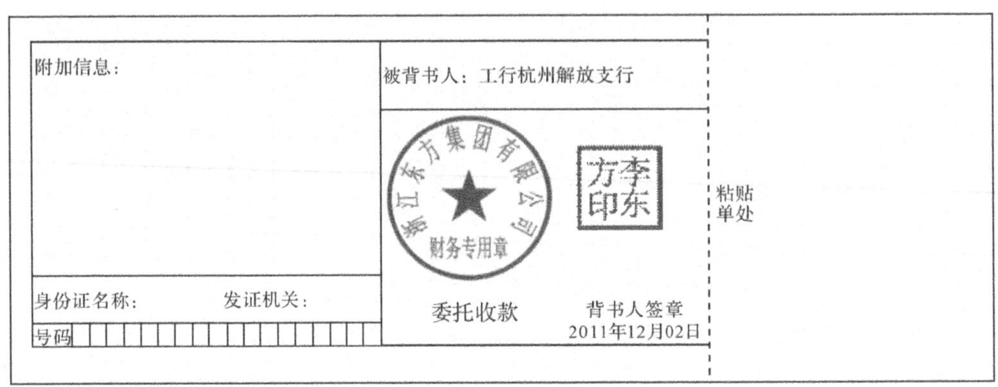

附加信息：

被背书人：工行杭州解放支行

浙江东方集团有限公司 财务专用章

方李印东

委托收款

背书人签章
2011年12月02日

粘贴单处

身份证名称：　发证机关：

号码

图 4-18　转账支票背面

银行进账单

2011 年 12 月 02 日

出票人	全　称	浙江昊阳实业股份有限公司
	账　号	123456789012345
	开户银行	工行杭州西湖支行

人民币	万	千	百	十	万	千	百	十	元	角	分
				¥	2	3	4	0	0	0	0

收款人	全　称	浙江东方集团有限公司
	账　号	523456789034567
	开户银行	工行杭州解放支行
事由		货款

银行进账单　（送票回执）　1

2011 年 12 月 02 日

出票人	全　称	浙江昊阳实业股份有限公司		收款人	全　称	浙江东方集团有限公司	
	账　号	123456789012345			账　号	523456789034567	
	开户银行	工行杭州西湖支行	行号		开户银行	工行杭州解放支行	行号

人民币（大写）：	贰万叁仟肆佰元整	万	千	百	十	万	千	百	十	元	角	分
					¥	2	3	4	0	0	0	0

事　由	货款	银行盖章

图 4-19　进账单第一联

银行进账单　3

（回单或收款通知）

2011 年 12 月 02 日

出票人	全　称	浙江昊阳实业股份有限公司
	账　号	123456789012345
	开户银行	工行杭州西湖支行

人民币	万	千	百	十	万	千	百	十	元	角	分
				¥	2	3	4	0	0	0	0

收款人	全　称	浙江东方集团有限公司
	账　号	523456789034567
	开户银行	工行杭州解放支行
事由		货款

银行进账单　（贷方凭证）　2

2011 年 12 月 02 日

出票人	全称	浙江昊阳实业股份有限公司		收款人	全　称	浙江东方集团有限公司	
	账号	123456789012345			账　号	523456789034567	
	开户银行	工行杭州西湖支行	行号		开户银行	工行杭州解放支行	行号

人民币（大写）：	贰万叁仟肆佰元整	万	千	百	十	万	千	百	十	元	角	分
					¥	2	3	4	0	0	0	0

事　由	货款	银行盖章

图 4-20　进账单第二联、第三联

步骤 3：出纳员将转账支票和进账单一起送东方公司开户银行，银行审核签章后退回进账单第一联（如图 4-21），表示已办妥手续，开户银行接受委托同意向付款人收取款项。

银行进账单

2011 年 12 月 02 日

出票人	全　称	浙江昊阳实业股份有限公司								
	账　号	123456789012345								
	开户银行	工行杭州西湖支行								
人民币	万	千	百	十	万	千	百	十	元	角	分
			¥	2	3	4	0	0	0	0
收款人	全　称	浙江东方集团有限公司								
	账　号	523456789034567								
	开户银行	工行杭州解放支行								
事由		货款								

银行进账单　（送票回执）　1

2011 年 12 月 02 日

出票人	全　称	浙江昊阳实业股份有限公司	收款人	全　称	浙江东方集团有限公司
	账　号	123456789012345		账　号	523456789034567
	开户银行	工行杭州西湖支行　行号		开户银行	工行杭州解放支行　行号
人民币（大写）：		贰万叁仟肆佰元整		万千百十万千百十元角分	¥2340000
事　由		货款			
					银行盖章

中国工商银行杭州解放支行
2011年12月02日
转讫

图 4-21　银行签章后的进账单第一联

步骤 4：出纳员收到开户银行签章后退回的进账单第三联收账通知（如图 4-22），将其和销货发票等一起传递给制单会计，制单会计审核后编制银行存款收款凭证并签章，再将收款凭证传递给审核会计，审核会计审核无误后签章，再将收款凭证传递给出纳员，出纳员审核后签章（如图 4-23）。

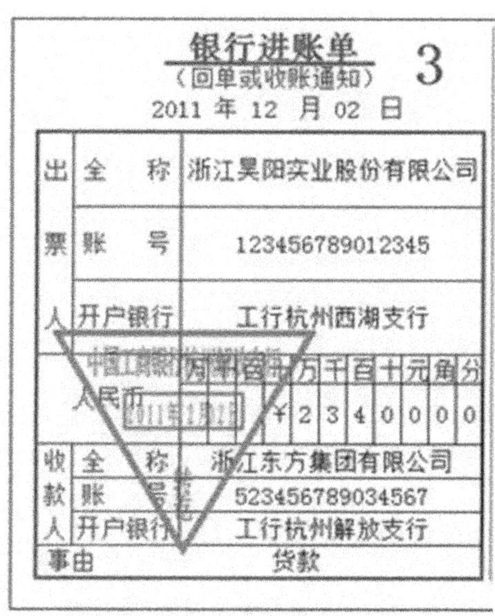

银行进账单　3

（回单或收账通知）

2011 年 12 月 02 日

出票人	全　称	浙江昊阳实业股份有限公司									
	账　号	123456789012345									
	开户银行	工行杭州西湖支行									
人民币	万	千	百	十	万	千	百	十	元	角	分
			¥	2	3	4	0	0	0	0	
收款人	全　称	浙江东方集团有限公司									
	账　号	523456789034567									
	开户银行	工行杭州解放支行									
事由		货款									

图 4-22　银行签章后的进账单第三联

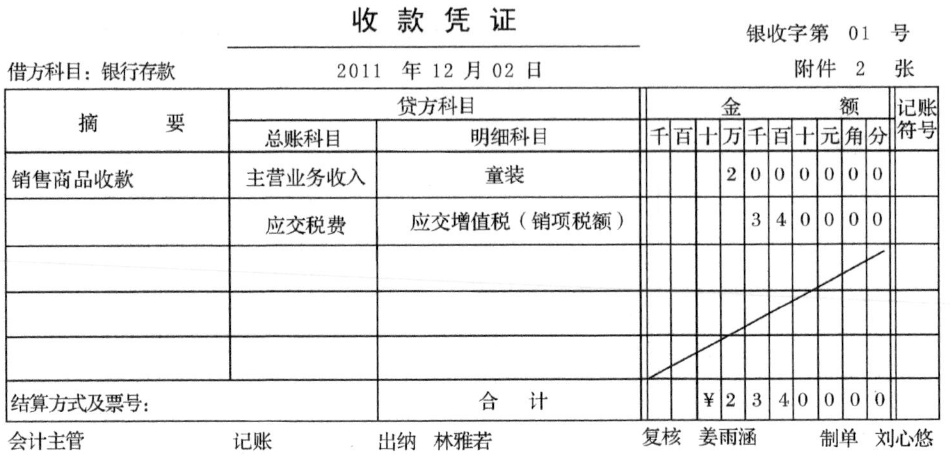

收款凭证

银收字第 01 号

借方科目：银行存款　　2011 年 12 月 02 日　　附件 2 张

摘要	贷方科目		金额										记账符号
	总账科目	明细科目	千	百	十	万	千	百	十	元	角	分	
销售商品收款	主营业务收入	童装				2	0	0	0	0	0	0	
	应交税费	应交增值税（销项税额）					3	4	0	0	0	0	
结算方式及票号：		合计			¥	2	3	4	0	0	0	0	

会计主管　　记账　　出纳 林雅若　　复核 姜雨涵　　制单 刘心悠

图 4-23　银行存款收款凭证

步骤 5：出纳员在销货发票上加盖“收讫”章（如图 4-24），根据银行存款收款凭证逐日逐笔登记银行存款日记账（如图 4-25），每日终了结出银行存款日记账余额，并定期与银行对账单核对，以保证账实相符。会计登记明细分类账和总分类账（账簿略）。

6521235　　浙江增值税专用发票　　No 09876532

全国统一发票监制章　国家税务局监制

发票联

开票日期：2011年12月01日

购货单位	名　称：浙江昊阳实业股份有限公司 纳税人识别号 223456789012345 地址、电话 浙江省杭州市古翠路15号 0571-87654321 开户行及账号 工行杭州西湖支行123456789012345				密码区		
货物或应税劳务名称	规格型号	单位	数量	单价	金额	税率	税额
童装		套	200	100.00	20000.00	17%	3400.00
合计							
价税合计（大写）	贰万叁仟肆佰元整				（小写）	¥ 23400.00	
销货单位	名　称 浙江东方集团有限公司 纳税人识别号 323456789056789 地址、电话 杭州上城区解放路220号 0571-85167806 开户行及账号 工行杭州解放支行523456789034567				备注		

收讫

浙江东方集团有限公司 323456789056789 发票专用章

第四联：记账联 销货方记账凭证

收款人：林雅若　　复核：　　开票人：王艳　　销货单位：（章）

图 4-24　增值税专用发票（第四联）

银行存款日记账

开户行名称　中国工商银行杭州解放支行　　　银行账号　523456789034567　　　第　1　页

2011 年		凭证号码	摘要	√	借方												贷方												余额											
月	日				十	亿	千	百	十	万	千	百	十	元	角	分	十	亿	千	百	十	万	千	百	十	元	角	分	十	亿	千	百	十	万	千	百	十	元	角	分
			期初余额																													1	0	0	0	0	0	0	0	0
12	2	银收 01	销货款							2	3	4	0	0	0	0																1	0	2	3	4	0	0	0	0

图 4-25　银行存款日记账

三、支票倒送方式下办理转账支票业务的具体操作步骤

如果昊阳公司出纳员开出转账支票后，并没有交给东方公司，而是采用倒送方式直接送交昊阳公司开户银行提示付款，则按规定除在支票正面加盖银行预留印鉴章外，还需在背面“背书人签章”处加盖银行预留印鉴章(如图 4-26)。同时昊阳公司出纳员还应填写进账单(如图 4-19、图 4-20)。开户银行审核无误后在进账单第一联签章并退回。其余操作同支票正送方式。需要注意的是，支票倒送方式下，目前实务中一般不需要在背面盖章，只需正面盖章即可。

在转账支票倒送情况下，东方公司因未经手转账支票，因此不再需要填写进账单，等收到开户银行签章后退回的进账单第三联收账通知入账即可，其余操作同支票正送方式。

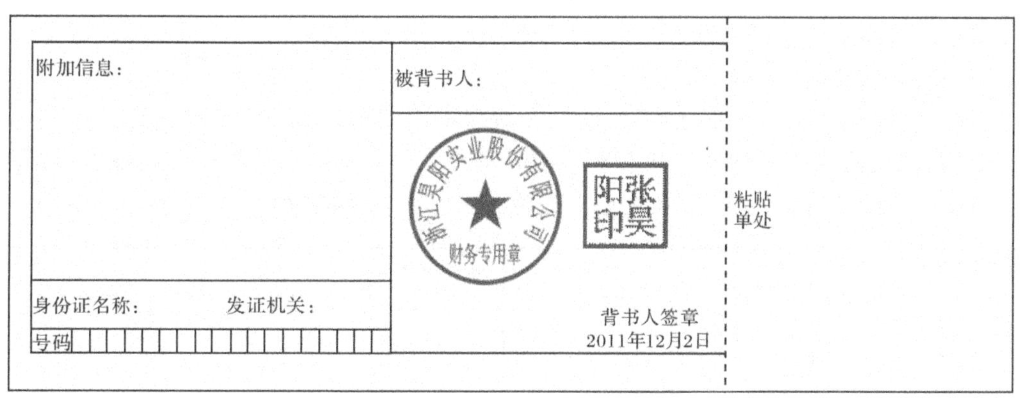
附加信息：

被背书人：

浙江昊阳实业股份有限公司 财务专用章

张昊阳印

背书人签章
2011年12月2日

粘贴单处

身份证名称：　　　发证机关：

号码

图 4-26　转账支票背面

四、支票的背书转让

票据背书是指持票人为将票据权利转让给他人或将一定的票据权利授予他人行使，而在票据背面或粘单上记载有关事项并签章的行为。持票人为背书人，接受票据的受让人为被背书人。

现金支票不可以背书转让。转账支票可在其十天的有效期里在其票据交换区内多次背书转让。背书时，持票人在支票的背面“被背书人”处写上被背书人的正式全名，在下方“背书人签章处”填写“同意转让”，加盖持票人印鉴章，包括财务章和法人名章，并转交给被背书人。图 4-27 为浙江利达商贸有限责任公司将图 4-6 转账支票转让给浙江天裕股份有限公司。

<table>
<tr><td>附加信息：</td><td>被背书人：浙江天裕实业股份有限公司</td><td rowspan="4">粘贴单处</td></tr>
<tr><td></td><td>浙江利达商贸有限责任公司 财务专用章
达钱印利
同意转让。
背书人签章
2011年12月27日</td></tr>
<tr><td>身份证名称：　　发证机关：</td><td></td></tr>
<tr><td>号码</td><td></td></tr>
</table>

图 4-27　转账支票背书转让

利达商贸背书转让后应做如下会计分录：

借：应付账款——浙江天裕　　5 000

　贷：应收账款——浙江昊阳　　5 000

如果转账支票出票人不允许转让，应在票据正面注明“不得转让”等字样。

转账支票的背书要连续。背书不够用时可以贴粘单，银行一般有固定格式的粘单（如图 4-28 所示）提供，企业应在粘单上加盖相关印鉴章和骑缝章。

被背书人	被背书人
背书人签章 年　月　日	背书人签章 年　月　日

图 4-28　银行粘单

五、支票挂失止付

1. 出票人将已经签发的内容齐备可以直接支取现金的支票遗失或被盗等，应当出具公函或有关证明，填写挂失申请书，加盖银行预留印鉴章，向开户银行申请挂失止付。银行查明该支票确未支付，经收取一定的挂失手续费后受理挂失，在挂失人账户中用红笔注明支票号码及挂失的日期。

2. 收款人将收受的可以直接支取现金的支票遗失或被盗等，也应当出具公函或有关证明，填写挂失止付申请书，经付款人签章证明后，到开户银行申请挂失止付。

3. 已经签发的转账支票遗失或被盗等，由于支票可直接持票购买商品，因此银行不受理挂失，所以，失票人不能向银行申请挂失止付。但可以请求收款人及其开户银行协助防范。

另根据《中华人民共和国票据法》的规定，失票人应在挂失止付后三日内，也可在票据丧失后，依法向人民法院申请公示催告，或向人民法院提出诉讼。失票人在向付款人挂失止付前和失票人在申请公示催告前，票据已经由付款人善意付款的，失票人不得再提出公示催告的申请，付款银行也不再承担付款的责任，由此给票据权利人造成的损失，应由失票人自行负责。

子情境 4.3　办理银行本票结算业务

知识与技能准备

一、银行本票的含义

银行本票是指申请人将款项交存银行，银行签发的承诺自己在见票时无条件支付确定的金额给收款人或持票人的票据。

银行本票主要内容包括：

1. 标明“银行本票”的字样；
2. 无条件支付的承诺；
3. 确定的金额；
4. 收款人名称；
5. 付款人名称；
6. 出票日期；
7. 出票人签章。

本票上未记载前款规定事项之一的，本票无效。

银行本票包括定额银行本票和不定额银行本票两种。

二、银行本票结算的基本规定

1. 银行本票在指定城市的同城范围内使用。

2. 银行本票的金额起点。不定额银行本票的金额起点为 100 元，定额银行本票面额为 1 000 元、5 000 元、10 000 元、50 000 元。

3. 银行本票的付款期限自出票日起最长不超过两个月（不分大月小月，统一按次月对日计算，到期日遇节假日顺延）。逾期的银行本票，兑付银行不予受理，但可以在签发银行办理退款。

4. 银行本票一律记名，允许背书转让，但填明“现金”字样的银行本票不得背书转让。

5. 收款单位收到银行本票必须办理全额结算，如有多余款，需用支票或现金退回申请人。

三、银行本票的结算程序

银行本票的结算程序如图 4-29 所示：

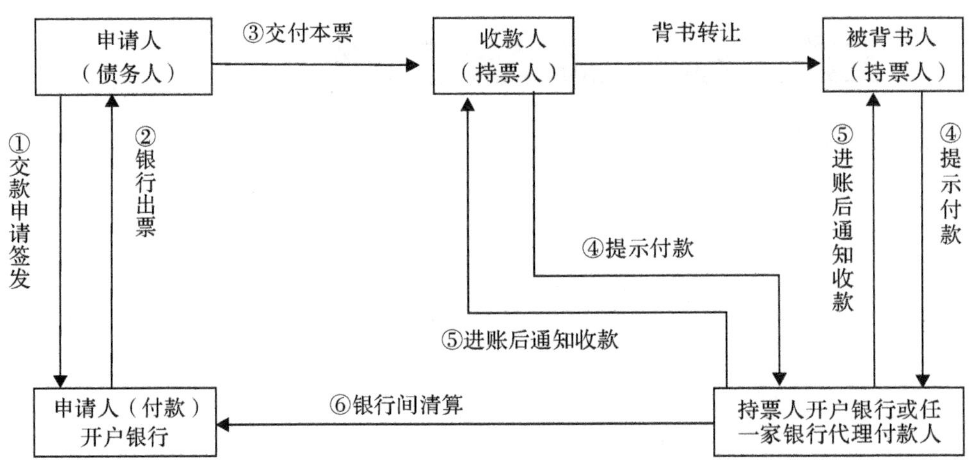

图 4-29 银行本票的结算程序

1. 申请办理银行本票

付款单位需要使用银行本票办理结算时，应向银行填写一式三联“银行本票申请书”，详细写明收款单位名称等各项内容。如申请人在签发银行开立账户的，应在“银行本票申请书”第二联上加盖预留银行印鉴。个体经济户和个人需要支取现金的应在申请书上注明“现金”字样。“银行本票申请书”的格式由人民银行各分行确定和印制，具体如图 4-30、图 4-31、图 4-32 所示。

中国工商银行银行本票申请书（存根）　1　第　号

申请日期　年　月　日

申请人		收　款　人										
账　号		账　　号										
用　途		代理付款行										
汇票金额	人民币（大写）		千	百	十	万	千	百	十	元	角	分

此联汇款人留存

备注：

科　目

对方科目

财务主管　复核　经办

图 4-30　银行本票申请书(存根)

中国工商银行银行本票申请书（借方凭证）　2　第　号

申请日期　年　月　日

申请人		收　款　人									
账　号		账　　号									
用　途		代理付款行									
汇票金额	人民币（大写）	千	百	十	万	千	百	十	元	角	分

此联出票行作借方凭证

上列款项请从我账户内支付

科　目

对方科目（贷）

转账日期　年　月　日

申请人盖章　复核　记账

图 4-31　银行本票申请书(借方凭证)

中国工商银行银行本票申请书（贷方凭证）　3　第　号

申请日期　年　月　日

申请人		收　款　人										
账　号		账　　号										
用　途		代理付款行										
汇票金额	人民币（大写）		千	百	十	万	千	百	十	元	角	分

此联出票行作汇出汇款贷方凭证

备注：

科　目

对方科目（贷）

转账日期　年　月　日

复核　记账　经办

图 4-32　银行本票申请书(贷方凭证)

2. 银行签发本票

签发银行受理“银行本票申请书”后，应认真审查申请书填写的内容是否正确。审查无误后，办理收款手续。付款单位在银行开立账户的，签发银行直接从其账户划拨款项；付款人用现金办理本票的，签发银行直接收取现金。银行办妥票款和手续费收取手续后，即签发银行本票。

定额银行本票一式一联，由中国人民银行总行统一规定票面规格、颜色和格式并统一印制。定额银行本票包括 1 000 元、5 000 元、10 000 元和 50 000 元四种面额。签发银行在签发定额银行本票时，应按照申请书的内容填写收款人名称，并用大写填写签发日期，用于转账的本票须在本票上划去“现金”字样，用于支取现金的须在本票上划去“转账”字样，并在银行本票上加盖汇票专用章，连同“银行本票申请书”存根联一并交给申请人。未划去“转账”或“现金”字样的兑付银行将按照转账办理。图 4-33 为面额为 1 000元的定额银行本票格式。

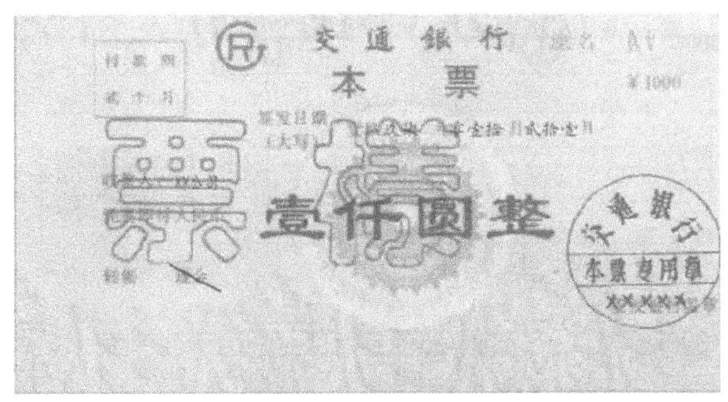

图 4-33　定额银行本票

不定额银行本票一式三联，第一联出票行留存，结清本票时作借方凭证附件，第二联出票行结清本票时作借方凭证。其具体规格、颜色和格式由中国人民银行各分行在其所管辖范围内作统一规定。签发银行在签发不定额银行本票时，同样应按照申请书的内容填写收款人名称，并用大写填写签发日期，用于转账的本票须在本票上划去“现金”字样，用于支取现金的本票须在本票上划去“转账”字样，然后在本票第一联上加盖汇票专用章和经办、复核人员名章，用总行统一订制的压数机在“人民币大写”栏大写金额后端压印本票金额后，将本票第二联连同“银行本票申请书”存根联一并交给申请人。图 4-34 为不定额银行本票的基本格式。

付款单位收到银行本票和银行退回的“银行本票申请书”存根联后，财务部门根据“银行本票申请书”存根联编制银行存款付款凭证，其会计分录为：

借：其他货币资金——银行本票

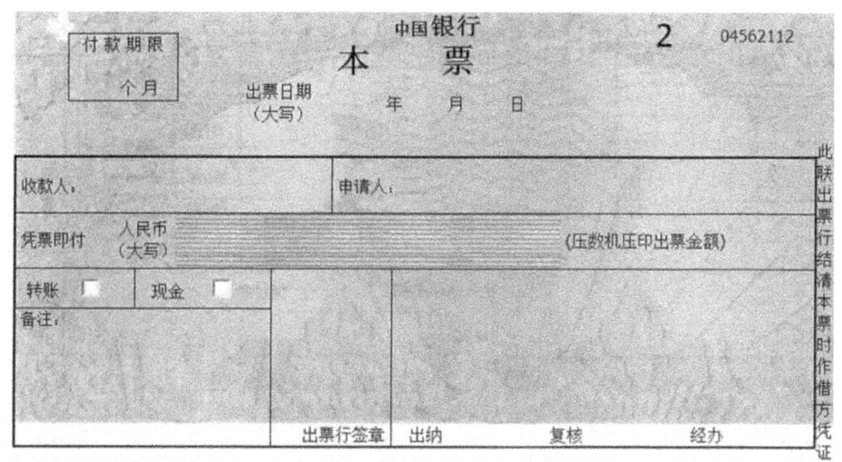

中国银行 本票 2 04562112

付款期限 个月

出票日期（大写） 年 月 日

收款人： 申请人：

凭票即付 人民币（大写） （压数机压印出票金额）

转账 现金

备注：

出票行签章 出纳 复核 经办

此联出票行结清本票时作借方凭证

图 4-34 不定额银行本票

贷：银行存款

对于银行按规定收取的办理银行本票手续费，付款单位应当编制银行存款或现金付款凭证，其会计分录为：

借：财务费用——银行手续费

贷：银行存款或库存现金

3. 付款人持本票办理结算

付款单位收到银行签发的银行本票后，即可持银行本票向其他单位购买货物，办理货款结算。付款单位可将银行本票直接交给收款单位，然后根据收款单位的发票账单等有关凭证编制记账凭证，其会计分录为：

借：原材料（或库存商品）

应交税费——应交增值税（进项税额）

借或贷：银行存款（或库存现金）（实际购货金额与银行本票金额的差额）

贷：其他货币资金——银行本票

4. 收款人将到期银行本票交银行办理结算

收款人填写一式三联“进账单”，并在银行本票背面加盖单位预留银行印鉴章，将银行本票连同进账单一并送交开户银行。开户银行接到收款单位交来的本票，按规定认真审查。审查无误后在进账单回单联上盖章，并把它退回给收款单位表示受理。如果收款单位收受的是填写“现金”字样的银行本票，按规定同样应办理进账手续。当然如果收款人是个体经济户和个人，则可凭身份证办理现金支取手续。“进账单”格式可如图 4-35、图 4-36、图 4-37 所示。

工商银行进账单（回单）　1

第　号

年　月　日

出票人	全　称		付款人	全　称										
	账　号			账　号										
	开户行			开户行										
人民币（大写）				千	百	十	万	千	百	十	元	角	分	
票据种类														
票据张数														
单位主管　会计　复核　记账				受理银行盖章										

此联是受理银行交给持票人的回单

图 4-35　银行进账单（回单）

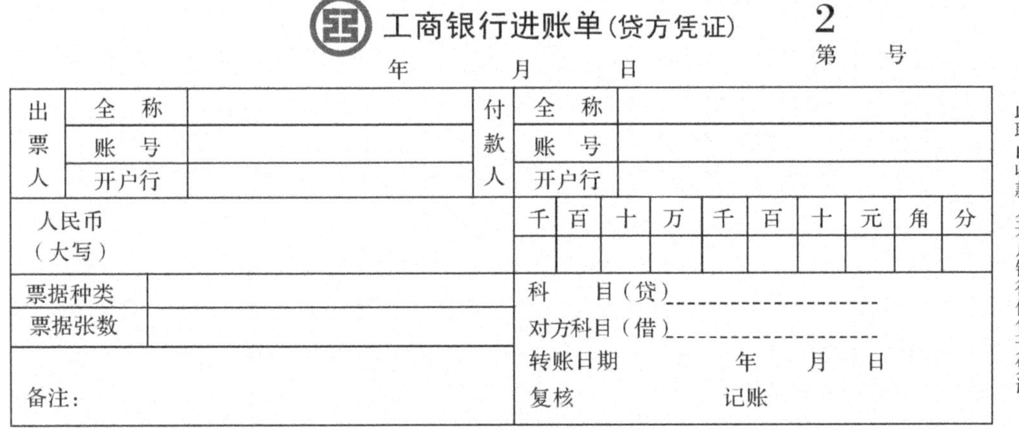
工商银行进账单（贷方凭证）　2

第　号

年　月　日

出票人	全　称		付款人	全　称										
	账　号			账　号										
	开户行			开户行										
人民币（大写）				千	百	十	万	千	百	十	元	角	分	
票据种类				科　目（贷）______										
票据张数				对方科目（借）______										
				转账日期　年　月　日										
备注：				复核　记账										

此联由收款人开户银行作贷方凭证

图 4-36　银行进账单（贷方凭证）

收款单位应根据银行退回的进账单收账通知及有关原始凭证编制银行存款收款凭证，其会计分录为：

借：银行存款

　贷：主营业务收入

　　应交税费——应交增值税（销项税额）

收款单位收到银行本票必须办理全额结算，如果收款单位收到的银行本票金额大于实际销售金额，则收款单位应用支票或现金退回多余的款项。在这种情况下，收款单位可以在收到本票时，根据有关发票存根等原始凭证按照实际销货金额编制转账凭证，

工商银行进账单(收账通知)　　3

年　　月　　日　　　　第　　号

<table>
<tr><td rowspan="3">出票人</td><td>全　称</td><td></td><td rowspan="3">付款人</td><td>全　称</td><td colspan="10"></td></tr>
<tr><td>账　号</td><td></td><td>账　号</td><td colspan="10"></td></tr>
<tr><td>开户行</td><td></td><td>开户行</td><td colspan="10"></td></tr>
<tr><td colspan="5" rowspan="2">人民币
(大写)</td><td>千</td><td>百</td><td>十</td><td>万</td><td>千</td><td>百</td><td>十</td><td>元</td><td>角</td><td>分</td></tr>
<tr><td></td><td></td><td></td><td></td><td></td><td></td><td></td><td></td><td></td><td></td></tr>
<tr><td colspan="2">票据种类</td><td colspan="3"></td><td colspan="10" rowspan="3">收款人开户银行盖章</td></tr>
<tr><td colspan="2">票据张数</td><td colspan="3"></td></tr>
<tr><td colspan="5">单位主管　　会计　　复核　　记账</td></tr>
</table>

此联是持票人开户银行交给收款人的收账通知

图 4-37　银行进账单(收账通知)

其会计分录为：

借：其他货币资金——银行本票

　贷：主营业务收入

　　应交税费——应交增值税(销项税额)

　　应付账款——××付款单位(或银行存款)

收款单位将银行本票送存银行，办理进款手续后，再根据银行退回的进账单编制银行存款收款凭证，其会计分录为：

借：银行存款

　贷：其他货币资金——银行本票

四、银行本票的背书转让

按照规定，银行本票一律记名，允许背书转让，但填明"现金"字样的银行本票不得背书转让。银行本票的持有人转让本票，应在本票背面"背书"栏内背书，加盖本单位预留银行印鉴，注明背书日期，在"被背书人"栏内填写受票单位名称，之后将银行本票直接交给被背书单位，同时向被背书单位交验有关证件，以便被背书单位查验。被背书单位对收受的银行本票应进行认真审查。按照规定，银行本票的背书必须连续，也就是说银行本票上的任意一个被背书人就是紧随其后的背书人，并连续不断。如果本票的签发人在本票的正面注有"不准转让"字佯，则该本票不得背书转让；背书人也可以在背书时注明"不准转让"，以禁止本票背书转让后再转让。银行本票(背面)如图 4-38 所示。

<table>
<tr><td>被背书人</td><td>被背书人</td></tr>
<tr><td>背书人签章
年　月　日</td><td>背书人签章
年　月　日</td></tr>
<tr><td>持票人向银行
提示付款签章：</td><td>身份证件名称：　发证机关：
号码</td></tr>
</table>

（粘贴单处）

图 4-38　银行本票(背面)

如果收款单位收受银行本票之后，不准备立即到银行办理进账手续，而是准备背书转让，用来支付款项或偿还债务，则应在取得银行本票时编制转账凭证，其会计分录为：

借：其他货币资金——银行本票

　贷：主营业务收入

　　　应交税费——应交增值税(销项税额)

收款单位将收受的银行本票背书转让给其他单位时，应根据有关原始凭证编制转账凭证。如果用收受的银行本票购买物资，则按发票账单等原始凭证编制转账凭证，其会计分录为：

借：原材料(库存商品)

　　应交税费——应交增值税(进项税额)

　贷：其他货币资金——银行本票

如果用收受的银行本票偿还债务，则其会计分录为：

借：应付账款

　贷：其他货币资金——银行本票

五、银行本票的退款、超期付款和挂失

1. 退款

按照规定，超过付款期限的银行本票如果同时具备下列两个条件的，可以办理退款：一是该银行本票由签发银行签发后未曾背书转让；二是持票人为银行本票的付款

单位。付款单位办理退款手续时，应填制一式三联进账单连同银行本票一并送交签发银行。付款单位凭银行退回的进账单收账通知编制银行存款收款凭证，其会计分录为：

借：银行存款

　贷：其他货币资金——银行本票

如果遗失不定额银行本票，且付款期满一个月确未冒领的，可以到银行办理退款手续。在办理退款手续时，应向签发银行出具盖有单位公章的遗失银行本票退款申请书，连同填制好的一式三联进账单一并交银行办理退款，并根据银行退回的进账单收账通知编制银行存款收款凭证，其会计分录同上。

2.超期付款

持票人超过付款期不获付款的，在票据权利时效期内请求付款时，应向出票银行说明原因，并将本票交给出票银行。出票银行经与原专夹保管的本票卡片或存根核对无误，即在本票上注明“逾期付款”字样，办理付款手续。

票据权利时效主要指权利消灭时效。一般来说，持票人对见票即付的汇票、本票的出票人和承兑人的权利，自票据到期日起2年；持票人对支票出票人的权利，自出票日起6个月；持票人对前手的追索权，在被拒绝承兑或者被拒绝付款之日起6个月；持票人对前手的再追索权，自清偿日或者被提起诉讼之日起3个月。

3.银行本票的挂失

银行本票见票即付，不予挂失，但填明“现金”字样的银行本票可以申请挂失止付。失票人到出票银行挂失时，应提交第一、第二联挂失止付通知书，经出票银行审核无误后，方可受理。出票银行将第一联挂失止付通知书加盖业务公章作为回单交给失票人，第二联登记本票挂失登记簿后，与原本票卡片或存根一并专门保管，凭以控制付款或退款。

4.丧失银行本票的付款或退款

丧失的本票，失票人凭人民法院出具的其享有票据权利的证明，向出票银行请求退款或付款时，出票银行经审查确未付款的，分别情况作如下处理：

(1)出票银行向持票人付款。出票银行抽出原专夹保管的本票卡片或存根进行核对，无误后，比照超期付款的处理手续，将款项付给收款人。

(2)出票银行向原申请人退款。出票银行抽出原专夹保管的本票卡片或存根进行核对，无误后，比照银行本票退款的有关手续处理。

实务技能训练案例 4-3

2011 年 12 月 3 日，浙江昊阳实业股份有限公司向浙江东方集团有限公司购买中央空调，货款 20000 元以银行本票结算。另支付银行手续费 20 元。

公司相关信息资料参见[实务技能训练案例 4-2]。

实务操作

一、浙江昊阳实业股份有限公司银行本票业务办理主要操作步骤

昊阳公司办理本票业务的会计处理流程基本同转账支票。以下主要介绍涉及银行本票部分的业务操作。

步骤 1：出纳员填写本票申请书（如图 4-39、图 4-40、图 4-41）及手续费收费凭证（如图4-42），并加盖预留银行印鉴，客户联经银行盖章后拿回。

中国工商银行银行本票申请书（存根） 1 第 0456 号

申请日期 2011 年 12 月 03 日

申请人	浙江昊阳实业股份有限公司		收款人	浙江东方集团有限公司									
账号	123456789012345		账号	523456789034567									
用途	空调款		代理付款行	中国工商银行杭州西湖支行									
汇票金额	人民币（大写）	贰万元整		千	百	十	万	千	百	十	元	角	分
						¥	2	0	0	0	0	0	0

此联汇款人留存

备注： 科目

对方科目

财务主管 复核 经办

图 4-39 银行本票申请书（存根）

中国工商银行银行本票申请书（借方凭证）　2　第 0456 号

申请日期　2011 年 12 月 03 日

<table>
<tr><td>申请人</td><td colspan="2">浙江昊阳实业股份有限公司</td><td>收款人</td><td colspan="10">浙江东方集团有限公司</td></tr>
<tr><td>账　号</td><td colspan="2">123456789012345</td><td>账　号</td><td colspan="10">523456789034567</td></tr>
<tr><td>用　途</td><td colspan="2">空调款</td><td>代理付款行</td><td colspan="10">中国工商银行杭州西湖支行</td></tr>
<tr><td rowspan="2">汇票金额</td><td rowspan="2">人民币
（大写）</td><td rowspan="2" colspan="2">贰万元整</td><td>千</td><td>百</td><td>十</td><td>万</td><td>千</td><td>百</td><td>十</td><td>元</td><td>角</td><td>分</td></tr>
<tr><td></td><td></td><td>¥</td><td>2</td><td>0</td><td>0</td><td>0</td><td>0</td><td>0</td><td>0</td></tr>
</table>

此联出票行借方凭证

上列款项请从我账户内支付　　　　科　目（借）

对方科目（贷）

转账日期：

申请人盖章　　　　复核　　　　记账

（印章：浙江昊阳实业股份有限公司 财务专用章；张昊印）

图 4-40　银行本票申请书（借方凭证）

中国工商银行银行本票申请书（贷方凭证）　3　第 0456 号

申请日期　2011 年 12 月 03 日

<table>
<tr><td>申请人</td><td colspan="2">浙江昊阳实业股份有限公司</td><td>收款人</td><td colspan="10">浙江东方集团有限公司</td></tr>
<tr><td>账　号</td><td colspan="2">123456789012345</td><td>账　号</td><td colspan="10">523456789034567</td></tr>
<tr><td>用　途</td><td colspan="2">空调款</td><td>代理付款行</td><td colspan="10">中国工商银行杭州西湖支行</td></tr>
<tr><td rowspan="2">汇票金额</td><td rowspan="2">人民币
（大写）</td><td rowspan="2" colspan="2">贰万元整</td><td>千</td><td>百</td><td>十</td><td>万</td><td>千</td><td>百</td><td>十</td><td>元</td><td>角</td><td>分</td></tr>
<tr><td></td><td></td><td>¥</td><td>2</td><td>0</td><td>0</td><td>0</td><td>0</td><td>0</td><td>0</td></tr>
</table>

此联出票行作汇出汇款贷方凭证

备注：　　　　科　目

对方科目（贷）

转账日期　　年　　月　　日

复核　　　　记账　　　　出纳

图 4-41　银行本票申请书（贷方凭证）

中国工商银行收费凭证

2011年12月03日

付款人户名	浙江昊阳实业股份有限公司	开户银行	中国工商银行杭州西湖支行									
付款人账户	123456789012345	收费种类	手续费									
1、客户购买凭证时在“收费种类”栏填写工本费，在“凭证种类”栏填写所购凭证名称。 2、客户在办理结算业务时，在“收费种类”栏分别填写手续费或邮电费，在“结算种类”栏填写办理的结算方式。		凭证（结算）种类		单价	数量	金额						
						万	千	百	十	元	角	分
		银行本票						¥	2	0	0	0
		人民币（大写）	贰拾元整									
		单位预留印鉴	浙江昊阳实业股份有限公司 财务专用章　张昊阳印									

复核　　　　记账

第二联客户回单

图 4-42　银行收费凭证

步骤 2：出纳员将单据与款项交与银行，银行受理后，在银行本票申请书、银行收费凭证回执联加盖银行转讫章，表示受理。开户银行同时签发银行本票（如图 4-43、图 4-44），其中本票联交汇款人。

付款期限 贰个月

中国工商银行　　杭州　　本票号码

本　票（卡片）　1　第90877255号

申请日期（大写）贰零壹壹年壹拾贰月零叁日

收款人：浙江东方集团有限公司			申请人：浙江昊阳实业股份有限公司
凭票即付人民币（大写）贰万元整			
转账√	现金		科目（借） 对方科目（贷） 付款日期　年　月　日 出纳　复核　记账
备注：			

此联出票行留存，结清本票时作借方凭证附件

图 4-43　银行本票

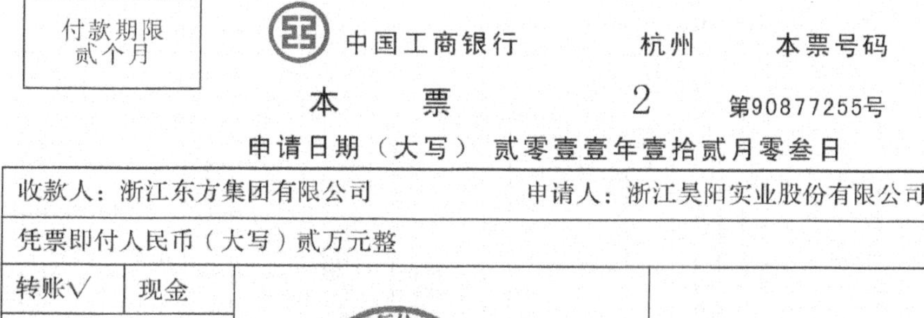

付款期限
贰个月

中国工商银行　　杭州　　本票号码

本　　票　　2　　第90877255号

申请日期（大写）贰零壹壹年壹拾贰月零叁日

收款人：浙江东方集团有限公司			申请人：浙江昊阳实业股份有限公司
凭票即付人民币（大写）贰万元整			
转账√	现金	中国工商银行杭州西湖支行 15021 本票专用章 出票行签章	科目（借）__________ 对方科目（贷）______ 付款日期　年　月　日 出纳　复核　记账
备注：			

此联出票行结清本票时作借方凭证

图 4-44　银行本票

步骤 3：制单会计根据审核无误的银行本票申请书、银行收费回执联填制付款凭证，相关人员审核签章（如图 4-45）。

付 款 凭 证

银付字第 02 号

贷方科目：银行存款　　2011 年12 月03 日　　附件 2 张

摘　要	借方科目		金额										记账符号
	总账科目	明细科目	千	百	十	万	千	百	十	元	角	分	
申请银行本票	其他货币资金	银行本票				2	0	0	0	0	0	0	
	财务费用	手续费							2	0	0	0	
结算方式及票号：		合　计			¥	2	0	0	2	0	0	0	

会计主管　　记账　　出纳 汪小婕　　复核 李朝阳　　制单 唐雅莉

图 4-45　银行存款付款凭证

步骤 4：出纳员将银行本票交浙江东方集团有限公司。

步骤 5：出纳员根据银行存款付款凭证逐日逐笔登记银行存款日记账（如图 4-46），会计登记明细分类账和总分类账（账簿略）。

银行存款日记账

开户行名称　中国工商银行杭州西湖支行　　　　银行账号　123456789012345　第　1　页

2011年		凭证号码	摘要	√	借方												贷方												余额											
月	日				十	亿	千	百	十	万	千	百	十	元	角	分	十	亿	千	百	十	万	千	百	十	元	角	分	十	亿	千	百	十	万	千	百	十	元	角	分
			期初余额																													1	0	0	0	0	0	0	0	0
12	1	银付01	购货款																			2	3	4	0	0	0	0					9	7	6	6	0	0	0	0
12	3	银付02	申请银行本票																			2	0	0	2	0	0	0					9	5	6	5	8	0	0	0

图 4-46　银行存款日记账

二、浙江东方集团有限公司银行本票业务办理主要操作步骤

步骤 1：从昊阳公司取得银行本票（如图 4-44）。

步骤 2：东方公司出纳员审查银行本票。审查内容主要包括：①收款人是否确为本单位或个人；②银行本票是否在提示付款期限内；③必须记载的事项是否齐全；④出票人签章是否符合规定；⑤不定额银行本票是否有压数机压印的出票金额，并与大写出票金额一致；⑥出票金额、出票日期、收款人名称是否更改，更改的其他记载事项是否由原记载人签章证明。

步骤 3：出纳员按公司财务制度授权规定，分别请公司财务章保管人和法人名章保管人在本票背面“背书人签章”和“持票人向银行提示付款签章”处加盖预留银行印鉴章（如图 4-47）。

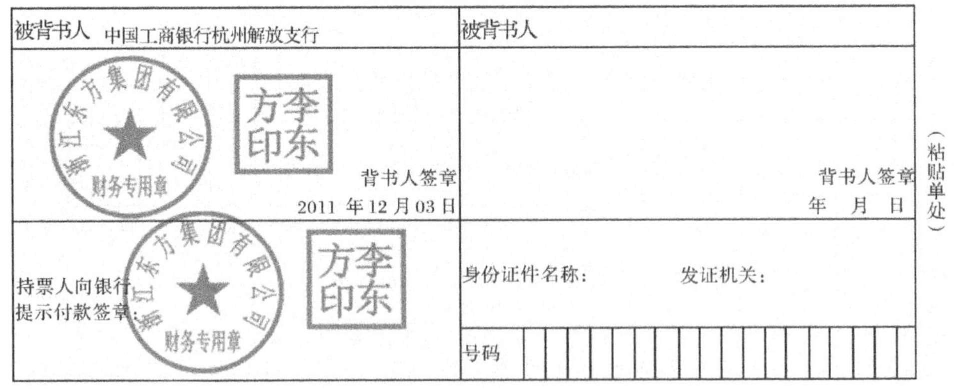

被背书人　中国工商银行杭州解放支行
浙江东方集团有限公司 财务专用章　方李印东
背书人签章
2011 年 12 月 03 日

被背书人
背书人签章
年　月　日

（粘贴单处）

持票人向银行提示付款签章：浙江东方集团有限公司 财务专用章　方李印东

身份证件名称：　　发证机关：
号码

图 4-47　银行本票背面

步骤 4：出纳员填写一式三联进账单（如图 4-48、图 4-49、图 4-50）。

工商银行进账单(回单)　　1

2011年 12 月 03 日　　　　第 12 号

出票人		付款人	
全　称	浙江昊阳实业股份有限公司	全　称	浙江东方集团有限公司
账　号	123456789012345	账　号	523456789034567
开户行	中国工商银行杭州西湖支行	开户行	中国工商银行杭州解放支行

人民币（大写）	千	百	十	万	千	百	十	元	角	分
贰万元整			¥	2	0	0	0	0	0	0

票据种类	银行本票
票据张数	1张

单位主管　　会计　　复核　　记账　　　　受理银行盖章

此联是受理银行交给持票人的回单

图 4-48　银行进账单(回单)

工商银行进账单(贷方凭证)　　2

2011年 12 月 03 日　　　　第 12 号

出票人		付款人	
全　称	浙江昊阳实业股份有限公司	全　称	浙江东方集团有限公司
账　号	123456789012345	账　号	523456789034567
开户行	中国工商银行杭州西湖支行	开户行	中国工商银行杭州解放支行

人民币（大写）	千	百	十	万	千	百	十	元	角	分
贰万元整			¥	2	0	0	0	0	0	0

票据种类	银行本票	科　目（贷）__________
票据张数	1张	对方科目（借）__________
		转账日期　　年　月　日
备注：		复核　　记账

此联由收款人开户银行作贷方凭证

图 4-49　银行进账单(贷方凭证)

工商银行进账单(收账通知) 3

2011年 12 月 03 日 第 12 号

出票人	全　称	浙江昊阳实业股份有限公司	付款人	全　称	浙江东方集团有限公司
	账　号	123456789012345		账　号	523456789034567
	开户行	中国工商银行杭州西湖支行		开户行	中国工商银行杭州解放支行

人民币（大写）	贰万元整	千	百	十	万	千	百	十	元	角	分
				¥	2	0	0	0	0	0	0

票据种类	银行本票	
票据张数	1张	
单位主管　会计　复核　记账		收款人开户银行盖章

此联是持票人开户银行交给收款人的收账通知

图 4-50　银行进账单(收账通知)

步骤 5:出纳员携带上述处理完的银行本票和进账单交开户银行办理入账,取得银行盖章后退回的进账单回单联(如图 4-51),表示已办妥手续,开户银行接受委托同意向付款人收取款项。

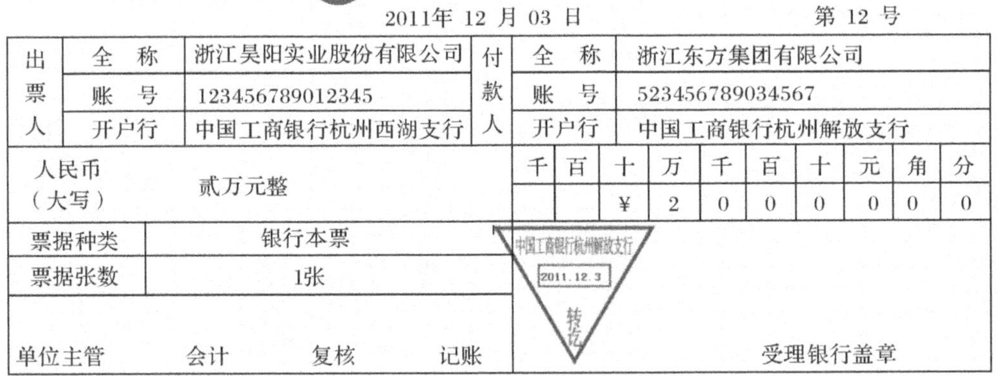

工商银行进账单(回单) 1

2011年 12 月 03 日 第 12 号

出票人	全　称	浙江昊阳实业股份有限公司	付款人	全　称	浙江东方集团有限公司
	账　号	123456789012345		账　号	523456789034567
	开户行	中国工商银行杭州西湖支行		开户行	中国工商银行杭州解放支行

人民币（大写）	贰万元整	千	百	十	万	千	百	十	元	角	分
				¥	2	0	0	0	0	0	0

票据种类	银行本票	中国工商银行杭州解放支行 2011.12.3 转讫
票据张数	1张	
单位主管　会计　复核　记账		受理银行盖章

此联是受理银行交给持票人的回单

图 4-51　银行进账单(回单)

步骤 6:出纳员收到开户银行签章后退回的进账单第三联收账通知(如图 4-52),将其和销售发票存根联等一起传递给制单会计,制单会计审核后填制银行存款收款凭证,相关人员审核签章(如图 4-53)。

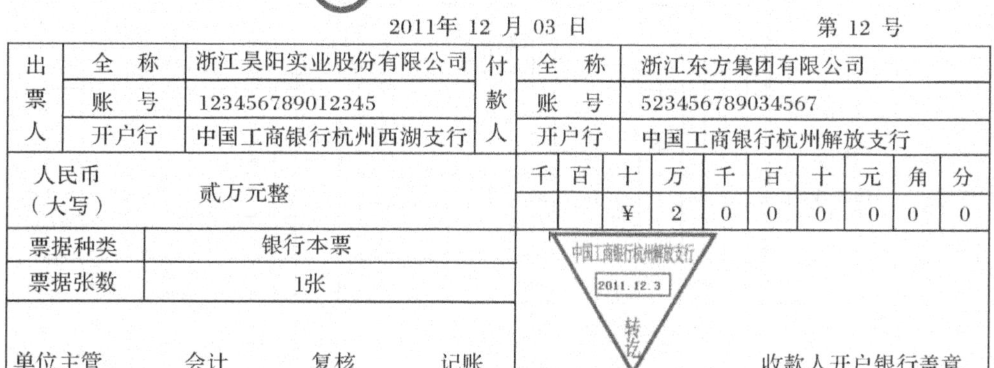

工商银行进账单（收账通知） 3

2011年 12 月 03 日 第 12 号

出票人	全 称	浙江昊阳实业股份有限公司	付款人	全 称	浙江东方集团有限公司
	账 号	123456789012345		账 号	523456789034567
	开户行	中国工商银行杭州西湖支行		开户行	中国工商银行杭州解放支行

人民币（大写）	贰万元整	千	百	十	万	千	百	十	元	角	分
				¥	2	0	0	0	0	0	0

票据种类	银行本票
票据张数	1张

中国工商银行杭州解放支行 2011.12.3 转讫

单位主管 会计 复核 记账 收款人开户银行盖章

此联是持票人开户银行交给收款人的收账通知

图 4-52 银行进账单(收账通知)

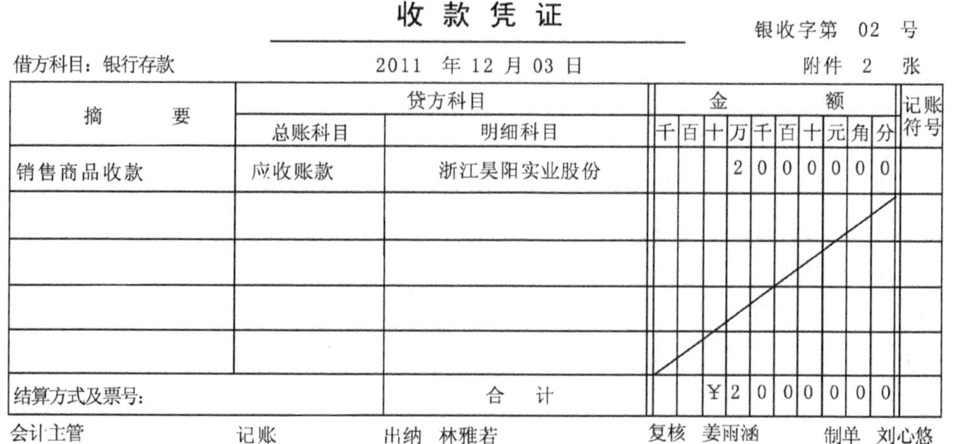

收 款 凭 证

银收字第 02 号

借方科目：银行存款 2011 年 12 月 03 日 附件 2 张

摘 要	贷方科目		金额										记账符号
	总账科目	明细科目	千	百	十	万	千	百	十	元	角	分	
销售商品收款	应收账款	浙江昊阳实业股份				2	0	0	0	0	0	0	
结算方式及票号：		合 计			¥	2	0	0	0	0	0	0	

会计主管 记账 出纳 林雅若 复核 姜雨涵 制单 刘心悠

图 4-53 银行存款收款凭证

步骤 7：出纳根据收款凭证逐日逐笔登记银行存款日记账（如图 4-54），会计登记明细分类账和总分类账（账簿略）。

银行存款日记账

开户行名称　中国工商银行杭州解放支行　　　　银行账号　523456789023567　第　1　页

2011年		凭证号码	摘要	√	借方												贷方												余额											
月	日				十	亿	千	百	十	万	千	百	十	元	角	分	十	亿	千	百	十	万	千	百	十	元	角	分	十	亿	千	百	十	万	千	百	十	元	角	分
			期初余额																													1	0	0	0	0	0	0	0	0
12	1	银收01	销货款							2	3	4	0	0	0	0																1	0	2	3	4	0	0	0	0
12	3	银收02	销货款							2	0	0	0	0	0	0																1	0	4	3	4	0	0	0	

图4-54　银行存款日记账

子情境4.4　办理银行汇票结算业务

知识与技能准备

一、银行汇票的含义

银行汇票是汇款人将款项存入当地出票行，由出票银行签发的，由其在见票时按照实际结算金额无条件支付给持票人或收款人款项的票据。它适用于单位或个人向异地或本地支付各种款项的结算，根据实际需要，既可以用于转账，也可以用于支取现金。

银行汇票应记载的事项包括：

1. 标明“银行汇票”字样；
2. 无条件支付的承诺；
3. 确定的金额；
4. 收款人名称；
5. 付款人名称；
6. 出票日期；
7. 出票人签章。

汇票上未记载前款规定事项之一的，汇票无效。

二、银行汇票结算的基本规定

1. 银行汇票适用于单位或个人向异地或本地支付各种款项的结算，根据实际需要，既可以用于转账，也可以用于支取现金。实务中银行汇票主要用于异地结算。

2.银行汇票一律为记名式，即必须记载收款人的姓名。

3.银行汇票金额起点为 500 元，提示付款期限为出票日起一个月。逾期的银行汇票，兑付银行不予受理，原汇款人可以向签发行请求退款。

4.银行汇票上记载的事项有：汇款人、出票日（签发日期）、付款地（兑付地点）、三个金额（汇款金额、实际结算金额、多余金额）、付款日（兑付日期）。

5.银行汇票可以背书转让。

6.汇款人可以要求签发行办理退款。

三、银行汇票的结算程序

银行汇票的结算程序如图 4-55：

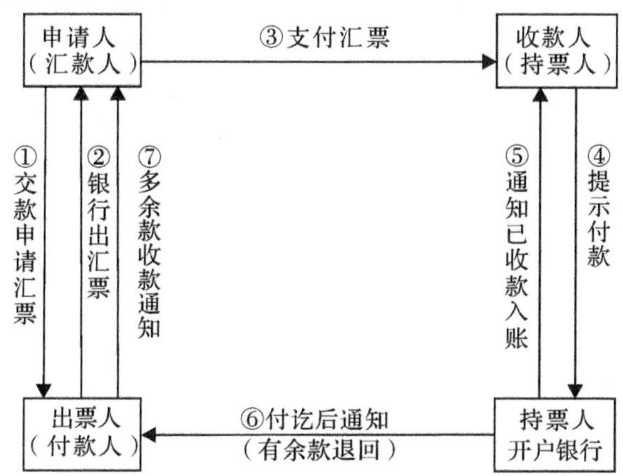

图 4-55　银行汇票的结算程序

1.申请办理银行汇票

凡是要求使用银行汇票办理结算业务的单位，财务部门均应按规定向签发银行提交"银行汇票申请书"，在"银行汇票申请书"上逐项写明申请人名称和账号、收款人名称和账号、用途、汇票金额等内容，并在"银行汇票申请书"上加盖汇款人预留银行的印鉴，由银行审查后签发银行汇票。如汇款人未在银行开立存款账户，则可以交存现金办理汇票。申请人和收款人均为个人的，可以在"银行汇票申请书"的"汇票金额"栏填写"现金"字样。

"银行汇票申请书"一式三联，其中第一联是存根，由汇款人留存作为记账传票；第二联是支款凭证，是签发行办理汇票的传出传票；第三联为收入凭证，由签发行作汇出汇款收入传票。如果申请人用现金办理银行汇票，可以注销第二联。"银行汇票申请书"的样式见图 4-56、图 4-57、图 4-58 所示。

中国工商银行银行汇票申请书（存根）　1　第　号

申请日期　年　月　日

申请人		收款人										
账号		账号										
用途		代理付款行										
汇票金额	人民币（大写）		千	百	十	万	千	百	十	元	角	分

此联收款人留存

备注：

科　目

对方科目

财务主管　复核　经办

图 4-56　银行汇票申请书(存根)

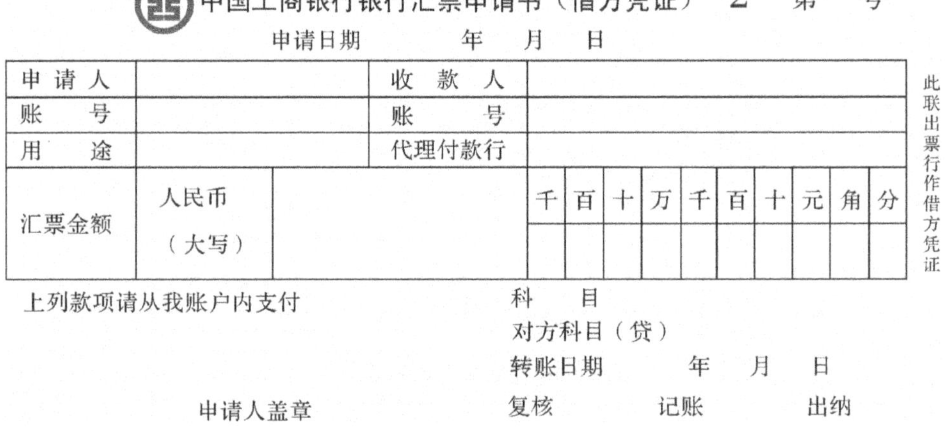

中国工商银行银行汇票申请书（借方凭证）　2　第　号

申请日期　年　月　日

申请人		收款人										
账号		账号										
用途		代理付款行										
汇票金额	人民币（大写）		千	百	十	万	千	百	十	元	角	分

此联出票行作借方凭证

上列款项请从我账户内支付

科　目

对方科目（贷）

转账日期　年　月　日

申请人盖章　复核　记账　出纳

图 4-57　银行汇票申请书(借方凭证)

2.银行签发银行汇票

签发银行受理“银行汇票申请书”，经过验对“银行汇票申请书”内容和印鉴，并在办妥转账或收妥现金之后，即可向汇款人签发转账或支取现金的银行汇票。对个体经济户和个人需要支取现金的，在汇票“汇票金额”栏先填写“现金”字样，后填写汇款金额，再加盖印章并用压数机压印汇款金额，将汇票和解讫通知交汇款人。

银行汇票一式四联，第一联为卡片，由签发行结清汇票时作汇出汇款付出传票；第二联为银行汇票，与第三联解讫通知一并由汇款人自带，在兑付行兑付汇票后此联作联行往来账付出传票；第三联是解讫通知，在兑付行兑付后随报单寄签发行，由签发行作

中国工商银行银行汇票申请书（贷方凭证）3　第　号

申请日期　　年　月　日

申请人			收款人										
账号			账号										
用途			代理付款行										
汇票金额	人民币（大写）			千	百	十	万	千	百	十	元	角	分

备注：

科　目
对方科目（贷）
转账日期　　年　月　日
复核　　记账　　出纳

此联出票行作汇出汇款贷方凭证

图 4-58　银行汇票申请书(贷方凭证)

余款收入传票；第四联是多余款通知，在签发行结清后交汇款人。其基本格式见图 4-59、图 4-60、图 4-61、图 4-62 所示。

付款期限 壹个月

中国工商银行
银行汇票（卡片）　1　汇票号码 第　号

出票日期（大写）　年　月　日　代理付款行：　　行号：

收款人：		账号：									
出票金额　人民币（大写）											
实际结算金额　人民币（大写）	千	百	十	万	千	百	十	元	角	分	

申请人：＿＿＿＿　账号或住址：＿＿＿＿
出票行：＿＿＿＿　行号：＿＿＿＿
备注：＿＿＿＿
复核　　经办

科目（借）……
对方科目（贷）……
销账日期　　年　月　日
复核　　记账

此联出票行结清汇票时作汇出汇款借方凭证

图 4-59　银行汇票(卡片)

付款期限
壹 个 月

中国工商银行

银行汇票　　2　　汇票号码 第 号

出票日期
（大写）　　年　月　日　代理付款行：　　行号：

收款人：	账号：									
出票金额　人民币（大写）										
实际结算金额　人民币（大写）	千	百	十	万	千	百	十	元	角	分

申请人：________　账号或住址：________

出票行：________　行号：________

备注：________

凭票付款

出票行签章

密押										科目（借）________
多余金额										对方科目（贷）________
千	百	十	万	千	百	十	元	角	分	兑付日期 年 月 日
										复核　记账

此联代理付款行付款后作联行往账借方凭证附件

图 4-60　银行汇票

付款期限
壹 个 月

中国工商银行

银行汇票（解讫通知）　3　汇票号码 第 号

出票日期
（大写）　　年　月　日　代理付款行：　　行号：

收款人：	账号：									
出票金额　人民币（大写）										
实际结算金额　人民币（大写）	千	百	十	万	千	百	十	元	角	分

申请人：________　账号或住址：________

出票行：________　行号：________

备注：________

代理付款行盖章

复核　　经办

密押										科目（借）________
多余金额										对方科目（贷）________
千	百	十	万	千	百	十	元	角	分	兑付日期 年 月 日
										复核　记账

此联代理付款行付款后随报单寄出票行，由出票行作多余款贷方凭证

图 4-61　银行汇票(解讫通知)

付款期限
壹 个 月

中国工商银行

银行汇票（多余款收款通知） 4　汇票号码 第　号

出票日期
（大写）　　年　月　日　代理付款行：　　　　行号：

收款人：		账号：									
出票金额　人民币（大写）											
实际结算金额　人民币（大写）	千	百	十	万	千	百	十	元	角	分	

申请人：　　　　账号或住址：

出票行：　　　行号：

备注：

凭票付款

出票行签章

密押										左列款项多余金额已收入你账户内。
多余金额										
千	百	十	万	千	百	十	元	角	分	财务主管　复核　经办

此联出票行清算多余款后交申请人

图 4-62　银行汇票(多余款收账通知)

汇款单位财务部门收到签发银行签发的“银行汇票联”和“解讫通知联”后，根据银行盖章退回的“银行汇票申请书”第一联存根联编制银行存款付款凭证，其会计分录为：

借：其他货币资金——银行汇票

　贷：银行存款(库存现金)

对于银行按规定收取的手续费和邮电费，汇款单位应根据银行出具的收费收据，用现金支付的编制现金付款凭证，从其账户中扣收的编制银行存款付款凭证。其会计分录为：

借：财务费用

　贷：库存现金或银行存款

出纳员在收到银行签发的银行汇票并将其交给请领人，应按规定登记“银行汇票登记簿”，将银行汇票的有关内容，如签发日期、收款单位名称、开户银行、账号、持票人部门、姓名，汇款用途等一一进行登记，以备日后查对。“银行汇票登记簿”的基本格式如图 4-63 所示。

签发	收款人			持票人		汇款用途	汇款金额	使用日期	实际结算金额	退回多途款
日期	名称	开户银行	账号	部门	姓名					

图 4-63　银行汇票登记簿

3.汇款单位使用银行汇票办理结算

汇款单位财务部门收到银行签发的银行汇票后，即可将汇票交与请领人，由其持汇票到兑付地点，或与填明的收款人办理结算，或者支取现金，当然也可以按规定用背书的形式将汇票转让给背书人，办理结算业务。

汇款单位在用银行汇票购买货物并办理结算后，应等到签发银行转来的银行汇票第四联，即“多余款收账通知联”后，根据其“实际结算金额”栏的实际结算金额并和供应部门转来的发票账单等原始凭证上的实际结算金额核对相符后，编制记账凭证。

借:原材料(库存商品)

　应交税费——应交增值税(进项税额)

　贷:其他货币资金——银行汇票

对于银行汇票实际结算金额小于银行汇票汇款金额的差额，即多余款，汇款单位财务部门应根据签发银行转来的银行汇票第四联“多余款收账通知联”中列明的“多余金额”数编制银行存款收款凭证，其会计分录为：

借:银行存款

　贷:其他货币资金——银行汇票

收款单位出纳员受理银行汇票时，应该认真审查，审查的内容主要包括：

(1)收款人或背书人是否确为本单位；

(2)银行汇票是否在付款期内，日期、金额等填写是否正确无误；

(3)印章是否清晰，压数机压印的金额是否清晰；

(4)银行汇票和解讫通知是否齐全、相符；

(5)汇款人或背书人的证明或证件是否无误，背书人证件姓名与其背书是否相符。

4.收款人将到期银行汇票交银行办理结算

收款人在汇款金额以内，根据实际需要的款项办理结算，并将实际结算金额和多余金额准确、清晰填入银行汇票和解讫通知的有关栏内(实际结算金额和多余金额如果填错，应用红线划去全数，在上方重填正确数字并加盖本单位印章，但只限更改一次)。银行汇票的多余金额由签发银行退交汇款人。全额解付的银行汇票，应在“多余金额”栏写上“0”符号。

填写完结算金额和多余金额后，收款人或被背书人将银行汇票和解讫通知同时提交兑付银行，缺少任何一联均无效，银行将不予受理。

在银行开立账户的收款人或被背书人受理银行汇票后，在汇票背面加盖预留银行印鉴连同解讫通知和进账单送交开户银行办理转账。

将“银行汇票联”、“解讫通知联”和进账单送其开户银行办理收账手续后，财务部门根据银行退回的进账单收账通知所列实际结算金额和发票存根联等原始凭证，编制银行存款收款凭证，其会计分录为：

借：银行存款

  贷：主营业务收入

    应交税费——应交增值税（销项税额）

四、银行汇票的背书转让

银行汇票可以背书转让，但出票人在汇票上记载“不得转让”字样的，其后手再背书转让的，原背书人对后手的被背书人不承担保证责任。汇票被拒绝承兑、被拒绝付款或超过付款提示期限的，不得背书转让。

汇票背书时，背书人必须在银行汇票第二联背面（如图 4-64）“背书人签章”栏签章，同时填明被背书人名称，并填明背书日期，被背书人按规定在汇票有效期内，在“持票人向银行提示付款签章”一栏签章并填制一式二联进账单后到开户行办理结算，其会计核算办法与一般银行汇票收款人相同。

<table>
<tr><td>被背书人</td><td>被背书人</td><td rowspan="4">（粘贴单处）</td></tr>
<tr><td>背书人签章
年 月 日</td><td>背书人签章
年 月 日</td></tr>
<tr><td rowspan="2">持票人向银行
提示付款签章：</td><td>身份证件名称： 发证机关：</td></tr>
<tr><td>号码</td></tr>
</table>

图 4-64 银行汇票（背面）

五、银行汇票的退款与挂失

1. 退款

汇款单位因汇票超过了付款期限或其他原因没有使用汇票款项时，应将未用的“银行汇票联”和“解讫通知联”交回汇票签发银行，向银行说明退款原因，银行审核后按规定办理退款。汇款单位因“银行汇票联”和“解讫通知联”缺少其中一联而不能在兑付银行办理兑付，而向签发银行申请退款时，应将剩余的一联退给汇票签发银行并备函说明短缺其中一联的原因，经签发银行审查同意后办理退款手续。

汇款单位办理退款手续，应等到银行转回的银行汇票第四联“多余款收账通知联”后，财务部门才能根据“多余金额”(此多余金额等于原汇款金额)，编制银行存款收款凭证。

借:银行存款

　贷:其他货币资金——银行汇票

2. 挂失

持票人不慎遗失了银行汇票，可以根据不同情况，采取相应补救措施：

(1)如果遗失了注明“现金”字样的银行汇票，失票人应当立即向签发银行或兑付银行请求挂失止付。如果在银行受理挂失以前，包括对方银行收到挂失通知以前，汇票金额已被人冒领的，银行不再承担付款责任。

(2)如果遗失了注明收款单位、个体经济户名称的汇票，银行不办理挂失止付。失票人应当立即通知收款单位、个体经济户、收款人、兑付银行、签发银行，请求这些单位或个人协助防范。

(3)如果遗失了填明汇款人指定收款人员姓名的汇票，不能到银行申请挂失止付。因为这种汇票可以背书转让，无法确定被背书人，银行无法挂失，兑付行和签发行都不予协助防范。因此，这种银行汇票的持票人一定要认真保管好汇票，切勿遗失。银行汇票遗失后，在付款期满后一个月确实没有发生什么问题的，可以由汇款人写出书面证明，说明情况，到签发银行办理退款。

实务技能训练案例 4-4

2011 年 12 月 6 日，浙江昊阳实业股份有限公司向开户银行申请签发金额为50 000.00元的银行汇票一份结清与上海东方集团有限公司往来款项。另支付银行手续费 20 元。

企业相关信息如下：

单位名称:浙江昊阳实业股份有限公司

开户银行:中国工商银行杭州西湖支行

账号:123456789012345

税务登记号:223456789012345

单位地址:杭州西湖区古翠路 15 号

单位电话:0571－87654321

法人代表:张昊阳
会计主管(审核会计):李朝阳
制单会计:唐雅莉
出纳:汪小婕

单位名称:上海东方集团有限公司
单位地址:上海嘉定区华江路 560 号
单位电话:021－21821828
税务登记号:246802468024680
开户银行:中国工商银行上海嘉定支行
账号:123456789101112
法人代表:李东方
会计主管(审核会计):陈春桃
制单会计:王秋芬
出纳:夏青青

实务操作

一、浙江昊阳实业股份有限公司银行汇票业务办理主要操作步骤

步骤 1:出纳员填写银行汇票申请书(如图 4-65、图 4-66、图 4-67)及手续费收费凭证(图 4-68),并加盖预留银行印鉴,客户联经银行盖章后拿回。

中国工商银行银行汇票申请书(存根)　1　第 0251 号

申请日期　2011 年 12 月 06 日

申请人	浙江昊阳实业有限公司		收款人	上海东方集团有限公司									
账号	123456789012345		账号	123456789101112									
用途	货款		代理付款行	中国工商银行杭州西湖支行									
汇票金额	人民币（大写）	伍万元整		千	百	十	万	千	百	十	元	角	分
						¥	5	0	0	0	0	0	0

此联汇款人留存

备注:

科　目
对方科目(贷)
转账日期:
复核　　记账

图 4-65　银行汇票申请书(存根)

中国工商银行银行汇票申请书（存根）　2　第 0251 号

申请日期　2011 年 12 月 06日

<table>
<tr><td>申 请 人</td><td colspan="2">浙江昊阳实业有限公司</td><td>收 款 人</td><td colspan="10">上海东方集团有限公司</td></tr>
<tr><td>账　　号</td><td colspan="2">123456789012345</td><td>账　　号</td><td colspan="10">123456789101112</td></tr>
<tr><td>用　　途</td><td colspan="2">货款</td><td>代理付款行</td><td colspan="10">中国工商银行杭州西湖支行</td></tr>
<tr><td rowspan="2">汇票金额</td><td rowspan="2">人民币
（大写）</td><td colspan="2" rowspan="2">伍万元整</td><td>千</td><td>百</td><td>十</td><td>万</td><td>千</td><td>百</td><td>十</td><td>元</td><td>角</td><td>分</td></tr>
<tr><td></td><td></td><td>¥</td><td>5</td><td>0</td><td>0</td><td>0</td><td>0</td><td>0</td><td>0</td></tr>
</table>

此联出票行借方凭证

上列款项请从我账户内支付

申请人盖章

科　　目

对方科目（贷）

转账日期：

复核　　　　记账

图 4-66　银行汇票申请书

中国工商银行银行汇票申请书（贷方凭证）　3　第 0251 号

申请日期　2011 年 12月 06 日

<table>
<tr><td>申 请 人</td><td colspan="2">浙江昊阳实业有限公司</td><td>收 款 人</td><td colspan="10">上海东方集团有限公司</td></tr>
<tr><td>账　　号</td><td colspan="2">123456789012345</td><td>账　　号</td><td colspan="10">123456789101112</td></tr>
<tr><td>用　　途</td><td colspan="2">货款</td><td>代理付款行</td><td colspan="10">中国工商银行杭州西湖支行</td></tr>
<tr><td rowspan="2">汇票金额</td><td rowspan="2">人民币
（大写）</td><td colspan="2" rowspan="2">伍万元整</td><td>千</td><td>百</td><td>十</td><td>万</td><td>千</td><td>百</td><td>十</td><td>元</td><td>角</td><td>分</td></tr>
<tr><td></td><td></td><td>¥</td><td>5</td><td>0</td><td>0</td><td>0</td><td>0</td><td>0</td><td>0</td></tr>
</table>

此联出票行作汇出汇款贷方凭证

备注：

科　　目

对方科目（贷）

转账日期：

复核　　　　记账

图 4-67　银行汇票申请书

中国工商银行收费凭证

2011年12月06日

付款人户名	浙江昊阳实业股份有限公司	开户银行	中国工商银行杭州西湖支行									
付款人账户	123456789012345	收费种类	手续费									
1、客户购买凭证时在“收费种类”栏填写工本费，在“凭证种类”栏填写所购凭证名称。 2、客户在办理结算业务时，在“收费种类”栏分别填写手续费或邮电费，在“结算种类”栏填写办理的结算方式。		凭证（结算）种类		单价	数量	金额						
						万	千	百	十	元	角	分
		银行汇票						¥	2	0	0	0
		人民币（大写）	贰拾元整									
		单位预留印鉴										

复核　　记账

第二联客户回单

图 4-68　银行收费凭证

步骤 2：出纳员将单据与款项交与银行，银行受理后，在银行汇票申请书、银行收费凭证回执联加盖银行转讫章，表示受理。开户银行同时签发银行汇票，将汇票第二联（如图 4-69）和第三联（如图 4-70）交汇款人。

付款期限　壹个月

中国工商银行
银行汇票　　2　　汇票号码 第0005896号

出票日期
（大写）贰零壹壹年壹拾贰月零陆日　代理付款行：工行上海嘉定支行　行号：0213728

收款人：上海东方集团有限公司	账号：123456789101112									
出票金额　人民币（大写）伍万元整										
实际结算金额　人民币（大写）	千	百	十	万	千	百	十	元	角	分

申请人：浙江昊阳实业股份有限公司　账号或住址：123456789012345

出票行：工行杭州西湖支行　行号：0571372

备注：

凭票付款

出票行签章

密押										科目（借）
多余金额										对方科目（贷）
千	百	十	万	千	百	十	元	角	分	兑付日期　年　月　日
										复核　　记账

此联代理付款行付款后作联行往账借方凭证附件

图 4-69　银行汇票

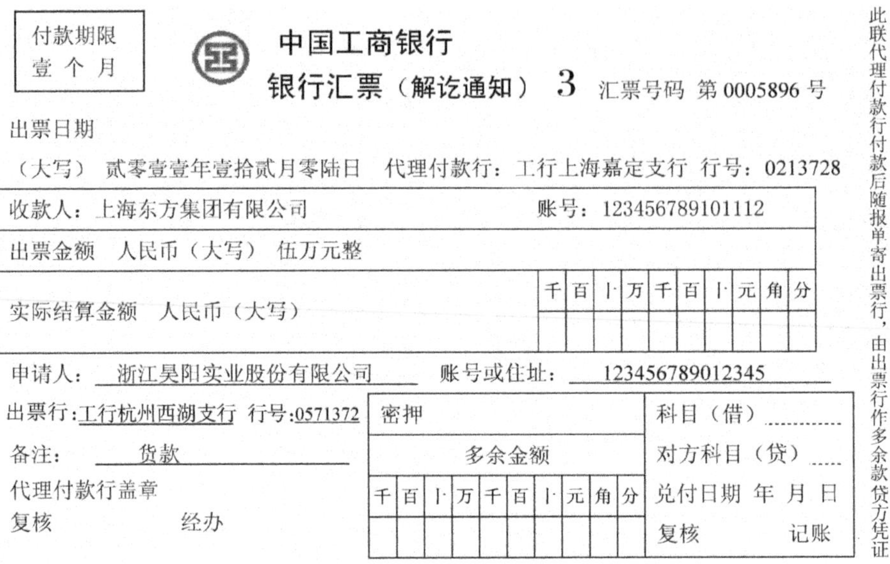

付款期限 壹个月

中国工商银行

银行汇票（解讫通知） 3 汇票号码 第0005896号

出票日期
（大写） 贰零壹壹年壹拾贰月零陆日 代理付款行：工行上海嘉定支行 行号：0213728

收款人：上海东方集团有限公司	账号：123456789101112
出票金额 人民币（大写） 伍万元整	
实际结算金额 人民币（大写）	千 百 十 万 千 百 十 元 角 分

申请人：浙江昊阳实业股份有限公司 账号或住址：123456789012345

出票行：工行杭州西湖支行 行号：0571372

备注：货款

代理付款行盖章

复核 经办

密押

多余金额 千 百 十 万 千 百 十 元 角 分

科目（借）

对方科目（贷）

兑付日期 年 月 日

复核 记账

此联代理付款行付款后随报单寄出票行，由出票行作多余款贷方凭证

图 4-70 银行汇票(解讫通知)

步骤 3:制单会计根据审核无误的银行汇票申请书、银行收费回执联填制付款凭证，相关人员审核签章(如图 4-71)。

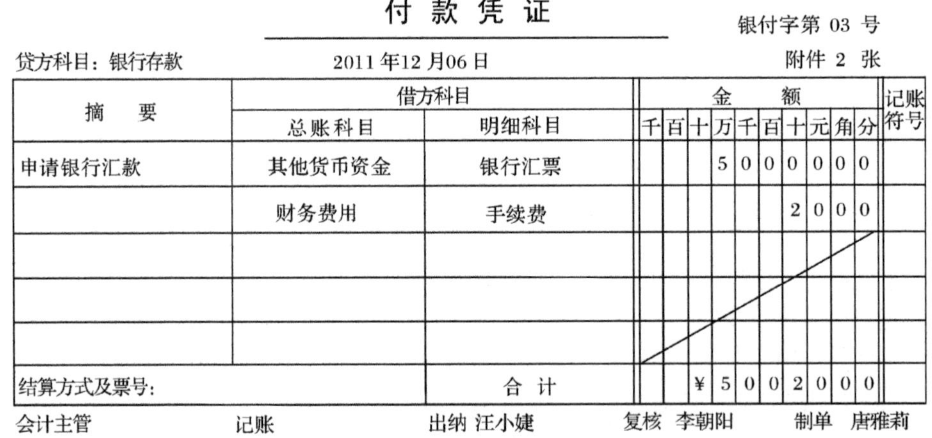

付 款 凭 证

银付字第 03 号

贷方科目：银行存款 2011年12月06日 附件 2 张

摘要	借方科目 总账科目	明细科目	千	百	十	万	千	百	十	元	角	分	记账符号
申请银行汇款	其他货币资金	银行汇票				5	0	0	0	0	0	0	
	财务费用	手续费							2	0	0	0	
结算方式及票号:		合计			¥	5	0	0	2	0	0	0	

会计主管 记账 出纳 汪小婕 复核 李朝阳 制单 唐雅莉

图 4-71 银行存款付款凭证

步骤 4:出纳员将银行汇票第二联和第三联交上海东方集团有限公司。

步骤 5:出纳员根据银行存款付款凭证逐日逐笔登记银行存款日记账(如图 4-72)，会计登记明细分类账和总分类账(账簿略)。

银行存款日记账

开户行名称　中国工商银行杭州西湖支行　　　　　银行账号　123456789012345　第　1　页

2011年		凭证号码	摘要	√	借方												贷方												余额											
月	日				十	亿	千	百	十	万	千	百	十	元	角	分	十	亿	千	百	十	万	千	百	十	元	角	分	十	亿	千	百	十	万	千	百	十	元	角	分
			期初余额																													1	0	0	0	0	0	0	0	0
12	1	银付 01	购货款																			2	3	4	0	0	0	0					9	7	6	6	0	0	0	0
12	3	银付 02	申请银行本票																			2	0	0	2	0	0	0					9	5	6	5	8	0	0	0
12	5	银付 03	申请银行汇票																			5	0	0	2	0	0	0					9	0	6	5	6	0	0	0

图 4-72　银行存款日记账

二、上海东方集团有限公司银行汇票业务办理主要操作步骤

步骤 1：从昊阳公司取得银行汇票第二联和第三联（如图 4-69、图 4-70）。

步骤 2：出纳员审查银行汇票。审查内容有：收款人或背书人是否确为本单位，银行汇票是否在付款期内，日期、金额等填写是否正确无误，印章是否清晰，压数机压印的金额是否清晰，银行汇票和解讫通知是否齐全、相符，汇款人或背书人的证明或证件是否无误，背书人证件上的姓名与其背书是否相符。

步骤 3：审查无误后，在汇款金额以内，根据实际需要的款项办理结算，将实际结算金额和多余金额准确、清晰填入银行汇票和解讫通知的有关栏内（如图 4-73、图 4-74）。

付款期限
壹 个 月

中国工商银行
银 行 汇 票　　2　　汇票号码 第 0005896 号

出票日期
（大写）贰零壹壹年壹拾贰月零陆日　代理付款行：工行上海嘉定支行　行号：0213728

收款人：上海东方集团有限公司　　账号：123456789101112										
出票金额　人民币（大写）　伍万元整										
实际结算金额　人民币（大写）　伍万元整	千	百	十	万	千	百	十	元	角	分
			¥	5	0	0	0	0	0	0

申请人：浙江昊阳实业股份有限公司　　账号或住址：123456789012345

出票行：工行杭州西湖支行 [illegible]71372

备注：

凭票付款

出票行签章

（印章：中国工商银行杭州西湖支行 2000010 汇票专用章）

密押										科目（借）________
多余金额										对方科目（贷）____
千	百	十	万	千	百	十	元	角	分	兑付日期　年　月　日
							0			复核　　记账

此联代理付款行付款后作联行往账借方凭证附件

图 4-73　银行汇票

付款期限
壹 个 月

中国工商银行

银行汇票（解讫通知） 3 汇票号码 第0005896号

此联代理付款行付款后随报单寄出票行，由出票行作多余款贷方凭证

出票日期
（大写） 贰零壹壹年壹拾贰月零陆日 代理付款行：工行上海嘉定支行 行号：0213728

收款人：上海东方集团有限公司	账号：12345678910112
出票金额 人民币（大写） 伍万元整	

实际结算金额 人民币（大写） 伍万元整	千	百	十	万	千	百	十	元	角	分
			¥	5	0	0	0	0	0	0

申请人：浙江昊阳实业股份有限公司 账号或住址：123456789012345

出票行：工行杭州西湖支行 行号：0571372
备注：货款
代理付款行盖章
复核 经办

密押										科目（借）
多余金额										对方科目（贷）
千	百	十	万	千	百	十	元	角	分	兑付日期 年 月 日
							0			复核 记账

图 4-74 银行汇票（解讫通知）

步骤 4：出纳员按公司财务制度授权规定，分别请公司财务章保管人和法人名章保管人在汇票背面“背书人签章”和“持票人向银行提示付款签章”处加盖预留银行印鉴章（如图 4-75）。

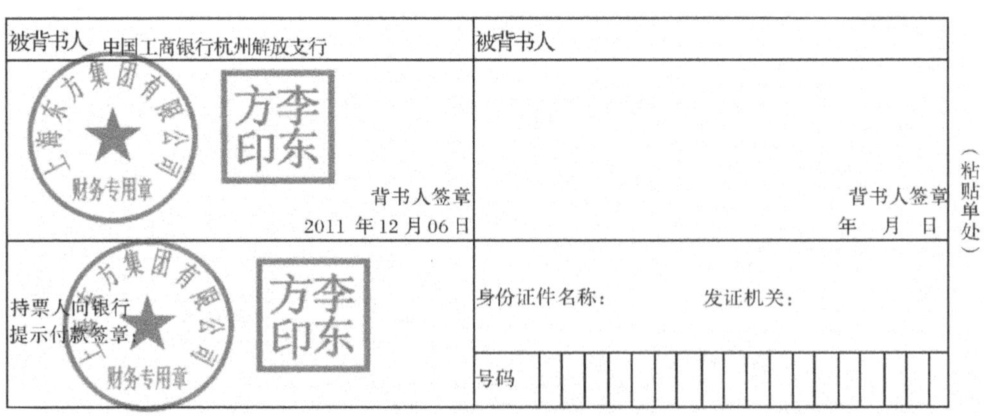
被背书人 中国工商银行杭州解放支行
上海东方集团有限公司 财务专用章
方李印东
背书人签章
2011 年 12 月 06 日
被背书人
背书人签章
年 月 日
（粘贴单处）
持票人向银行提示付款签章：
上海东方集团有限公司 财务专用章
方李印东
身份证件名称： 发证机关：
号码

图 4-75 银行汇票背面

步骤 5：出纳员填写一式三联进账单（如图 4-76、图 4-77、图 4-78）。

工商银行进账单(回单)　　1

2011年 12 月 06 日　　　　第 12 号

出票人	全　称	浙江昊阳实业股份有限公司	付款人	全　称	上海东方集团有限公司
	账　号	123456789012345		账　号	12345678901112
	开户行	中国工商银行杭州西湖支行		开户行	中国工商银行上海嘉定支行

人民币（大写）	伍万元整	千	百	十	万	千	百	十	元	角	分
				¥	5	0	0	0	0	0	0

票据种类	银行汇票	
票据张数	1张	
单位主管　　会计　　复核　　记账		受理银行盖章

此联是受理银行交给持票人的回单

图 4-76　银行进账单(回单)

工商银行进账单(贷方凭证)　　2

2011年 12 月 06 日　　　　第 12 号

出票人	全　称	浙江昊阳实业股份有限公司	付款人	全　称	上海东方集团有限公司
	账　号	123456789012345		账　号	123456789101112
	开户行	中国工商银行杭州西湖支行		开户行	中国工商银行上海嘉定支行

人民币（大写）	伍万元整	千	百	十	万	千	百	十	元	角	分
				¥	5	0	0	0	0	0	0

票据种类	银行汇票	科　目（贷）________
票据张数	1张	对方科目（借）________
		转账日期　　年　月　日
备注:		复核　　记账

此联由收款人开户银行作贷方凭证

图 4-77　银行进账单(贷方凭证)

工商银行进账单(收账通知)　　3

2011年 12 月 06 日　　第 12 号

出票人		付款人	
全　称	浙江昊阳实业股份有限公司	全　称	上海东方集团有限公司
账　号	123456789012345	账　号	123456789101112
开户行	中国工商银行杭州西湖支行	开户行	中国工商银行上海嘉定支行

人民币（大写）	千	百	十	万	千	百	十	元	角	分
伍万元整			¥	5	0	0	0	0	0	0

票据种类	银行汇票
票据张数	1张
单位主管　会计　复核　记账	收款人开户银行盖章

此联是持票人开户银行交给收款人的收账通知

图 4-78　银行进账单(收账通知)

步骤 6:出纳员携带上述处理完的银行汇票和进账单交开户银行办理入账，取得银行盖章后退回的进账单回单联(如图 4-79)，表示已办妥手续，开户银行接受委托同意向付款人收取款项。

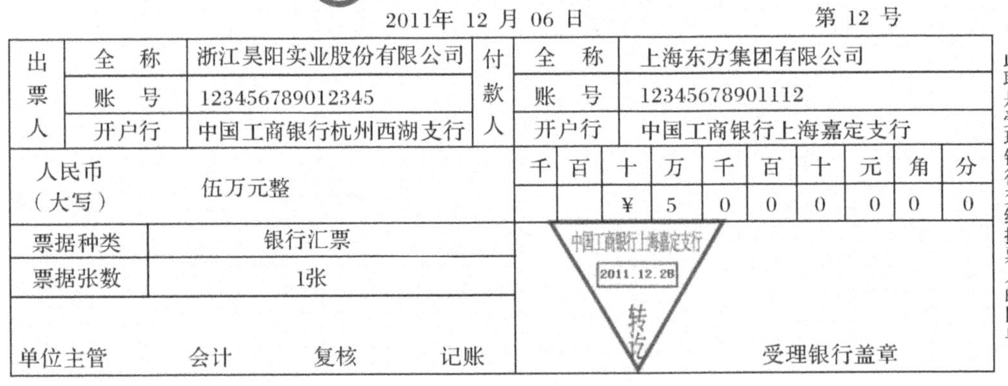

工商银行进账单(回单)　　1

2011年 12 月 06 日　　第 12 号

出票人		付款人	
全　称	浙江昊阳实业股份有限公司	全　称	上海东方集团有限公司
账　号	123456789012345	账　号	12345678901112
开户行	中国工商银行杭州西湖支行	开户行	中国工商银行上海嘉定支行

人民币（大写）	千	百	十	万	千	百	十	元	角	分
伍万元整			¥	5	0	0	0	0	0	0

票据种类	银行汇票
票据张数	1张
单位主管　会计　复核　记账	中国工商银行上海嘉定支行 2011.12.28 转讫　受理银行盖章

此联是受理银行交给持票人的回单

图 4-79　银行进账单(回单)

步骤 7:出纳员收到开户银行签章后退回的进账单第三联收账通知(如图 4-80)，将其和销售发票存根联等一起传递给制单会计，制单会计审核后填制银行存款收款凭证，相关人员审核签章(如图 4-81)。

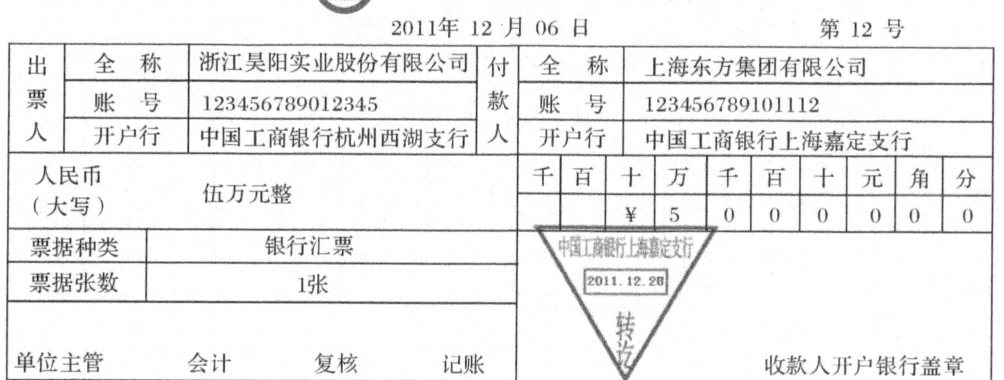

工商银行进账单(收账通知) 3

2011年 12 月 06 日 第 12 号

出票人	全称	浙江昊阳实业股份有限公司	付款人	全称	上海东方集团有限公司
	账号	123456789012345		账号	123456789101112
	开户行	中国工商银行杭州西湖支行		开户行	中国工商银行上海嘉定支行
人民币(大写)	伍万元整		千百十万千百十元角分	¥5000000	
票据种类	银行汇票				
票据张数	1张				
单位主管 会计 复核 记账			收款人开户银行盖章		

图 4-80 银行进账单(收账通知)

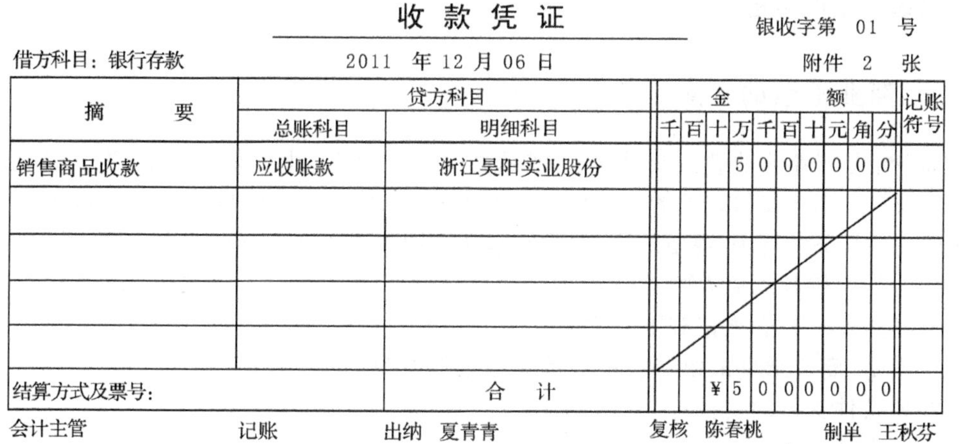

收款凭证 银收字第 01 号

借方科目:银行存款 2011 年 12 月 06 日 附件 2 张

摘要	贷方科目 总账科目	贷方科目 明细科目	千	百	十	万	千	百	十	元	角	分	记账符号
销售商品收款	应收账款	浙江昊阳实业股份				5	0	0	0	0	0	0	
结算方式及票号:		合计			¥	5	0	0	0	0	0	0	

会计主管 记账 出纳 夏青青 复核 陈春桃 制单 王秋芬

图 4-81 银行存款收款凭证

步骤 8:出纳员根据付款凭证逐日逐笔登记银行存款日记账(如图 4-82),会计登记明细分类账和总分类账(账簿略)。

银行存款日记账

开户行名称　中国工商银行上海嘉定支行　　　　银行账号　123456789101112　第　1　页

2011年		凭证号码	摘要	√	借方												贷方												余额											
月	日				十	亿	千	百	十	万	千	百	十	元	角	分	十	亿	千	百	十	万	千	百	十	元	角	分	十	亿	千	百	十	万	千	百	十	元	角	分
			期初余额																													1	0	0	0	0	0	0	0	0
12	6	银收01	销货款							5	0	0	0	0	0	0																1	0	5	0	0	0	0	0	0

图 4-82　银行存款日记账

子情境 4.5　办理商业汇票结算业务

知识与技能准备

一、商业汇票的含义

商业汇票是指由收款人或付款人(或承兑申请人)签发,由承兑人承兑,并于到期日向收款人或被背书人支付款项的一种票据。所谓承兑,是指汇票的付款人愿意负担起票面金额的支付义务的行为,通俗地讲,就是它承认到期将无条件地支付汇票金额的行为。

商业汇票按其承兑人的不同,可以分为商业承兑汇票和银行承兑汇票两种。

签发商业汇票必须记载下列事项:

1. 表明“商业承兑汇票”或“银行承兑汇票”的字样;
2. 无条件支付的委托;
3. 确定的金额;
4. 付款人名称;
5. 收款人名称;
6. 出票日期;
7. 出票人签章。

欠缺记载上述事项之一的,商业汇票无效。

二、商业汇票结算的基本规定

1. 在银行开立账户的法人之间根据购销合同进行商业交易,不论是同城还是异地,都可以使用商业汇票。签发商业汇票必须以合法的商品交易为基础。禁止签发无商品交易的汇票。

2. 商业汇票既可以由付款人签发，也可以由收款人签发。商业承兑汇票由付款人承兑，银行承兑汇票由付款人开户银行承兑。

3. 商业汇票承兑后，承兑人即付款人负到期无条件支付票款的责任。

4. 商业汇票一律为记名式，允许背书转让。

5. 商业汇票承兑期限由交易双方商定，但最长不得超过 6 个月。

三、商业汇票的结算程序

1. 商业承兑汇票

商业承兑汇票是指由收款人签发，经付款人承兑，或者由付款人签发并承兑的汇票。

商业承兑汇票的结算程序如图 4-83 所示。

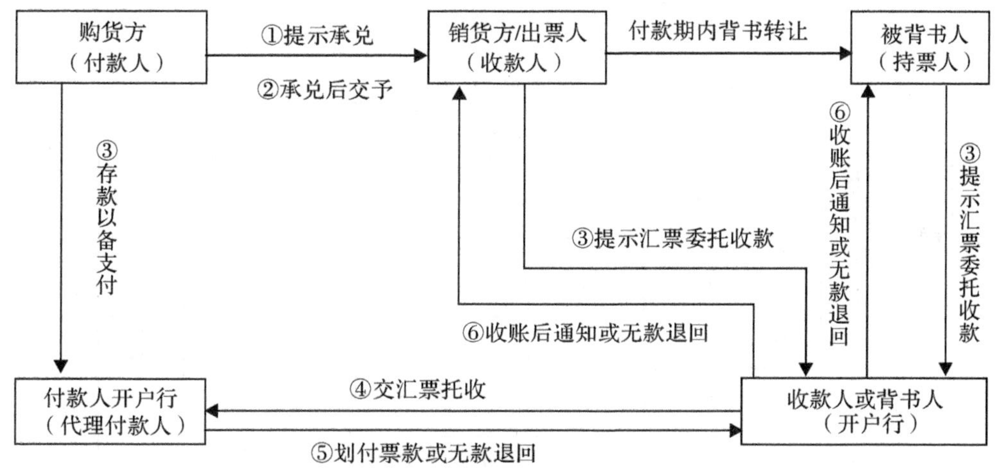

图 4-83　商业承兑汇票的结算程序

(1)签发汇票。商业承兑汇票按照双方协定，可以由付款单位签发，也可以由收款人签发。商业承兑汇票一式三联，第一联为卡片，由承兑人(付款单位)留存；第二联为商业承兑汇票，由收款人开户银行随结算凭证寄付款人开户银行作付出传票附件；第三联为存根联，由签发人存查。商业承兑汇票由付款单位承兑。付款单位承兑时，无须填写承兑协议，也不通过银行办理，因而也就无须向银行支付手续费，只需在商业承兑汇票的第二联正面签署“承兑”字样并加盖预留银行的印签后，交给收款单位。由收款人签发的商业承兑汇票，应先交付款单位承兑，再交收款单位专类保管。商业承兑汇票格式如图 4-84、图 4-85、图 4-86 所示。

商业承兑汇票（卡片）　1　汇票号码

出票日期（大写）　年　月　日　　　第　号

付款行	全称			收款行	全称									
	账号				账号									
	开户银行	行号			开户银行		行号							
出票金额	人民币（大写）				千	百	十	万	千	百	十	元	角	分
汇票到期日		合同号码												
出票人签章					备注：									

此联承兑人留存

图 4-84　商业承兑汇票(卡片)

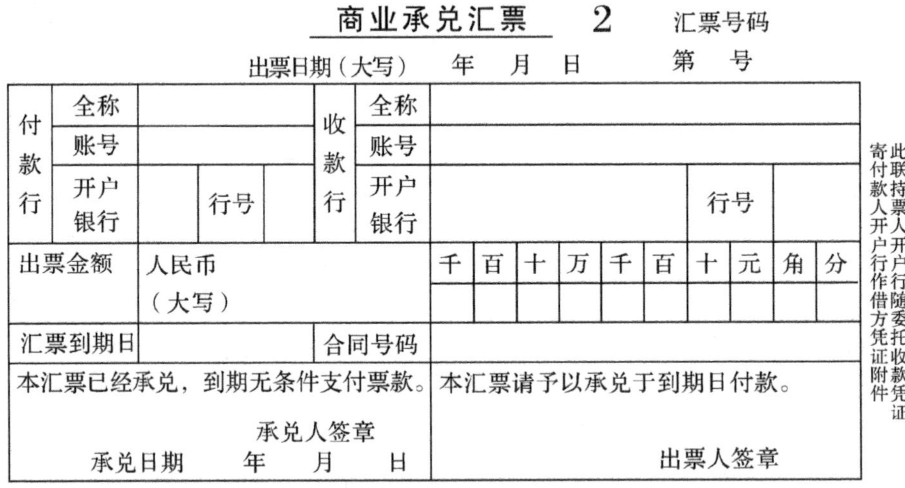

商业承兑汇票　2　汇票号码

出票日期（大写）　年　月　日　　　第　号

付款行	全称			收款行	全称									
	账号				账号									
	开户银行	行号			开户银行		行号							
出票金额	人民币（大写）				千	百	十	万	千	百	十	元	角	分
汇票到期日		合同号码												
本汇票已经承兑，到期无条件支付票款。承兑人签章　承兑日期　年　月　日					本汇票请予以承兑于到期日付款。出票人签章									

此联持票人开户行随委托收款凭证寄付款人开户行作借方凭证附件

图 4-85　商业承兑汇票

(2)委托银行收款。作为收款单位，计算从本单位至付款人开户银行的邮程，在汇票到期前，提前委托银行收款。委托银行收款时，应填写一式五联的“托收凭证”(如图 4-87、图 4-88、图 4-89、图 4-90、图 4-91)，在其中“托收凭据名称”栏内注明“商业承兑汇票”字样及汇票号码，在商业承兑汇票第二联背面加盖收款单位预留银行印鉴章后，一并送交开户银行。开户银行审查后办理有关收款手续，并将盖章后的“托收凭证”第一联退回给收款单位保存。

商业承兑汇票（存根）　3　汇票号码

出票日期（大写）　年　月　日　　第　号

付款行	全称				收款行	全称											
	账号					账号											
	开户银行		行号			开户银行							行号				
出票金额		人民币（大写）					千	百	十	万	千	百	十	元	角	分	
汇票到期日					合同号码												
备注：																	

此联出票人存查

图 4-86　商业承兑汇票（存根）

托收凭证（受理回单）　1　托收号码

委托日期　年　月　日

业务类型	委托收款（□邮划、□电划）				托收承付（□邮划、□电划）													
付款行	全称				收款行	全称												
	账号					账号												
	地址	省　市县	开户行			地址	省　市县		开户行									
金额	人民币（大写）								千	百	十	万	千	百	十	元	角	分
款项内容		托收凭据名称		附寄单证张数														
商品发运情况		合同名称号码																
备注：		款项收妥日期　年　月　日		收款人开户行盖章　年　月　日														

此联是收款人开户行给收款人的回单

图 4-87　托收凭证（受理回单）

托收凭证（贷方凭证） 2 托收号码

委托日期 年 月 日

业务类型	委托收款（□邮划、□电划）			托收承付（□邮划、□电划）		
付款行	全称		收款行	全称		
	账号			账号		
	地址	省 市 县 开户行		地址	省 市 县 开户行	
金额	人民币（大写）			千百十万千百十元角分		
款项内容		托收凭据名称		附寄单证张数		
商品发运情况		合同名称号码				
备注： 收款人开户银行收到日期： 年 月 日	上列款项随付有关债务证明，请予以办理。 收款人签章	复核 记账				

此联是收款人开户行作贷方凭证

图 4-88 托收凭证（贷方凭证）

托收凭证（借方凭证） 3 托收号码

委托日期 年 月 日 付款期限 年 月 日

业务类型	委托收款（□邮划、□电划）			托收承付（□邮划、□电划）		
付款行	全称		收款行	全称		
	账号			账号		
	地址	省 市 县 开户行		地址	省 市 县 开户行	
金额	人民币（大写）			千百十万千百十元角分		
款项内容		托收凭据名称		附寄单证张数		
商品发运情况		合同名称号码				
备注： 付款人开户银行收到日期： 年 月 日	收款人开户银行签章 年 月 日	复核 记账				

此联是收款人开户行作借方凭证

图 4-89 托收凭证（借方凭证）

托收凭证（汇款依据或收账通知）　　4　　托收号码

委托日期　　年　月　日　　　　付款期限　　年　月　日

业务类型	委托收款（□邮划、□电划）			托收承付（□邮划、□电划）			
付款行	全称			收款行	全称		
	账号				账号		
	地址	省　市　县	开户行		地址	省　市　县	开户行
金额	人民币（大写）			千 百 十 万 千 百 十 元 角 分			
款项内容		托收凭据名称		附寄单证张数			
商品发运情况		合同名称号码					
备注： 复核　　记账		上列款项已划回收入方账户内 收款人开户银行签章 年　月　日					

此联是收款人开户行作收账通知

图 4-90　托收凭证（汇款依据或收账通知）

托收凭证（付款通知）　　5　　托收号码

委托日期　　年　月　日　　　　付款期限　　年　月　日

业务类型	委托收款（□邮划、□电划）			托收承付（□邮划、□电划）			
付款行	全称			收款行	全称		
	账号				账号		
	地址	省　市　县	开户行		地址	省　市　县	开户行
金额	人民币（大写）			千 百 十 万 千 百 十 元 角 分			
款项内容		托收凭据名称		附寄单证张数			
商品发运情况		合同名称号码					
备注： 付款人开户银行收到日期： 年　月　日		付款人开户银行签章： 年　月　日					

此联是付款人开户行给付款人按期付款通知

图 4-91　托收凭证（付款通知）

（3）到期兑付。商业承兑汇票到期，付款单位存款账户无款支付或不足支付时，付款单位开户银行将按规定按照商业承兑汇票票面金额的5%收取罚金，不足50元的按50元收取，并通知付款单位送回托收凭证及所附商业承兑汇票。付款单位应在接到通知的次日起2天内将托收凭证第五联及商业承兑汇票第二联退回开户银行。付款单位开户银行收到付款单位退回的托收凭证和商业承兑汇票后，应在其收存的托收凭证第三联和第四联"转账原因"栏注明"无款支付"字样并加盖银行业务公章后，一并退回收款单位开户银行转交给收款单位，再由收款单位和付款单位自行协商票款的清偿问题。

如果付款单位财务部门已将托收凭证第五联及商业承兑汇票第二联作了账务处理因而无法退回时，可以填制一式二联"应付款项证明单"（如图4-92），将其第一联送付款单位开户银行，由其连同其他凭证一并退回收款单位开户银行再转交收款单位。

应付款项证明单

年　月　日　　　　第　号

收款人名称		付款人名称	
单证名称		单证编号	
单证日期		单证内容	
单位未退回原因：		我单位应付款项： 人民币（大写） 付款人盖章	

图4-92　应付款项证明单

（注：此单一式二联。第一联通过银行转交收款人作为应收款项的凭据，第二联付款人留存作为应付款项的凭据。）

付款单位无力支付而退回商业承兑汇票时，应编制转账凭证，将应付票据转为应付账款，其会计分录为：

借：应付票据

　贷：应付账款

并在"应付票据备查登记簿"（如图4-108）中加以登记。

收款单位收到其开户银行转来的付款单位退回的商业承兑汇票时，应编制转账凭证，将应收票据转为应收账款，其会计分录为：

借：应收账款

　贷：应收票据

同样也应在"应收票据备查登记簿"（如图4-109）中加以记录。

如果付款单位与收款单位经过协商，继续采用商业承兑汇票方式进行结算，应另开商业承兑汇票，并编制转账凭证，其会计分录为：

借:应付账款

　贷:应付票据

同样收款单位在收到付款单位承兑的商业承兑汇票后,也应作转账凭证,其会计分录为:

借:应收票据

　贷:应收账款

付款单位在收到其开户银行转来的因无力支付票据而收取的罚金凭证时,应按规定作银行存款付款凭证,其会计分录为:

借:营业外支出

　贷:银行存款

实务技能训练案例 4-5

2011 年 08 月 10 日,浙江昊阳实业股份有限公司以商业承兑汇票结算方式偿还上海东方集团有限公司童装购货款 30 000 元,期限 4 个月。交易合同号码为:XI556268。2011 年 12 月 10 日,票据到期,支付票款。

企业相关信息资料见[实务技能训练案例 4-4]。

实务操作

一、浙江昊阳实业股份有限公司商业承兑汇票业务办理主要操作步骤

步骤 1:昊阳公司出纳员根据业务实际情况,签发商业承兑汇票(如图 4-93)。

商业承兑汇票　2　汇票号码

出票日期(大写)贰零壹壹年零捌月零壹拾日　第00688号

<table>
<tr><td rowspan="3">付款行</td><td>全称</td><td>浙江昊阳实业股份有限公司</td><td rowspan="3">收款行</td><td>全称</td><td colspan="10">上海东方集团有限公司</td></tr>
<tr><td>账号</td><td>123456789012345</td><td>账号</td><td colspan="10">123456789101112</td></tr>
<tr><td>开户银行</td><td>中国工商银行杭州西湖支行</td><td>开户银行</td><td colspan="10">中国工商银行上海嘉定支行</td></tr>
<tr><td colspan="2" rowspan="2">出票金额</td><td rowspan="2">人民币（大写）</td><td colspan="2" rowspan="2">叁万元整</td><td>千</td><td>百</td><td>十</td><td>万</td><td>千</td><td>百</td><td>十</td><td>元</td><td>角</td><td>分</td></tr>
<tr><td></td><td></td><td>¥</td><td>3</td><td>0</td><td>0</td><td>0</td><td>0</td><td>0</td><td>0</td></tr>
<tr><td colspan="2">汇票到期日</td><td>贰零壹壹年壹拾贰月零壹拾日</td><td colspan="2">合同号码</td><td colspan="10">XI556268</td></tr>
<tr><td colspan="5">本汇票已经承兑，到期无条件支付票款。
承兑人签章
承兑日期 2011年08月10日</td><td colspan="10">本汇票请予以承兑于到期日付款。
出票人签章</td></tr>
</table>

此联持票人开户行随委托收款凭证寄付款人开户行作借方凭证附件

图 4-93　商业承兑汇票

步骤 2：昊阳公司会计主管在商业承兑汇票的第二联正面承兑人签章栏内签署“承兑”字样和承兑日期，并按公司财务制度授权加盖预留银行印鉴章（如图 4-94）。

商业承兑汇票　　2　　汇票号码

出票日期（大写）贰零壹壹年零捌月零壹拾日　　第00688号

付款行	全称	浙江昊阳实业股份有限公司	收款行	全称	上海东方集团有限公司
	账号	123456789012345		账号	123456789101112
	开户银行	中国工商银行杭州西湖支行		开户银行	中国工商银行上海嘉定支行
出票金额	人民币（大写）	叁万元整		千百十万千百十元角分	¥3000000
汇票到期日	贰零壹壹年壹拾贰月零壹拾日		合同号码	XI556268	
本汇票已经承兑，到期无条件支付票款。 承兑人签章 承兑日期 2011年08月10日			本汇票请予以承兑于到期日付款。 出票人签章		

此联持票人开户行随委托收款凭证寄付款人开户行作借方凭证附件

图 4-94　商业承兑汇票

步骤 3：出纳员将商业承兑汇票第二联交与收款人以偿还货款，同时登记“应付票据备查登记簿”。

步骤 4：若到 12 月 10 日，票据到期，收款单位持票到开户银行入账。收款单位开户行将托收凭证和汇票寄往付款单位开户行。付款单位开户行将托收凭证第五联（图 4-95）交付昊阳公司。

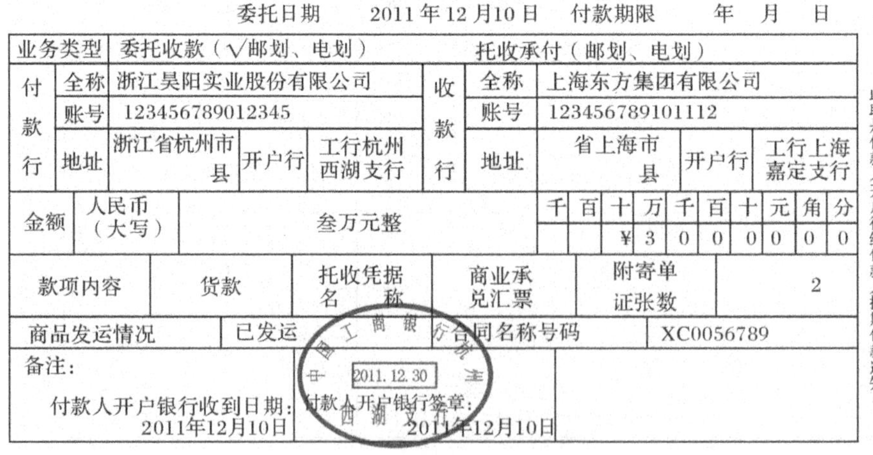

托收凭证（付款通知）　　5　　托收号码

委托日期　2011 年 12 月10 日　付款期限　　年　月　日

业务类型	委托收款（√邮划、电划）			托收承付（邮划、电划）			
付款行	全称	浙江昊阳实业股份有限公司		收款行	全称	上海东方集团有限公司	
	账号	123456789012345			账号	123456789101112	
	地址	浙江省杭州市县	开户行：工行杭州西湖支行		地址	省上海市县	开户行：工行上海嘉定支行
金额	人民币（大写）	叁万元整				千百十万千百十元角分	¥3000000
款项内容	货款	托收凭据名称	商业承兑汇票	附寄单证张数	2		
商品发运情况	已发运		合同名称号码	XC0056789			
备注： 付款人开户银行收到日期：2011年12月10日		付款人开户银行签章：2011年12月10日					

此联是付款人开户行给付款人按期付款通知

图 4-95　托收凭证（付款通知）

步骤 5:会计根据审核无误的付款通知,填制银行存款付款凭证,相关人员审核签章(如图 4-96)。

付 款 凭 证

银付字第 04 号

贷方科目:银行存款　　　　2011 年12 月10 日　　　　附件 1 张

摘要	借方科目		金额										记账符号
	总账科目	明细科目	千	百	十	万	千	百	十	元	角	分	
支付到期商业承兑汇票	应付票据	上海东方集团公司				3	0	0	0	0	0	0	
结算方式及票号:		合 计			¥	3	0	0	0	0	0	0	

会计主管　　　记账　　　出纳 汪小婕　　　复核 李朝阳　　　制单 唐雅莉

图 4-96　银行存款付款凭证

步骤 6:出纳员根据银行存款付款凭证逐日逐笔登记银行存款日记账(如图 4-97),同时登记"应付票据备查登记簿"。会计登记明细分类账和总分类账(账簿略)。

银行存款日记账

开户行名称　中国工商银行杭州西湖支行　　　　银行账号　123456789012345　　第 1 页

2011 年		凭证号码	摘要	√	借方												贷方												余额											
月	日				十	亿	千	百	十	万	千	百	十	元	角	分	十	亿	千	百	十	万	千	百	十	元	角	分	十	亿	千	百	十	万	千	百	十	元	角	分
			期初余额																													1	0	0	0	0	0	0	0	0
12	1	银付 01	购货款																			2	3	4	0	0	0	0					9	7	6	6	0	0	0	0
12	3	银付 02	申请银行本票																			2	0	0	2	0	0	0					9	5	6	5	8	0	0	0
12	6	银付 03	申请银行汇票																			5	0	0	2	0	0	0					9	0	6	5	6	0	0	0
12	10	银付 04	支付商业承兑汇票																			3	0	0	0	0	0	0					8	7	6	5	6	0	0	0

图 4-97　银行存款日记账

二、上海东方集团有限公司商业承兑汇票业务办理主要操作步骤

步骤 1:取得商业承兑汇票(如图 4-94)。会计编制转账凭证,借记"应收票据——昊阳公司",贷记"主营业务收入"和"应交税费——应交增值税(销项税额)",如之前已

确认收入，则贷记"应收账款——昊阳公司"，并根据转账凭证登记账簿。出纳员登记"应收票据登记簿"。

步骤 2：出纳员在商业承兑汇票到期前，提前委托银行收款，填写"托收凭证"一式五联，其中第二联如图 4-98 所示。

托收凭证（贷方凭证）　　2　　托收号码

委托日期　2011 年 12 月 10 日

业务类型		委托收款（√邮划、 电划）			托收承付（ 邮划、 电划）			
付款行	全称	浙江昊阳实业股份有限公司			收款行	全称	上海东方集团有限公司	
	账号	123456789012345				账号	123456789101112	
	地址	浙江省杭州市 县	开户行	工行杭州西湖支行		地址	省上海市 县	开户行 工行上海嘉定支行
金额	人民币（大写）	叁万元整			千 百 十 万 千 百 十 元 角 分		¥ 3 0 0 0 0 0 0	
款项内容	货款	托收凭据名称	商业承兑汇票		附寄单证张数	2		
商品发运情况	已发运		合同名称号码		XC0056789			
备注： 收款人开户银行收到日期： 2011 年 12 月 10 日		上列款项随附有关债务证明，请予办理。 收款人签章			复核　　记账			

此联是收款人开户行作贷方凭证

图 4-98　委托收款凭证

步骤 3：出纳员在商业承兑汇票背面加盖收款单位预留银行印鉴（如图 4-99）后，与委托收款凭证一并送交开户银行，取得托收凭证回执。

被背书人 中国工商银行上海嘉定支行	被背书人
背书人签章 2011 年 12 月 10 日	背书人签章 年　月　日
持票人向银行提示付款签章：	身份证件名称：　　发证机关： 号码

（粘贴单处）

图 4-99　商业承兑汇票背面

步骤 4:会计根据“托收凭证”收账通知填制收款凭证,相关人员审核签章(如图 4-100)。

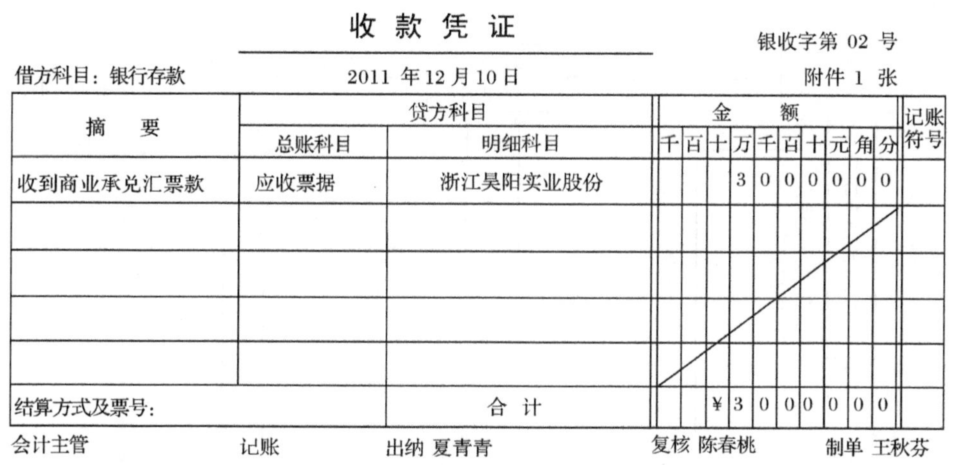

收 款 凭 证

银收字第 02 号

借方科目: 银行存款　　　　2011 年 12 月 10 日　　　　附件 1 张

摘　要	贷方科目		金　额										记账符号
	总账科目	明细科目	千	百	十	万	千	百	十	元	角	分	
收到商业承兑汇票款	应收票据	浙江昊阳实业股份				3	0	0	0	0	0	0	
结算方式及票号:		合　计			¥	3	0	0	0	0	0	0	

会计主管　　记账　　出纳 夏青青　　复核 陈春桃　　制单 王秋芬

图 4-100　银行存款收款凭证

步骤 5:出纳员根据银行存款收款凭证逐日逐笔登记银行存款日记账(如图4-101),同时依据原始凭证登记“应收票据备查簿”。会计登记明细分类账和总分类账(账簿略)。

银行存款日记账

开户行名称　中国工商银行上海嘉定支行　　　　银行账号　123456789101112　第　1　页

2011 年		凭证号码	摘　要	√	借　方												贷　方												余　额											
月	日				十	亿	千	百	十	万	千	百	十	元	角	分	十	亿	千	百	十	万	千	百	十	元	角	分	十	亿	千	百	十	万	千	百	十	元	角	分
			期初余额																													1	0	0	0	0	0	0	0	0
12	6	银收 01	销货款							5	0	0	0	0	0	0																1	0	5	0	0	0	0	0	0
12	10	银收 02	商业承兑汇票到期							3	0	0	0	0	0	0																1	0	8	0	0	0	0	0	0

图 4-101　银行存款日记账

2.银行承兑汇票

银行承兑汇票是指由收款人或承兑申请人签发，并由承兑申请人向开户银行申请，经银行审查同意承兑的汇票。

银行承兑汇票的结算程序如图 4-102 所示。

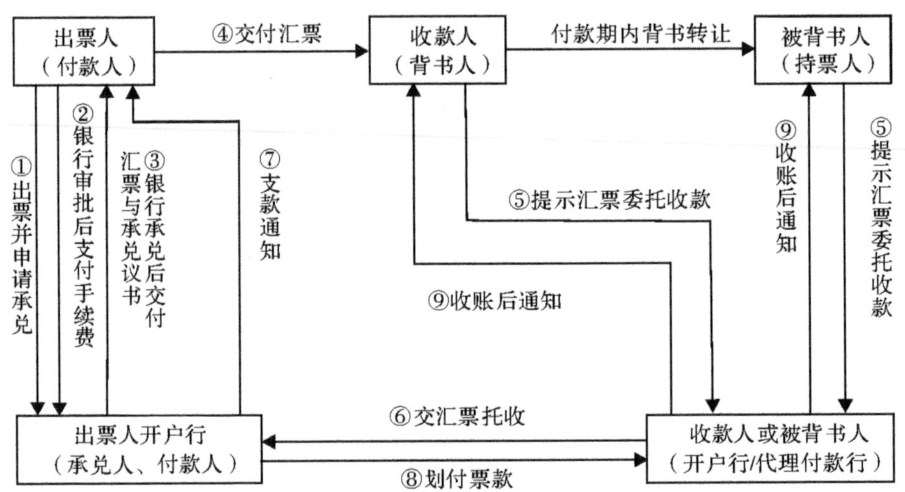

图 4-102　银行承兑汇票的结算程序

(1)签订交易合同。作为销货方，如果对方的商业信用不佳，或者对对方的信用状况不甚了解或信心不足，使用银行承兑汇票较为稳妥。因为银行承兑汇票由银行承兑，由银行信用作为保证，因而能保证及时地收回货款。

(2)签发汇票。

①填制“银行承兑汇票申请书”。付款单位出纳员根据购销合同填制“银行承兑汇票申请书”，主管会计审核无误后加盖财务专用章，法人印章保管者审核无误后加盖法人名章。“银行承兑汇票申请书”格式如图 4-103。

银行承兑汇票申请书

金额单位：元　　　　编号：

申请人名称				在承兑行结算户帐号		
申请承兑汇票	收款人		开户行		存款帐号	
	金额	（大写）			（小写）	
	到期日	年　月　日			交易合同号码	
承兑直接用途	进货名称	数量	金额	进货名称	数量	金额
填表日止未到期银行承兑汇票情况记录	到期年月					
	金　额					
本年内银行贷款到期情况	到期年月					
	金　额					
填表日止已逾期贷款				欠交银行利息		

申请人财务数据	项　目	上月止累计	上年同期	项　目	上月止累计	上年同期
	工业总产值			产品销售成本		
	（商品）购进总额			销售税金		
	销售收入			利润总额		
本笔承兑汇票申请采用的担保方式（保证人名称）						

申请开票的原因：

中国工商银行＿＿＿＿行：

我单位于＿＿年＿＿月＿＿日与＿＿＿＿省（区）＿＿＿＿市（县）的＿＿＿＿已签订购入＿＿＿＿，金额＿＿＿＿元，双方商定期＿＿月后付款，采用银行承兑汇票方式结算，期限＿＿＿个月，特向你行申请承兑，　时我单位保证按期付款，资金支付方式为：

承兑申请人（公章）　　　　法人代表（签字）：

年　　月　　日

注：此表为申请人填写，并随本表向银行报送下列材料：

1. 购销合同。
2. 承兑协议书。
3. 有关担保材料。
4. 开户行要求报送的其他资料。

图 4–103　银行承兑汇票申请书

②签发银行承兑汇票。付款方按照双方签订的合同的规定，签发银行承兑汇票。银行承兑汇票的签发有手写和机打两种。手写由出纳填写，机打由开户银行出具。银行承兑汇票一式三联，第一联为卡片，由承兑银行留查，到期支付票款时作借方凭证附件；第二联由收款人开户行随托收凭证寄付款行作借方凭证附件，银行承兑汇票背书转让时，在此联背面加盖背书人的银行预留印鉴章；第三联为存根联，由出票人存查。银行承兑汇票的基本格式如图 4-104、图 4-105、图 4-106 所示。

银行承兑汇票(卡片)　　1　　汇票号码

出票日期(大写)　　年　月　日　　第　号

<table>
<tr><td>出票人全称</td><td colspan="3"></td><td rowspan="3">收款行</td><td>全　称</td><td colspan="10"></td></tr>
<tr><td>出票人账号</td><td colspan="3"></td><td>账　号</td><td colspan="10"></td></tr>
<tr><td>付款行全称</td><td></td><td>行号</td><td></td><td>开户行</td><td colspan="5"></td><td>行号</td><td colspan="4"></td></tr>
<tr><td rowspan="2">出票金额</td><td colspan="5" rowspan="2">人民币
(大写)</td><td>千</td><td>百</td><td>十</td><td>万</td><td>千</td><td>百</td><td>十</td><td>元</td><td>角</td><td>分</td></tr>
<tr><td></td><td></td><td></td><td></td><td></td><td></td><td></td><td></td><td></td><td></td></tr>
<tr><td>汇票到期日</td><td colspan="3"></td><td colspan="2">合同号码</td><td colspan="10"></td></tr>
<tr><td colspan="4" rowspan="2">本汇票请你行承兑，此项汇票款我单位按承兑协议于到期日前足额存你行，到期请予以支付。
出票人签章
年　月　日</td><td colspan="2"></td><td colspan="10">承兑协议编号：
科目(借)
对方科目(贷)
转账　年　月　日
复核　记账</td></tr>
<tr><td colspan="2">备注：</td><td colspan="10"></td></tr>
</table>

此联承兑行留存备查，到期支付票款时作借方凭证附件

图 4-104　银行承兑汇票(卡片)

银行承兑汇票　　2　　汇票号码

出票日期(大写)　　年　月　日　　第　号

<table>
<tr><td>出票人全称</td><td colspan="3"></td><td rowspan="3">收款行</td><td>全　称</td><td colspan="10"></td></tr>
<tr><td>出票人账号</td><td colspan="3"></td><td>账　号</td><td colspan="10"></td></tr>
<tr><td>付款行全称</td><td></td><td>行号</td><td></td><td>开户行</td><td colspan="5"></td><td>行号</td><td colspan="4"></td></tr>
<tr><td rowspan="2">出票金额</td><td colspan="5" rowspan="2">人民币
(大写)</td><td>千</td><td>百</td><td>十</td><td>万</td><td>千</td><td>百</td><td>十</td><td>元</td><td>角</td><td>分</td></tr>
<tr><td></td><td></td><td></td><td></td><td></td><td></td><td></td><td></td><td></td><td></td></tr>
<tr><td>汇票到期日</td><td colspan="3"></td><td colspan="2">合同号码</td><td colspan="10"></td></tr>
<tr><td colspan="4" rowspan="2">本汇票请你行承兑，此项汇票款我单位按承兑协议于到期日前足额存你行，到期请予以支付。
出票人签章
年　月　日</td><td colspan="2">本汇票已经承兑，到期日由本行付款。
承兑行签章
年　月　日</td><td colspan="10">承兑协议编号：
科目(借)
对方科目(贷)
转账　年　月　日
复核　记账</td></tr>
<tr><td colspan="2">备注：</td><td colspan="10"></td></tr>
</table>

此联收款人开户行随委托收款凭证寄付款行作借方凭证附件

图 4-105　银行承兑汇票

银行承兑汇票(存根)　　3　　汇票号码

出票日期(大写)　　年　月　日　　第　号

<table>
<tr><td>出票人全称</td><td colspan="3"></td><td rowspan="3">收款行</td><td>全　称</td><td colspan="3"></td></tr>
<tr><td>出票人账号</td><td colspan="3"></td><td>账　号</td><td colspan="3"></td></tr>
<tr><td>付款行全称</td><td></td><td>行号</td><td></td><td>开户行</td><td></td><td>行号</td><td></td></tr>
<tr><td>出票金额</td><td colspan="5">人民币
(大写)</td><td colspan="3">千 百 十 万 千 百 十 元 角 分</td></tr>
<tr><td>汇票到期日</td><td colspan="3"></td><td colspan="2">合同号码</td><td colspan="3"></td></tr>
<tr><td colspan="4" rowspan="2"></td><td colspan="2"></td><td colspan="3">承兑协议编号：</td></tr>
<tr><td colspan="2">备注：</td><td colspan="3"></td></tr>
</table>

此联出票人存查

图 4-106　银行承兑汇票(存根)

(3)汇票承兑。

①填制“银行承兑协议”。银行承兑汇票填制完毕后,出纳应将汇票的有关内容与交易合同进行核对,核对无误后填制“银行承兑协议”,并在“承兑申请人”处加盖公章。银行承兑协议一式三联,其内容主要是汇票的基本内容,汇票经银行承兑后承兑申请人应遵守的基本条款等。银行承兑协议的基本格式如图 4-107 所示。

②递交开户银行信贷部门申请承兑。付款单位将一式三联银行承兑汇票(其中第一联、第二联加盖预留银行的印鉴)连同交易合同和一式三联银行承兑协议等资料一并递交开户银行信贷部门申请承兑。银行信贷部门经过审查符合条件的,银行按有关审批权限报经

银行承兑协议

编号：________

银行承兑汇票的内容：

出票人全称 ________　收款人全称 ________

开户银行 ________　开户银行 ________

账号 ________　账号 ________

汇票号码 ________　汇票金额(大写) ________

出票日期　年　月　日　到期日期　年　月　日

以上汇票经银行承兑,出票人愿遵守《支付结算办法》的规定及下列条款：

一、出票人于汇票到期日前将应付票款足额交存承兑银行。

二、承兑手续费按票面金额万分之(　)计算,在银行承兑时一次付清。

三、出票人与持票人如发生任何纠纷,均由双方自行处理,票款于到期前仍按第一条办理不误。

四、承兑汇票到期日,承兑银行凭票无条件支付票款,如到期日之前出票人不能足额支付票款时,承兑银行将不足部分的票款转作出票人逾期贷款,并按照有关规定计算罚息。

五、承兑汇票款付清后,本协议自动失效。

承兑银行签章　　出票人签章

订立承兑协议日期　年　月　日

图 4-107　银行承兑协议

批准后，在“银行承兑协议”上“承兑银行”处盖章，并将“银行承兑协议”第一联留存银行信贷部门，其余退给付款单位。

③递交开户银行会计部门盖章。付款单位持银行信贷部门退回的一式三联银行承兑汇票和银行承兑协议第二联、第三联交开户银行会计部门办理有关手续。银行会计部门审核后在银行承兑汇票各联次上注明承兑协议编号，并在第二联汇票“承兑银行盖章”处加盖银行汇票专用章，用总行统一订制的压数机在“汇票金额”栏小写金额的下端压印汇票金额，留下银行承兑汇票第一联(卡片)和承兑协议第三联(副本)备查，将其余退回付款单位。付款单位将银行会计部门退回的银行承兑汇票第二联、第三联和银行承兑协议第二联交财务部门，由专人保管。

(4)支付手续费。按照“银行承兑协议”的规定，付款单位办理承兑手续需向承兑银行支付手续费，由开户银行从付款单位存款户中扣收。按照现行规定，银行承兑手续费按银行承兑汇票票面金额的千分之一计收，每笔手续费不足 10 元的，按 10 元计收。

付款单位按规定向银行支付手续费时，应填制银行存款付款凭证，其会计分录为：

借:财务费用

　贷:银行存款

(5)寄交银行承兑汇票。付款单位按照交易合同规定，向供货方购货，将经过银行承兑后的汇票第二联寄交收款单位，以便收款单位到期收款或背书转让。付款单位寄交汇票后，编制转账凭证，其会计分录为：

借:原材料(库存商品)等

　应交税费——应交增值税(进项税额)

　贷:应付票据

出纳员在寄交汇票时，应同时登记“应付票据备查簿”，逐项登记发出票据的种类(银行承兑汇票)、交易合同号、票据编号、签发日期、到期日期、收款单位及汇票金额等内容。“应付票据备查簿”的基本格式见表 4-108。

应付票据备查登记簿

票据种类　　　　总第　　页

分第　　页

年		凭证		摘要	合同字号	票据基本情况					到期付款		延期付款	
月	日	字	号			号码	签发日期	到期日期	收款人	金额	日期	金额	日期	金额

图 4-108　应付票据备查登记簿

收款单位财务部门收到付款单位的银行承兑汇票时，应按规定编制转账凭证。其会计分录为：

借：应收票据

　贷：主营业务收入

　　应交税费——应交增值税（销项税额）

收款单位出纳员据此登记“应收票据备查簿”，逐项填写备查簿中汇票种类（银行承兑汇票）、交易合同号、票据编号、签发日期、到期日期、票面金额、付款单位、承兑单位等有关内容。“应收票据备查簿”基本格式如表 4-109。

应收票据备查登记簿

票据种类　　　　　　总第　　页

分第　　页

年		凭证		摘要	合同		票据基本情况				承兑人及单位名称	背书人及单位名称	贴现		承兑		转让			
月	日	字	号		字	号	号码	签发日期	到期日期	金额			日期	净额	日期	金额	日期	受理单位	票面金额	实收金额

图 4-109　应收票据备查登记簿

（6）交存票款。按照银行承兑协议的规定，承兑申请人即付款人应于汇票到期前将票款足额地交存其开户银行（即承兑银行），以便承兑银行于汇票到期日将款项划拨给收款单位或贴现银行。

（7）委托银行收款。汇票到期日，收款单位应填制一式三联进账单，并在银行承兑汇票第二联背面加盖预留银行的印鉴，将汇票和进账单一并送交其开户银行，委托开户银行收款。开户银行按规定审查无误后将办理汇票收款业务。收款单位根据银行退回的进账单收账通知编制银行存款收款凭证，其会计分录为：

借：银行存款

　贷：应收票据

同时在“应收票据备查簿”上登记承兑的日期和金额情况，并在注销栏内予以注销。

承兑银行按照规定办理银行承兑汇票票款划拨，并向付款单位发出付款通知，付款单位收到银行支付到期汇票的付款通知，编制银行存款付款凭证，其会计分录为：

借:应付票据

　贷:银行存款

同时在“应付票据备查簿”上登记到期付款的日期和金额,并在注销栏内予以注销。

如果汇票到期,而承兑申请人无款支付或不足支付的,承兑银行将继续向收款单位开户银行划拨资金,同时按照承兑协议规定将不足支付的票款转入承兑申请人的逾期贷款账户,对不足支付票款每天计收罚息,同时向承兑申请人开送特种转账传票说明情况。

付款单位因无款支付或不足支付而收到银行转来的特种转账传票时,应编制转账凭证,其会计分录为:

借:应付票据

　贷:短期借款(不足支付部分)

　　银行存款(已支付部分)

同时在“应付票据备查簿”中加以记录。

对于因无款支付或不足支付的罚息,应在收到银行罚息通知时,作银行存款付款凭证,其会计分录为:

借:营业外支出

　贷:银行存款

实务技能训练案例 4-6

2011 年 06 月 25 日,浙江昊阳实业股份有限公司以银行承兑汇票结算方式偿还上海东方集团有限公司童装购货款 30 000 元,期限 6 个月。手续费 20 元。2011 年 12 月 25 日,票据到期,支付票款。

企业相关信息见[实务技能训练案例 4-4]。

实务操作

一、浙江昊阳实业股份有限公司银行承兑汇票业务办理主要操作步骤

步骤 1:出纳员按照双方签订的商品交易合同规定,填写“银行承兑汇票申请书”(如图 4-110)。

银行承兑汇票申请书

金额单位：元　　　　编号：

申请人名称		浙江昊阳实业股份有限公司		在承兑行结算户帐号		123456789012345
申请承兑汇票	收款人	上海东方集团有限公司	开户行	工行上海嘉定支行	存款帐号	123456789101112
	金额	（大写）　叁万元整		（小写）		￥30000.00
	到期日	2011 年 12 月 25 日		交易合同号码		2011-30

承兑直接用途	进货名称	数量	金额	进货名称	数量	金额
	童装	300	300000			

填表日止未到期银行承兑汇票情况记录	到期年月					
	金　额					
本年内银行贷款到期情况	到期年月					
	金　额					
填表日止已逾期贷款			欠交银行利息			

申请人财务数据	项　目	上月止累计	上年同期	项　目	上月止累计	上年同期
	工业总产值			产品销售成本		
	（商品）购进总额			销售税金		
	销售收入			利润总额		
本笔承兑汇票申请采用的担保方式（保证人名称）						

申请开票的原因：

购货，支付货款

中国工商银行　　杭州西湖支　　行：

我单位于2011年06月25日与　　省(区)上海市（县）的上海东方集团有限公司已签订购入童装，金额30000元，双方商定期6月后付款，采用银行承兑汇票方式结算，期限6个月，特向你行申请承兑，　时我单位保证按期付款，资金支付方式为：

浙江昊阳实业股份有限公司出纳根据审核无误的增值税发票签发银行承兑汇票后交会计审核无误承兑商业汇票后交收款单位。

承兑申请人（公章）　法人代表（签字）：

年　　月　　日

注：此表为申请人填写，并随本表向银行报送下列材料：

5. 购销合同。
6. 承兑协议书。
7. 有关担保材料。
8. 开户行要求报送的其他资料。

图 4–110　银行承兑申请书

步骤 2：出纳员签发一式三联银行承兑汇票（其中第二联如图 4-111），并交由主管会计进行审核，审核无误后在汇票上加盖财务专用章，交给出纳员加盖法定代表人章。

银行承兑汇票　　2　　汇票号码

出票日期（大写）贰零壹壹年零陆月贰拾伍日　　第 CA0086 号

<table>
<tr><td>出票人全称</td><td colspan="2">浙江昊阳实业股份有限公司</td><td rowspan="3">收款人</td><td>全　　称</td><td colspan="10">上海东方集团有限公司</td></tr>
<tr><td>出票人账号</td><td colspan="2">123456789012345</td><td>账　　号</td><td colspan="10">123456789101112</td></tr>
<tr><td>付款行全称</td><td colspan="2">中国工商银行杭州西湖支行</td><td>开 户 行</td><td colspan="10">中国工商银行上海嘉定支行</td></tr>
<tr><td rowspan="2">出票金额</td><td rowspan="2">人民币
（大写）</td><td colspan="3" rowspan="2">叁万元整</td><td>千</td><td>百</td><td>十</td><td>万</td><td>千</td><td>百</td><td>十</td><td>元</td><td>角</td><td>分</td></tr>
<tr><td></td><td></td><td>¥</td><td>3</td><td>0</td><td>0</td><td>0</td><td>0</td><td>0</td><td>0</td></tr>
<tr><td>汇票到期日</td><td colspan="2">贰零壹壹年壹拾贰月贰拾伍日</td><td colspan="2">合同号码</td><td colspan="10">12356</td></tr>
<tr><td colspan="3" rowspan="2">本汇票请你行承兑，此项汇票款我单位按承兑协议于到期日前足额交存你行，到期请予以支付。
出票人签章
2011 年 06 月 25 日</td><td colspan="2">本汇票已经承兑，到期日又本行付款。
承兑行签章
年　月　日</td><td colspan="10">承兑协议编号：11-55
科目（借）
对方科目（贷）
转账　　年　　月　　日
复核　　记账</td></tr>
<tr><td colspan="2">备注：</td><td colspan="10"></td></tr>
</table>

此联收款人开户行随委托收款凭证寄付款行借方凭证附件

图 4-111　银行承兑汇票

步骤 3：出纳员核对无误后填制“银行承兑协议”，并在“承兑申请人”处盖单位公章（如图 4-112）。

银 行 承 兑 协 议　　1　　编号　11—55

银行承兑汇票内容：

出票人全称　浙江昊阳实业股份有限公司　　收款人全称　上海东方集团有限公司

开户银行　中国银行杭州西湖支行　　开户银行　中国工商银行上海嘉定支行

账　　号　123456789012345　　账　　号　123456789101112

汇票号码　CA0086　　汇票金额（大写）叁万元整

出票日期贰零壹壹年零陆月贰拾伍日　　到期日贰零壹壹年壹拾贰月贰拾伍日

以上汇票经银行承兑，出票人愿遵守《支付结算办法》的规定及下列条款：

一、出票人于汇票到期日前将应付票款足额交存承兑银行。

二、承兑手续费按票面金额的千分之一计算，在银行承兑时一次付清。

三、出票人与持票人如发生任何交易纠纷，均由其双方自行处理，票款于到期前仍按第一条办理不误。

四、承兑汇票到期日，承兑银行凭票无条件支付票款。如到期日之前出票人不能足额交付票款时，承兑银行对不足部分的票款转作出票申请人逾期贷款，并按照有关规定计收罚息。

五、承兑汇票款付清后，本协议自动失效。

承兑银行签章　　　　　　　　　　　　　出票人签章

订立承兑协议日期2011　年6 月25 日

●此联出票人存执一联，在"银行承兑协议"之后，第二联加印 2，第三联加印(副本)字样。

图 4-112　银行承兑协议

步骤 4：出纳员填制收费凭证(如图 4-113)交开户银行，向承兑银行支付手续费。

中国工商银行收费凭证

2011年06月25日

付款人户名	浙江昊阳实业股份有限公司	开户银行	中国工商银行杭州西湖支行								
付款人账户	123456789012345	收费种类	手续费								
1、客户购买凭证时在"收费种类"栏填写工本费，在"凭证种类"栏填写所购凭证名称。 2、客户在办理结算业务时，在"收费种类"栏分别填写手续费或邮电费，在"结算种类"栏填写办理的结算方式。		凭证（结算）种类	单价	数量	金额						
					万	千	百	十	元	角	分
		银行承兑汇票					¥	2	0	0	0
		人民币（大写）	贰拾元整								
		单位预留印鉴	浙江昊阳实业股份有限公司 财务专用章　阳张印昊								

第二联客户回单

复核　　　　　　　　记账

图 4-113　银行收费凭证

步骤 5：交银行承兑。出纳员将"银行承兑汇票申请书"、"银行承兑汇票"、"银行承兑协议"交银行。银行审核后在"银行承兑协议"上"承兑银行"处盖章，并将"银行承兑协议"第一联留存银行信贷部门，其余退给付款单位。银行会计部门审核后在银行承兑汇票第一联、第二联、第三联上注明承兑协议编号，并在第二联汇票"承兑银行盖章"处加盖银行汇票专用章，用总行统一订制的压数机在"汇票金额"栏小写金额的下端压印汇票金额(如图 4-114)。银行留下银行承兑汇票第一联(卡片)和承兑协议第三联(副本)备查，将其余退回付款单位。

银行承兑汇票　　2

汇票号码

出票日期（大写）贰零壹壹年零陆月贰拾伍日　　第CA0086号

出票人全称	浙江昊阳实业股份有限公司	收款行	全　称	上海东方集团有限公司
出票人账号	123456789012345		账　号	123456789101112
付款行全称	中国银行杭州西湖支行		开户行	中国工商银行上海嘉定支行

出票金额	人民币（大写）	叁万元整	千	百	十	万	千	百	十	元	角	分
					¥	3	0	0	0	0	0	0

汇票到期日	贰零壹壹年零壹拾月贰拾伍日	合同号码	12356

本汇票请你行承兑，此项汇票款我单位按承兑协议于到期入前足额存你行，到期请予以支付。 财务专用章　阳张印昊 出票人签章 2011年06月25日	本汇票已经承兑，到期日由本行付款。 承兑行签章 年　月　日 汇票专用章 备注：	承兑协议编号：11-55 科目（借） 对方科目（贷） 转账　年　月　日 复核　记账

此联收款人开户行岁委托收款凭证寄付款行借方凭证附件

图 4-114　银行承兑汇票

步骤 6：会计根据审核无误的银行收费通知，填制银行存款付款凭证；出纳员根据审核无误的银行存款付款凭证登记银行存款日记账（略），同时登记"应付票据备查登记簿"。

步骤 7：付款单位按照交易合同规定，向供货方购货，将经过银行承兑后的汇票第二联寄交收款单位。付款期到，付款单位收到银行支付到期汇票的付款通知（如图 4-115）。

中国工商银行特种转账借方传票

2011年12月25日

付款人	名　称	浙江昊阳实业股份有限公司	收款人	名　称	上海东方集团有限公司
	账号或地址	123456789012345		账号或地址	123456789101112
	开户行	中国工商银行杭州西湖支行		开户行	中国工商银行上海嘉定支行

人民币及金额（大写）	叁万元整	亿	千	百	十	万	千	百	十	元	角	分
					¥	3	0	0	0	0	0	0

摘要	2011.06.25银行承兑汇票到期扣款	原凭证名称	银行承兑汇票	赔偿金	
		原凭证金额	30000	号码	CA0086

银行专用栏	科目（借） 对方科目（贷） 会计　复核 记账　制票

图 4-115　银行转账借方传票

步骤 8：会计根据付款通知编制银行存款付款凭证，相关人员签章（如图 4-116）。

付 款 凭 证

银付字第 05 号

贷方科目：银行存款　　　　2011 年12 月25 日　　　　附件 1 张

摘　要	借方科目		金　额										记账符号
	总账科目	明细科目	千	百	十	万	千	百	十	元	角	分	
支付到期银行承兑汇票	应付票据	上海东方集团公司				3	0	0	0	0	0	0	
结算方式及票号：		合　计			¥	3	0	0	0	0	0	0	

会计主管　　　　记账　　　　出纳 汪小婕　　　复核 李朝阳　　　制单 唐雅莉

图 4-116　银行存款付款凭证

步骤 9：出纳员根据银行存款付款凭证逐日逐笔登记银行存款日记账（如图4-117），同时登记"应付票据备查登记簿"。会计登记明细分类账和总分类账（账簿略）。

银行存款日记账

开户行名称　中国工商银行杭州西湖支行　　　　银行账号　123456789012345　第　1　页

2011 年		凭证号码	摘　要	√	借　方												贷　方												余　额											
月	日				十	亿	千	百	十	万	千	百	十	元	角	分	十	亿	千	百	十	万	千	百	十	元	角	分	十	亿	千	百	十	万	千	百	十	元	角	分
			期初余额																													1	0	0	0	0	0	0	0	0
12	1	银付 01	购货款																			2	3	4	0	0	0	0					9	7	6	6	0	0	0	0
12	3	银付 02	申请银行本票																			2	0	0	2	0	0	0					9	5	6	5	8	0	0	
12	6	银付 03	申请银行汇票																			5	0	0	2	0	0	0					9	0	6	5	6	0	0	0
12	10	银付 04	支付商业承兑汇票																			3	0	0	0	0	0	0					8	7	6	5	6	0	0	0
12	25	银付 05	支付银行承兑汇票																			3	0	0	0	0	0	0					8	4	6	5	6	0	0	0

图 4-117　银行存款日记账

二、上海东方集团有限公司银行承兑汇票业务办理主要操作步骤

步骤 1：取得银行承兑汇票（如图 4-114）。会计编制转账凭证，借记"应收票据——昊阳公司"，贷记"主营业务收入"和"应交税费——应交增值税（销项税额）"，如之前已确认收入，则贷记"应收账款——昊阳公司"，并根据转账凭证登记账簿。出纳员登记

“应收票据登记簿”(略)。

步骤 2:出纳员在汇票到期日填写“进账单”,在银行承兑汇票背面加盖收款单位预留银行印鉴(图 4-118),一并送交开户银行。银行盖章后取回进账单回单联(图 4-119)。

被背书人 中国工商银行上海嘉定支行	被背书人
上海东方集团有限公司 财务专用章 方李印东 背书人签章 2011 年12月10日	背书人签章 年 月 日
持票人向银行提示付款签章: 上海东方集团有限公司 财务专用章 方李印东	身份证件名称: 发证机关: 号码

(粘贴单处)

图 4-118　银行承兑汇票背面

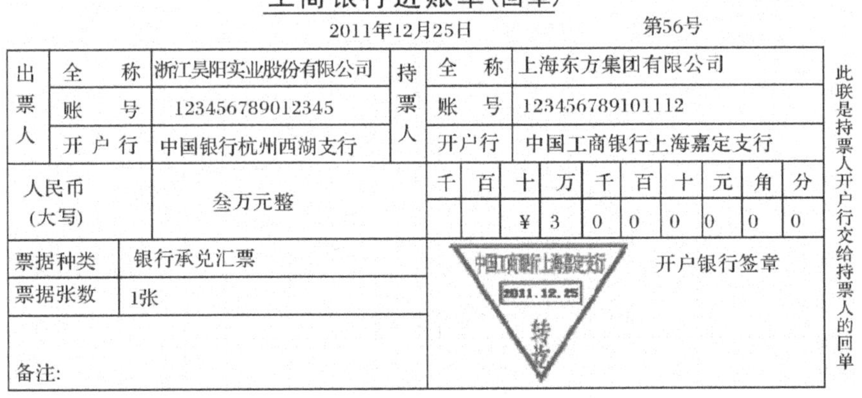

工商银行进账单(回单)

2011年12月25日　　第56号

出票人	全　称	浙江昊阳实业股份有限公司	持票人	全　称	上海东方集团有限公司
	账　号	123456789012345		账　号	123456789101112
	开户行	中国银行杭州西湖支行		开户行	中国工商银行上海嘉定支行

人民币(大写)	叁万元整	千	百	十	万	千	百	十	元	角	分
				¥	3	0	0	0	0	0	0

票据种类	银行承兑汇票	中国工商银行上海嘉定支行 2011.12.25 转讫 开户银行签章
票据张数	1张	
备注:		

此联是持票人开户行交给持票人的回单

图 4-119　银行进账单回单联

步骤 3:出纳员收到开户银行签章后退回的进账单收账通知,制单会计审核后填制银行存款收款凭证,相关人员审核签章(如图 4-120)。

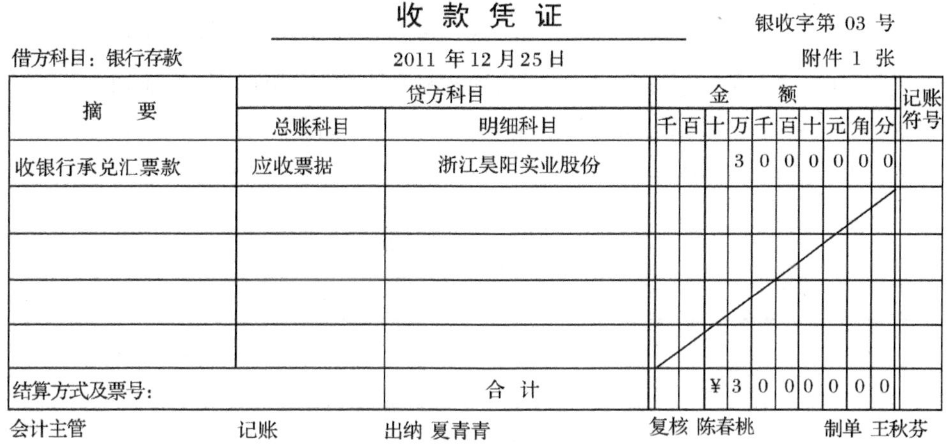

收 款 凭 证

银收字第 03 号

借方科目：银行存款　　2011 年 12 月 25 日　　附件 1 张

摘　要	贷方科目		金　额										记账符号
	总账科目	明细科目	千	百	十	万	千	百	十	元	角	分	
收银行承兑汇票款	应收票据	浙江昊阳实业股份				3	0	0	0	0	0	0	
结算方式及票号：		合　计			¥	3	0	0	0	0	0	0	

会计主管　　记账　　出纳 夏青青　　复核 陈春桃　　制单 王秋芬

图 4-120　银行存款收款凭证

步骤 4：出纳员根据收款凭证登记银行存款日记账（如图 4-121），同时依据原始凭证登记“应收票据备查簿（略）”。会计登记明细分类账和总分类账（账簿略）。

银行存款日记账

开户行名称　中国工商银行上海嘉定支行　　银行账号　123456789101112　第　1　页

2011 年		凭证号码	摘　要	√	借　方												贷　方												余　额											
月	日				十	亿	千	百	十	万	千	百	十	元	角	分	十	亿	千	百	十	万	千	百	十	元	角	分	十	亿	千	百	十	万	千	百	十	元	角	分
			期初余额																													1	0	0	0	0	0	0	0	0
12	6	银收 01	销货款							5	0	0	0	0	0	0																1	0	5	0	0	0	0	0	0
12	10	银收 02	商业承兑汇票到期							3	0	0	0	0	0	0																1	0	8	0	0	0	0	0	0
12	25	银收 03	银行承兑汇票到期							3	0	0	0	0	0	0																1	1	1	0	0	0	0	0	0

图 4-121　银行存款日记账

四、商业汇票的贴现

贴现是指汇票持有人将未到期的商业汇票交给银行，银行按照票面金额扣收自贴现日至汇票到期日期间的利息，将票面金额扣除贴现利息后的净额交给汇票持有人。商业汇票持有人在资金暂时不足的情况下，可以凭承兑的商业汇票向银行办理贴现，以提前取得货款。商业汇票持有人办理汇票贴现，应按下列步骤办理：

1. 申请贴现。汇票持有人向银行申请贴现，应填制一式五联“贴现凭证”。贴现凭证第一联（代申请书）交银行作贴现借方凭证；第二联（贷方凭证）交银行作贴现申请单位账户贷方凭证；第三联（贷方凭证）交银行作贴现利息贷方凭证；第四联（收账通知）交银行给贴现申请单位的收账通知；第五联（到期卡）交会计部门按到期日排列保管，到期日作贴现贷方凭证。其基本格式如图 4-122、图 4-123、图 4-124、图 4-125、图 4-126 所示。

贴现凭证(代申请书) 1

申请日期　　年　月　日　　　第　号

<table>
<tr><td rowspan="3">贴现汇票</td><td>种类</td><td colspan="2"></td><td>号码</td><td colspan="2"></td><td rowspan="3">持票人</td><td colspan="2">名称</td><td colspan="6"></td></tr>
<tr><td>出票日</td><td colspan="5">年　月　日</td><td colspan="2">账号</td><td colspan="6"></td></tr>
<tr><td>到期日</td><td colspan="5">年　月　日</td><td colspan="2">开户银行</td><td colspan="6"></td></tr>
<tr><td colspan="2">汇票承兑人</td><td>名称</td><td colspan="2"></td><td>账号</td><td colspan="3"></td><td>开户行</td><td colspan="6"></td></tr>
<tr><td colspan="2" rowspan="2">汇票金额</td><td colspan="5" rowspan="2">人民币
（大写）</td><td>千</td><td>百</td><td>十</td><td>万</td><td>千</td><td>百</td><td>十</td><td>元</td><td>角</td><td>分</td></tr>
<tr><td></td><td></td><td></td><td></td><td></td><td></td><td></td><td></td><td></td><td></td></tr>
<tr><td colspan="2">贴现率</td><td></td><td>贴现息</td><td colspan="4"></td><td colspan="4">实付金额</td><td colspan="5"></td></tr>
<tr><td colspan="4">附送承兑汇票申请贴现，请审核。

持票人签章</td><td>银行审批</td><td colspan="6">负责人　　信贷员</td><td colspan="6">科目（借）
对方科目（贷）
复核　　记账</td></tr>
</table>

此联银行作贴现借方凭证

图 4-122　贴现凭证(代申请书)

贴现凭证(贷方凭证) 2

申请日期　　年　月　日　　　第　号

<table>
<tr><td rowspan="3">贴现汇票</td><td>种类</td><td colspan="2"></td><td>号码</td><td colspan="2"></td><td rowspan="3">持票人</td><td colspan="2">名称</td><td colspan="6"></td></tr>
<tr><td>出票日</td><td colspan="5">年　月　日</td><td colspan="2">账号</td><td colspan="6"></td></tr>
<tr><td>到期日</td><td colspan="5">年　月　日</td><td colspan="2">开户银行</td><td colspan="6"></td></tr>
<tr><td colspan="2">汇票承兑人</td><td>名称</td><td colspan="2"></td><td>账号</td><td colspan="3"></td><td>开户行</td><td colspan="6"></td></tr>
<tr><td colspan="2" rowspan="2">汇票金额</td><td colspan="5" rowspan="2">人民币
（大写）</td><td>千</td><td>百</td><td>十</td><td>万</td><td>千</td><td>百</td><td>十</td><td>元</td><td>角</td><td>分</td></tr>
<tr><td></td><td></td><td></td><td></td><td></td><td></td><td></td><td></td><td></td><td></td></tr>
<tr><td colspan="2">贴现率</td><td></td><td>贴现息</td><td colspan="4"></td><td colspan="4">实付金额</td><td colspan="5"></td></tr>
<tr><td colspan="11">备注：</td><td colspan="6">科目（借）
对方科目（贷）
复核　　记账</td></tr>
</table>

此联银行作贴现申请单位账户贷方凭证

图 4-123　贴现凭证(贷方凭证)

贴现凭证（贷方凭证）　　3

申请日期　　年　月　日　　　　第　号

<table>
<tr><td rowspan="3">贴现汇票</td><td>种类</td><td></td><td>号码</td><td></td><td rowspan="3">持票人</td><td>名称</td><td colspan="10"></td></tr>
<tr><td>出票日</td><td colspan="3">年　月　日</td><td>账号</td><td colspan="10"></td></tr>
<tr><td>到期日</td><td colspan="3">年　月　日</td><td>开户银行</td><td colspan="10"></td></tr>
<tr><td colspan="2">汇票承兑人</td><td>名称</td><td></td><td>账号</td><td></td><td>开户行</td><td colspan="10"></td></tr>
<tr><td colspan="2" rowspan="2">汇票金额</td><td colspan="5" rowspan="2">人民币
（大写）</td><td>千</td><td>百</td><td>十</td><td>万</td><td>千</td><td>百</td><td>十</td><td>元</td><td>角</td><td>分</td></tr>
<tr><td></td><td></td><td></td><td></td><td></td><td></td><td></td><td></td><td></td><td></td></tr>
<tr><td colspan="2">贴现率</td><td></td><td>贴现息</td><td></td><td colspan="2">实付金额</td><td colspan="10"></td></tr>
<tr><td colspan="8">备注：</td><td colspan="10">科目（借）
对方科目（贷）
复核　　记账</td></tr>
</table>

此联银行作贴现利息贷方凭证

图 4-124　贴现凭证（贷方凭证）

贴现凭证（收账通知）　　4

申请日期　　年　月　日　　　　第　号

<table>
<tr><td rowspan="3">贴现汇票</td><td>种类</td><td></td><td>号码</td><td></td><td rowspan="3">持票人</td><td>名称</td><td colspan="10"></td></tr>
<tr><td>出票日</td><td colspan="3">年　月　日</td><td>账号</td><td colspan="10"></td></tr>
<tr><td>到期日</td><td colspan="3">年　月　日</td><td>开户银行</td><td colspan="10"></td></tr>
<tr><td colspan="2">汇票承兑人</td><td>名称</td><td></td><td>账号</td><td></td><td>开户行</td><td colspan="10"></td></tr>
<tr><td colspan="2" rowspan="2">汇票金额</td><td colspan="5" rowspan="2">人民币
（大写）</td><td>千</td><td>百</td><td>十</td><td>万</td><td>千</td><td>百</td><td>十</td><td>元</td><td>角</td><td>分</td></tr>
<tr><td></td><td></td><td></td><td></td><td></td><td></td><td></td><td></td><td></td><td></td></tr>
<tr><td colspan="2">贴现率</td><td></td><td>贴现息</td><td></td><td colspan="2">实付金额</td><td colspan="10"></td></tr>
<tr><td colspan="7">贴现款项已入你单位账户。

银行签章
年　月　日</td><td colspan="11">备注：</td></tr>
</table>

此联银行给持票人的收账通知

图 4-125　贴现凭证（收账通知）

贴现凭证(到期卡)　　5

申请日期　　年　月　日　　　　第　　号

贴现汇票	种类		号码		持票人	名称					
	出票日	年　月　日				账号					
	到期日	年　月　日				开户银行					
汇票承兑人	名称		账号			开户行					
汇票金额	人民币（大写）				千	百	十	万	千	百	十	元	角	分
贴现率		贴现息				实付金额					
备注：						科目(贷) 对方科目(借) 复核　　记账					

此联会计部门按到期日排列保管，到期日作贴现贷方凭证

图 4-126　贴现凭证(到期卡)

汇票持有单位(即贴现单位)出纳员应根据汇票的内容逐项填写贴现凭证的有关内容，如贴现申请人的名称、账号、开户银行，贴现汇票的种类、发票日、到期日和汇票号码，汇票承兑人的名称、账号和开户银行，汇票金额的大、小写等。填完贴现凭证后，在第一联贴现凭证"申请人盖章"处和商业汇票第二联背后加盖预留银行印鉴，然后一并送交开户银行信贷部门。

开户银行信贷部门按照有关规定对汇票及贴现凭证进行审查，重点是审查申请人持有汇票是否合法，是否在本行开户，汇票联数是否完整，背书是否连续，贴现凭证的填写是否正确，汇票是否在有效期内，承兑银行是否已通知不应贴现以及是否超过本行信贷规模和资金承受能力等。审查无误后在贴现凭证"银行审批"栏签注"同意"字样，并加盖有关人员印章后送银行会计部门。

2.办理贴现。银行会计部门审查无误后按规定计算并在贴现凭证上填写贴现率、贴现利息和实付贴现金额。

贴现利息＝贴现金额×贴现天数×日贴现率

贴现天数是指自银行向贴现单位支付贴现票款日起至汇票到期日前一天止的天数。

日贴现率＝月贴现率÷30

实付贴现金额＝贴现金额－应付贴现利息

银行会计部门填写完贴现率、贴现利息和实付贴现金额后，将贴现凭证第四联加盖"转讫"章后交给贴现单位作为收账通知，同时将实付贴现金额转入贴现单位账户。贴现单位根据开户银行转回的贴现凭证第四联，按实付贴现金额和贴现利息作会计分录：

借：银行存款

财务费用

贷:应付票据

并在“应收票据登记簿”登记有关贴现情况。

3.票据到期。汇票到期,由贴现银行通过付款单位开户银行向付款单位办理清算,收回票款。

对于银行承兑汇票,不管付款单位是否无款偿付或不足偿付,贴现银行都能从承兑银行取得票款,不会再与收款单位发生关系。

对于商业承兑汇票,贴现的汇票到期,如果付款单位有款足额支付票款,收款单位应于贴现银行收到票款后将应收票据在备查簿中注销。当付款单位存款不足无力支付到期商业承兑汇票时,按照《支付结算办法》的规定,贴现银行将商业承兑汇票退还给贴现单位,并开出特种转账传票,在其中“转账原因”栏注明“未收到××号汇票款,贴现款已从你账户收取”字样,从贴现单位银行账户直接划转已贴现票款。贴现单位收到银行退回的商业承兑汇票和特种转账传票时,凭特种转账传票编制银行存款付款凭证,其会计分录为:

借:应收账款

贷:银行存款

同时立即向付款单位追索票款。如果贴现单位账户存款也不足时,按照《支付结算办法》的规定,贴现银行将贴现票款转作逾期贷款,退回商业承兑汇票,并开出特种转账传票,在其中“转账原因”栏注明“贴现已转逾期贷款”字样,贴现单位据此编制转账凭证,其会计分录为:

借:应收账款

贷:短期借款

实务技能训练案例 4-7

2011 年 5 月 10 日,浙江东方集团有限公司收到浙江天裕实业股份有限公司一张面值 50 000 元的银行承兑汇票,期限为 6 个月,2011 年 10 月 11 日,因资金需要,东方公司决定将该银行承兑汇票向中国工商银行杭州解放支行申请贴现,假设银行贴现率为 12%,请问东方公司实际获得的贴现金额为多少?东方公司应如何编制会计分录?

实务分析

贴现天数=30 天

贴现利息=50 000×30×12%÷360=500 元

实付贴现金额=500 00-500=49 500 元

贴现分录如下：

借：银行存款　　49 500

　财务费用——利息　　500

　贷：应收票据——天裕公司　　50 000

五、商业汇票挂失

商业承兑汇票遗失或未使用办理注销，不须向银行办理注销手续，而由收付款单位双方自行联系处理。持票单位遗失银行承兑汇票，应及时向承兑银行办理挂失注销手续。

子情境 4.6　办理汇兑结算业务

知识与技能准备

一、汇兑的含义

汇兑是汇款人委托银行将其款项支付给异地收款人的结算方式。单位和个人的各种款项的结算，均可使用汇兑结算方式。

签发汇兑凭证必须记载下列事项：

1. 表明“信汇”或“电汇”的字样；
2. 无条件支付的委托；
3. 确定的金额；
4. 收款人名称；
5. 汇款人名称；
6. 汇入地点、汇入行名称；
7. 汇出地点、汇出行名称；
8. 委托日期；
9. 汇款人签章。

汇兑凭证上欠缺上列记载事项之一的，银行不予受理。

汇兑分为信汇、电汇两种，由汇款人选择使用。

二、汇兑的基本规定

1.汇兑凭证所记载的汇款人名称、收款人名称，如果其在银行开立有存款账户的，必须记载其账号，没有记载的，银行不予受理。

2.如果款项是汇给个人的，即汇兑凭证上记载收款人为个人，收款人需要到汇入银行领取汇款的，汇款人应在汇兑凭证上注明“留行待取”字样，对于留行待取的汇款，需要指定该单位的某个收款人领取的，还应注明收款人的单位名称；信汇凭证上指明凭收款人的签章领取的，应在信汇凭证上预留收款人签章。

3.汇款人如果限定所汇款项不得进行转汇时，应在汇兑凭证的备注栏内写上“不得转汇”的字样。

4.汇款人和收款人均为个人或个体经济户，需要在汇入行支取现金的，应在信汇或电汇凭证的“汇款金额”大写栏内，先填写“现金”字样，后填写汇款金额。

5.汇款需要收款单位凭印鉴支取的，应在信汇凭证第四联上加盖收款单位预留银行印鉴。

6.汇兑结算没有金额起点，也没有最高限额。

7.未在银行开立存款账户的收款人，凭信、电汇的取款通知或“留行待取”的，银行应以收款人的名称开立应解汇款及临时存款账户，该账户只付不收，付完清户，不计利息。

转账支付的，由原收款人填制凭证，并交验本人身份证件，办理支付。该账户款项只能转入单位或个体工商户的存款账户，不得转入储蓄或信用卡账户。未填写“现金”字样的，需要支取现金的，由汇入行按国家现金管理规定审查支付。

8.撤销汇款、退汇和转汇规定。汇出行尚未汇出款项的，汇款人可以按规定办理撤销汇款；汇出行款项已汇出，但是汇入行未支付该笔款项的，汇款人可以按规定办理退汇；收款人在汇入行可以办理转汇，转汇的收款人必须是原收款人。

三、汇兑的结算程序

汇兑结算程序如图4-127所示。

1.汇兑办理

汇款人委托银行办理汇兑，应向汇出银行填写信、电汇凭证，详细填明汇入地点、汇入银行名称、收款人名称、汇款金额、汇款用途（军工产品可以免填）等各项内容，并在信、电汇凭证第二联上加盖预留银行印鉴。

采用信汇的，汇款单位出纳员应填制一式四联“信汇凭证”（如图4-128、图4-129、图

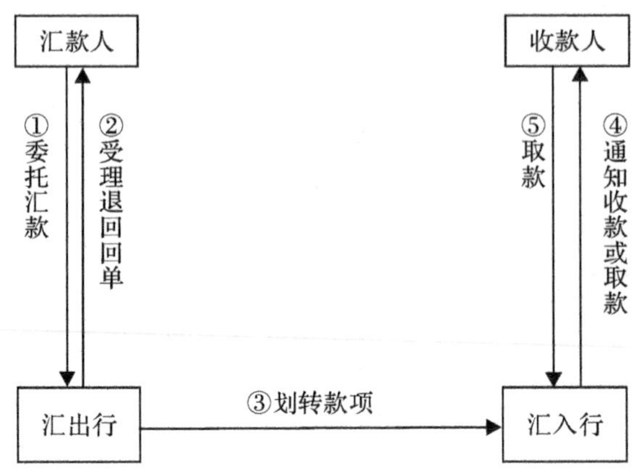

图 4-127　汇兑结算程序

4-130、图 4-131)。“信汇凭证”第一联(回单)是汇出行受理信汇凭证后给汇款人的回单;第二联(借方凭证)是汇款人委托开户银行办理信汇时转账付款的支付凭证;第三联(贷方凭证)是汇入行将款项收入收款人账户后的收款凭证;第四联(收账通知或取款收据)是在直接记入收款人账户后通知收款人的收款通知,或不直接记入收款人账户时收款人凭以领取款项的取款收据。

中国工商银行信汇凭证(回单)　　1

委托日期　　年　月　日　　　　第　号

<table>
<tr><td rowspan="3">汇款人</td><td>全称</td><td colspan="3"></td><td rowspan="3">持票人</td><td>全称</td><td colspan="3"></td></tr>
<tr><td>账号</td><td colspan="3"></td><td>账号</td><td colspan="3"></td></tr>
<tr><td>汇出地点</td><td>省　市县</td><td>汇出行名称</td><td></td><td>汇入地点</td><td>省　市县</td><td>汇入行名称</td><td></td></tr>
<tr><td>金额</td><td colspan="6">人民币
(大写)</td><td colspan="3">千 百 十 万 千 百 十 元 角 分</td></tr>
<tr><td colspan="7">汇款用途:</td><td colspan="3" rowspan="2">汇出行盖章
年　月　日</td></tr>
<tr><td colspan="7">单位主管　会计　复核　记账</td></tr>
</table>

此联汇出行给汇款人的回单

图 4-128　信汇凭证(回单)

工商银行信汇凭证(借方凭证)　2

委托日期　　　年　　月　　日　　　　　　第　　号

汇款人	全称				持票人	全称			
	账号					账号			
	汇出地点	省　市县	汇出行名称			汇入地点	省　市县	汇入行名称	

金额	人民币（大写）	千	百	十	万	千	百	十	元	角	分

汇款用途：	科目(借) 对方科目(贷) 汇出行汇出日期　年　月　日 复核　　　记账
此汇款支付给收款人。 汇款人签章	

此联汇出行作借方凭证

图4-129　信汇凭证(借方凭证)

工商银行信汇凭证(贷方凭证)　3

委托日期　　　年　　月　　日　　　　　　第　　号

汇款人	全称				持票人	全称			
	账号					账号			
	汇出地点	省　市县	汇出行名称			汇入地点	省　市县	汇入行名称	

金额	人民币（大写）	千	百	十	万	千	百	十	元	角	分

汇款用途：	科目(借) 对方科目(贷) 汇出行转账日期　年　月　日 复核　　　记账
备注：	

此联汇入行作贷方凭证

图4-130　信汇凭证(贷方凭证)

工商银行信汇凭证(收款通知或取款收据)　4

委托日期　　年　月　日　　　　第　　号

<table>
<tr><td rowspan="3">汇款人</td><td>全称</td><td colspan="3"></td><td rowspan="3">持票人</td><td>全称</td><td colspan="3"></td></tr>
<tr><td>账号</td><td colspan="3"></td><td>账号</td><td colspan="3"></td></tr>
<tr><td>汇出地点</td><td>省　市县</td><td>汇出行
名　称</td><td></td><td>汇入地点</td><td>省　市县</td><td>汇入行
名　称</td><td></td></tr>
</table>

<table>
<tr><td rowspan="2">金额</td><td rowspan="2">人民币
(大写)</td><td>千</td><td>百</td><td>十</td><td>万</td><td>千</td><td>百</td><td>十</td><td>元</td><td>角</td><td>分</td></tr>
<tr><td></td><td></td><td></td><td></td><td></td><td></td><td></td><td></td><td></td><td></td></tr>
<tr><td colspan="2">汇款用途:</td><td colspan="10">留行待取预留收款人印鉴</td></tr>
</table>

<table>
<tr><td>款项已收入收款人账户。

汇入行签章
年　月　日</td><td>款项已收妥。

收款人签章
年　月　日</td><td>科目(借)
对方科目(贷)
汇出行解汇日期　年　月　日
复核　　出纳　　记账</td></tr>
</table>

此联给收款人的收款通知或代取款收据

图 4-131　信汇凭证(收款通知)

“电汇凭证”(如图 4-132、图 4-133、图 4-134)一式三联,第一联(回单)是汇出行给汇款人的回单;第二联(借方凭证)为汇出银行办理转账付款的支款凭证;第三联(发电依据)是汇出行向汇入行拍发电报的凭据。

工商银行电汇凭证(回单)　1

委托日期　　年　月　日　　　　第　　号

<table>
<tr><td rowspan="3">汇款人</td><td>全称</td><td colspan="3"></td><td rowspan="3">持票人</td><td>全称</td><td colspan="3"></td></tr>
<tr><td>账号</td><td colspan="3"></td><td>账号</td><td colspan="3"></td></tr>
<tr><td>汇出地点</td><td>省　市县</td><td>汇出行
名　称</td><td></td><td>汇入地点</td><td>省　市县</td><td>汇入行
名　称</td><td></td></tr>
</table>

<table>
<tr><td rowspan="2">金额</td><td rowspan="2">人民币
(大写)</td><td>千</td><td>百</td><td>十</td><td>万</td><td>千</td><td>百</td><td>十</td><td>元</td><td>角</td><td>分</td></tr>
<tr><td></td><td></td><td></td><td></td><td></td><td></td><td></td><td></td><td></td><td></td></tr>
<tr><td colspan="2">汇款用途:</td><td colspan="10" rowspan="2">汇出行盖章
年　月　日</td></tr>
<tr><td colspan="2">单位主管　　会计　　复核　　记账</td></tr>
</table>

此联汇出行给汇款人的回单

图 4-132　电汇凭证(回单)

工商银行电汇凭证(借方凭证)　　2

委托日期　　年　月　日　　　　第　号

<table>
<tr><td rowspan="3">汇款人</td><td>全称</td><td colspan="3"></td><td rowspan="3">持票人</td><td>全称</td><td colspan="10"></td></tr>
<tr><td>账号</td><td colspan="3"></td><td>账号</td><td colspan="10"></td></tr>
<tr><td>汇出地点</td><td>省　市县</td><td>汇出行名　称</td><td></td><td>汇入地点</td><td colspan="3">省　市县</td><td colspan="3">汇入行名　称</td><td colspan="4"></td></tr>
<tr><td rowspan="2">金额</td><td colspan="6" rowspan="2">人民币
(大写)</td><td>千</td><td>百</td><td>十</td><td>万</td><td>千</td><td>百</td><td>十</td><td>元</td><td>角</td><td>分</td></tr>
<tr><td></td><td></td><td></td><td></td><td></td><td></td><td></td><td></td><td></td><td></td></tr>
<tr><td colspan="7">汇款用途:</td><td colspan="10" rowspan="2">科目(借)
对方科目(贷)
汇出行汇出日期　年　月　日
复核　　记账</td></tr>
<tr><td colspan="7">此汇款支付给收款人
电汇
汇款人签章</td></tr>
</table>

此联汇出行作借方凭证

图 4-133　电汇凭证(借方凭证)

工商银行电汇凭证(发电依据)　　3

委托日期　　年　月　日　　　　第　号

<table>
<tr><td rowspan="3">汇款人</td><td>全称</td><td colspan="3"></td><td rowspan="3">持票人</td><td>全称</td><td colspan="10"></td></tr>
<tr><td>账号</td><td colspan="3"></td><td>账号</td><td colspan="10"></td></tr>
<tr><td>汇出地点</td><td>省　市县</td><td>汇出行名　称</td><td></td><td>汇入地点</td><td colspan="3">省　市县</td><td colspan="3">汇入行名　称</td><td colspan="4"></td></tr>
<tr><td rowspan="2">金额</td><td colspan="6" rowspan="2">人民币
(大写)</td><td>千</td><td>百</td><td>十</td><td>万</td><td>千</td><td>百</td><td>十</td><td>元</td><td>角</td><td>分</td></tr>
<tr><td></td><td></td><td></td><td></td><td></td><td></td><td></td><td></td><td></td><td></td></tr>
<tr><td colspan="7">汇款用途:</td><td colspan="10" rowspan="2">科目(贷)
对方科目(借)
汇出行汇出日期　年　月　日
复核　　记账</td></tr>
<tr><td colspan="7">备注:</td></tr>
</table>

此联汇出行作发电依据

图 4-134　电汇凭证(发电依据)

汇出行受理汇款人的信、电汇凭证后,应按规定审查信、电汇凭证填写的各项内容是否齐全、正确;汇款人账户内是否有足够支付的存款余额;汇款人盖的印章是否与预留银行印鉴相符等等。审查无误后即可办理汇款手续,在第一联回单上加盖"转讫"章退给汇款单位,并按规定收取手续费;如果不符合条件的,汇出银行不予办理汇出手续,作退票处理。

汇款单位根据银行退回的信、电汇凭证第一联,根据不同情况编制记账凭证。如果汇款单位用汇款清理旧欠，则应编制银行存款付款凭证，其会计分录为：

借：应付账款

　贷：银行存款

如果汇款单位是为购买对方单位产品而预付货款，则应编制银行存款付款凭证，其会计分录为：

借：预付账款

　贷：银行存款

如果汇款单位将款项汇往采购地，在采购地银行开立临时存款户，则应编制银行存款付款凭证，其会计分录为：

借：其他货币资金——外埠存款

　贷：银行存款

2.汇兑的转汇与退汇

(1)转汇

汇款人因汇入地没有所需商品等原因需要转汇时，可以带取款通知和有关证件，请求汇入银行重新办理信、电汇手续，将款项汇往其他地方。按照规定，转汇的收款人和汇款用途必须是原汇款的收款人和汇款用途。汇入银行办理转汇手续，在汇款凭证上加盖“转汇”戳记。第三联信汇凭证备注栏注明“不得转汇”的，汇入银行不予办理转汇。

(2)退汇办理

汇款人因故对汇出的款项要求退汇，如果汇款是直接汇给收款单位的存款账户入账的，退汇由汇出单位自行联系，银行不予介入。

如果汇款不是直接汇往收款单位存款账户入账的，由汇款单位备公函或持本人身份证件连同原信、电汇凭证回单交汇出行申请退汇，由汇出银行通知汇入银行，经汇入银行查实汇款确未解付，方可办理退汇；如果汇入银行接到退汇通知前汇款已经解付收款人账户或被支取，则由汇款人与收款人自行联系退款手续。

如果汇款被收款单位拒绝接受的，由汇入银行立即办理退汇。

汇款超过两个月，收款人尚未来汇入银行办理取款手续或在规定期限内汇入银行已寄出通知但由于收款人地址迁移或其他原因致使该笔汇款无人受领时，汇入银行应主动办理退汇。

汇款单位收到汇出银行寄发的注有“汇款退回已代进账”字样的退汇通知书第四联(适用于汇款人申请退汇)或者由汇入银行加盖“退汇”字样，汇出银行加盖“转讫”章的特种转账贷方凭证(适用于银行主动退汇)后，即表明汇款已退回本单位账户。财务部门即可据此编制银行存款收款凭证，其会计分录则与汇出时银行存款付款凭证会计分录相反。

3.汇兑领取

按照规定,汇入银行对开立账户的收款单位的款项应直接转入收款单位的账户。

采用信汇方式的,收款单位开户银行(即汇入银行)在信汇凭证第四联上加盖“转讫”章后交给收款单位,表示汇款已由开户银行代为进账。

采用电汇方式的,收款单位开户银行根据汇出行发来的电报编制三联联行电报划收款补充报单,在第三联上加盖“转讫”章作收账通知交给收款单位,表明银行已代为进账。

收款单位根据银行转来的信汇凭证第四联(信汇)或联行电报划收款补充报单(电汇)编制银行存款收款凭证,借记“银行存款”账户,贷记有关账户(依据汇款的性质而定)。如对方汇款是用来偿付旧欠,则收款单位收款凭证的会计分录为:

借:银行存款

　贷:应收账款

如果属于对方单位为购买本单位产品而预付的货款,则收款凭证的会计分录为:

借:银行存款

　贷:预收账款

待实际发货时,再根据有关原始凭证编制转账凭证,其会计分录为:

借:预收账款

　贷:主营业务收入

　　应交税费——应交增值税(销项税额)

如果款到即发货,也可直接编制收款凭证,其会计分录为:

借:银行存款

　贷:主营业务收入

　　应交税费——应交增值税(销项税额)

需要在汇入银行支取现金的,信汇(或电汇)凭证上“汇款金额”栏必须注明“现金”字样,可以由收款人填制一联支款单连同信汇凭证第四联(或联行申报划收款补充报单第三联),并携带有关身份证件到汇入银行取款。汇入银行审核有关证件后一次性办理现金支付手续。在汇款凭证上未填明“现金”字样,需要在汇入银行支取现金的单位,由汇入银行按照现金管理的规定支付。

留行待取的汇款,收款人应随身携带身份证件或汇入地有关单位足以证实收款人身份的证明去汇入银行办理取款。汇入银行向收款人问明情况,与信、电汇凭证进行核对,并将证件名称、号码、发证单位名称等批注在信、电汇凭证空白处,并由收款人在“收款人盖章”处签名或盖章,然后办理付款手续。如果凭印鉴支取的,收款人所盖印章必须同预留印鉴相同。

收款人需要在汇入地分次支取汇款的,可以由收款人在汇入银行开立临时存款户，将汇款暂时存入该账户，分次支取。临时存款账户只取不存，付完清户，不计付利息。

实务技能训练案例 4-8

2011 年 12 月 28 日，浙江昊阳实业股份有限公司以电汇结算方式偿还上海东方集团有限公司购货款 30 000 元，另支付银行手续费 50 元。

企业相关信息见[实务技能训练案例 4-4]。

实务操作

一、浙江昊阳实业股份有限公司汇兑业务办理主要操作步骤

步骤 1：会计主管根据汇款业务实际情况，通知出纳员到本单位开户银行办理汇兑结算手续。

步骤 2：出纳员填写电汇凭证一式三联，其中第二联如图 4-135 所示，同时填写手续费收款凭证（如图 4-136），并在“汇款人签章”处加盖预留银行印鉴。

工商银行电汇凭证（借方凭证）　2

委托日期　2011年12月28日　　第256号

汇票人	全称	浙江昊阳实业股份有限公司			持票人	全称	上海东方集团有限公司			
	账号	123456789012345				账号	123456789101112			
	汇出地点	浙江省杭州市	汇出行名称	中国工商银行杭州西湖支行		汇入地点	上海市	汇入行名称	中国工商银行上海嘉定支行	
金额	人民币（大写）	叁万元整								

千	百	十	万	千	百	十	元	角	分
		¥	3	0	0	0	0	0	0

汇款用途：货款

此款支付给收款人

电汇

浙江昊阳实业股份有限公司 财务专用章　　张昊阳印

汇款人签章

科目（借）________

对方科目（贷）________

汇出行汇出日期___年___月___日

复核　　记账

此联汇出行作借方凭证

图 4-135　电汇凭证（借方凭证）

中国工商银行收费凭证

2011年12月28日

付款人户名	浙江昊阳实业股份有限公司	开户银行	中国工商银行杭州西湖支行
付款人账户	123456789012345	收费种类	手续费

1、客户购买凭证时在“收费种类”栏填写工本费，在“凭证种类”栏填写所购凭证名称。

2、客户在办理结算业务时，在“收费种类”栏分别填写手续费或邮电费，在“结算种类”栏填写办理的结算方式。

凭证（结算）种类	单价	数量	万	千	百	十	元	角	分
汇兑					¥	5	0	0	0
人民币（大写）	伍拾元整								
单位预留印鉴	浙江昊阳实业股份有限公司 财务专用章；张昊阳印								

第二联 客户回单

复核　　　　记账

图 4-136　银行收费凭证

步骤 3：出纳员将单据与款项交与银行，银行受理后，在电汇凭证回单联（如图 4-137）、银行收费凭证回执联加盖银行结算章，表示受理。

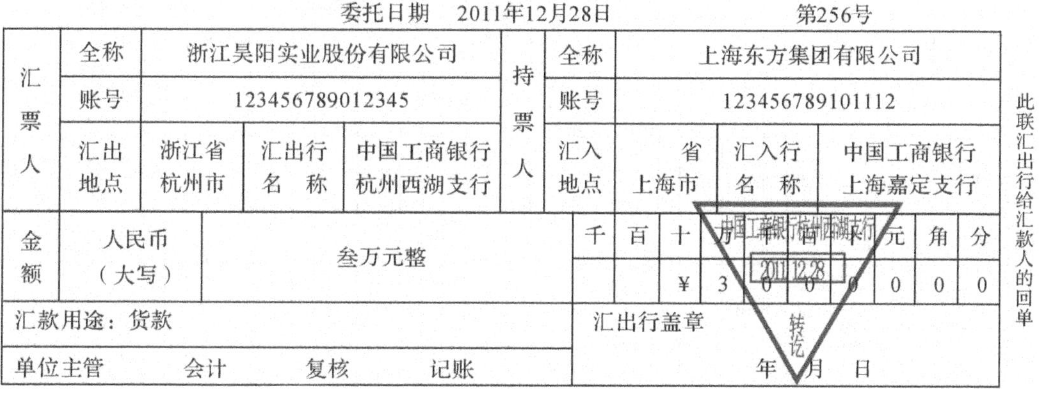

工商银行电汇凭证（回单）　　1

委托日期　2011年12月28日　　　　第256号

汇票人	全称	浙江昊阳实业股份有限公司			持票人	全称	上海东方集团有限公司		
	账号	123456789012345				账号	123456789101112		
	汇出地点	浙江省杭州市	汇出行名称	中国工商银行杭州西湖支行		汇入地点	省上海市	汇入行名称	中国工商银行上海嘉定支行

金额	人民币（大写）	叁万元整	千	百	十	万	千	百	十	元	角	分
					¥	3	0	0	0	0	0	0

汇款用途：货款	汇出行盖章 中国工商银行杭州西湖支行 2011.12.28 转讫
单位主管　　会计　　复核　　记账	年　月　日

此联汇出行给汇款人的回单

图 4-137　电汇凭证

步骤 4：会计凭加盖银行结算章的电汇凭证、银行收费凭证回执联，填制付款凭证，相关人员审核签章（如图 4-138）。

步骤 5：出纳员根据银行存款付款凭证登记银行存款日记账（如图 4-139），会计登记明细分类账和总分类账（账簿略）。

付 款 凭 证

银付字第 06 号

贷方科目：银行存款　　　　2011 年12 月28 日　　　　附件 2 张

摘　要	借方科目		金　额										记账符号
	总账科目	明细科目	千	百	十	万	千	百	十	元	角	分	
支付货款	应付账款	上海东方集团公司				3	0	0	0	0	0	0	
	财务费用	手续费							5	0	0		
结算方式及票号：		合　计			¥	3	0	0	5	0	0	0	

会计主管　　　　记账　　　　出纳 汪小婕　　　复核 李朝阳　　　制单 唐雅莉

图 4-138　银行存款付款凭证

银行存款日记账

开户行名称　中国工商银行杭州西湖支行　　　　银行账号　123456789012345　第　1　页

2011 年		凭证号码	摘　要	√	借　方												贷　方												余　额											
月	日				十	亿	千	百	十	万	千	百	十	元	角	分	十	亿	千	百	十	万	千	百	十	元	角	分	十	亿	千	百	十	万	千	百	十	元	角	分
			期初余额																													1	0	0	0	0	0	0	0	0
12	1	银付 01	购货款																			2	3	4	0	0	0	0					9	7	6	6	0	0	0	0
12	3	银付 02	申请银行本票																			2	0	0	2	0	0	0					9	5	6	5	8	0	0	0
12	6	银付 03	申请银行汇票																			5	0	0	2	0	0	0					9	0	6	5	6	0	0	0
12	10	银付 04	支付商业承兑汇票																			3	0	0	0	0	0	0					8	7	6	5	6	0	0	0
12	25	银付 05	支付银行承兑汇票																			3	0	0	0	0	0	0					8	4	6	5	6	0	0	0
12	28	银付 06	支付汇兑结算货款																			3	0	0	5	0	0	0					8	1	6	5	1	0	0	0

图 4-139　银行存款日记账

二、上海东方集团有限公司汇兑业务办理主要操作步骤

步骤 1：收到开户银行转来电汇凭证第三联（如图 4-140）。

工商银行电汇凭证（发电依据） 3

委托日期　2011年12月28日　　　　第256号

汇票人				持票人				
全称	浙江昊阳实业股份有限公司			全称	上海东方集团有限公司			
账号	123456789012345			账号	123456789101112			
汇出地点	浙江省杭州市	汇出行名　称	中国工商银行杭州西湖支行	汇入地点	省上海市	汇入行名　称	中国工商银行上海嘉定支行	

金额	人民币（大写）	叁万元整	千	百	十	万	千	百	十	元	角	分
					¥	3	0	0	0	0	0	0

汇款用途：货款	科目（借）____________________
备注：	对方科目（贷）________________ 汇出行汇出日期____年____月____日 复核　　　　　　记账

中国工商银行上海嘉定支行 2011.12.28 转讫

此联汇出行作发电依据

图 4-140　电汇凭证

步骤 2：会计根据审核无误的电汇凭证填制收款凭证，相关人员审核签章（如图 4-141）。

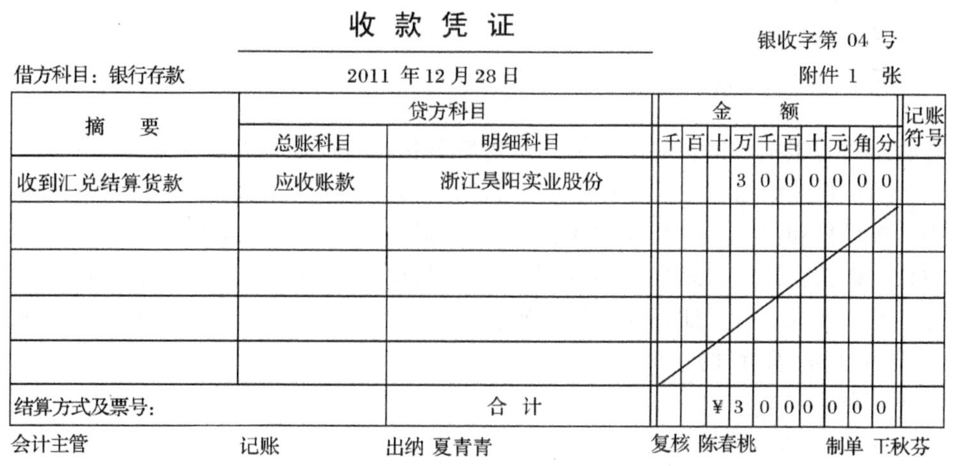

收 款 凭 证

银收字第 04 号

借方科目：银行存款　　　　2011 年 12 月 28 日　　　　附件 1　张

摘　要	贷方科目		金　额										记账符号
	总账科目	明细科目	千	百	十	万	千	百	十	元	角	分	
收到汇兑结算货款	应收账款	浙江昊阳实业股份				3	0	0	0	0	0	0	
结算方式及票号：		合　计			¥	3	0	0	0	0	0	0	

会计主管　　　　记账　　　　出纳 夏青青　　　　复核 陈春桃　　　　制单 丁秋芬

图 4-141　银行存款收款凭证

步骤 3：出纳员根据收款凭证登记银行存款日记账（如图 4-142），会计登记明细分类账和总分类账（账簿略）。

银行存款日记账

开户行名称　中国工商银行上海嘉定支行　　　　银行账号　123456789101112　第　1　页

2011年		凭证号码	摘　要	√	借　方												贷　方												余　额											
月	日				十	亿	千	百	十	万	千	百	十	元	角	分	十	亿	千	百	十	万	千	百	十	元	角	分	十	亿	千	百	十	万	千	百	十	元	角	分
			期初余额																													1	0	0	0	0	0	0	0	0
12	6	银收01	销货款							5	0	0	0	0	0	0																1	0	5	0	0	0	0	0	0
12	10	银收02	商业承兑汇票到期							3	0	0	0	0	0	0																1	0	8	0	0	0	0	0	0
12	25	银收03	银行承兑汇票到期							3	0	0	0	0	0	0																1	1	1	0	0	0	0	0	0
12	28	银收04	收到汇兑结算货款							3	0	0	0	0	0	0																1	1	4	0	0	0	0	0	0

图4-142　银行存款日记账

子情境4.7　办理托收承付结算业务

知识与技能准备

一、托收承付的含义

托收承付是根据购销合同由收款人发货后委托银行向异地付款人收取款项，由付款人向银行承认付款的结算方式。托收承付款项划回方式分为邮寄和电报两种；按承付方式分为验单承付和验货承付两种，由收款人根据需要选择使用。托收承付结算方式适用于异地订有购销合同的商品交易，以及因商品交易而产生的劳务供应和垫付费用等款项的结算。签发托收承付凭证必须记载下列事项，欠缺记载事项之一的，银行不予受理。

1. 表明“托收承付”的字样；
2. 确定的金额；
3. 付款人名称及账号；
4. 收款人名称及账号；
5. 付款人开户银行名称；
6. 收款人开户银行名称；
7. 托收附寄单证张数或册数；
8. 合同名称、号码；

9. 委托日期；

10. 收款人签章。

二、托收承付的基本规定

1. 使用托收承付结算方式的收款单位和付款单位，必须是国有企业、供销合作社以及经营管理较好，并经开户银行审查同意的城乡集体所有制工业企业。

2. 办理托收承付结算的款项，必须是商品交易，以及因商品交易而产生的劳务供应的款项。代销、寄销、赊销商品的款项，不得办理托收承付结算。

3. 收付双方使用托收承付结算必须签有符合《经济合同法》的购销合同，并在合同上订明使用托收承付结算方式。

4. 收付双方办理托收承付结算，必须重合同、守信用。收款人对同一付款人发货托收累计 3 次收不回货款的，收款人开户银行应暂停收款人向该付款人办理托收；付款人累计 3 次提出无理拒付的，付款人开户银行应暂停其向外办理托收。

5. 收款人办理托收，必须具有商品确已发运的证件（包括铁路、航运、公路等运输部门签发运单、运单副本和邮局包裹回执）。

6. 托收承付结算每笔的金额起点为 1 万元。新华书店系统每笔的金额起点为 1 千元。

三、托收承付的结算程序

托收承付结算程序如图 4-143 所示。

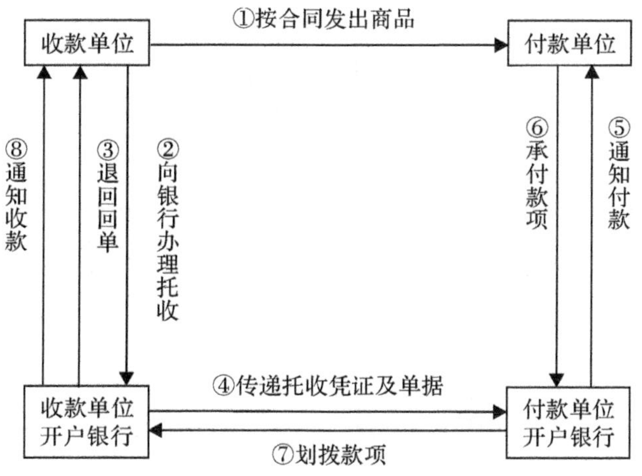

图 4-143 托收承付结算程序

1. 托收。收款人按照签订的购销合同发货后，委托银行办理托收。

(1)收款人应将托收凭证（图 4-144、图 4-145、图 4-146、图 4-147、图 4-148）并附发

运证件或其他符合托收承付结算的有关证明和交易单证送交银行。收款人如需取回发运证件，银行应在托收凭证上加盖“已验发运证件”戳记。

托收凭证（受理回单） 1 托收号码

委托日期 年 月 日

业务类型		委托收款（□邮划、□电划）					托收承付（□邮划、□电划）		
付款行	全称				收款行	全称			
	账号					账号			
	地址	省 市县	开户行			地址	省 市县	开户行	
金额	人民币（大写）						千 百 十 万 千 百 十 元 角 分		
款项内容			托收凭据名称		附寄单证张数				
商品发运情况			合同名称号码						
备注：			款项收妥日期 年 月 日		收款人开户行盖章 年 月 日				

此联是收款人开户行给收款人的回单

图 4-144 托收凭证（受理回单）

托收凭证（贷方凭证） 2 托收号码

委托日期 年 月 日

业务类型		委托收款（□邮划、□电划）					托收承付（□邮划、□电划）		
付款行	全称				收款行	全称			
	账号					账号			
	地址	省 市县	开户行			地址	省 市县	开户行	
金额	人民币（大写）						千 百 十 万 千 百 十 元 角 分		
款项内容			托收凭据名称		附寄单证张数				
商品发运情况			合同名称号码						
备注： 收款人开户银行收到日期。 年 月 日			上列款项随付有关债务证明，请予办理。 收款人签章		复核 记账				

此联是收款人开户行作贷方凭证

图 4-145 托收凭证（贷方凭证）

托收凭证（借方凭证）　　3　　托收号码

委托日期　　年　　月　　日　　　付款期限　　年　　月　　日

<table>
<tr><td colspan="2">业务类型</td><td colspan="4">委托收款（□邮划、□电划）</td><td colspan="5">托收承付（□邮划、□电划）</td></tr>
<tr><td rowspan="3">付款行</td><td>全称</td><td colspan="4"></td><td rowspan="3">收款行</td><td>全称</td><td colspan="3"></td></tr>
<tr><td>账号</td><td colspan="4"></td><td>账号</td><td colspan="3"></td></tr>
<tr><td>地址</td><td>省　　市
县</td><td>开户行</td><td colspan="2"></td><td>地址</td><td>省　　市
县</td><td>开户行</td><td></td></tr>
<tr><td colspan="2">金额</td><td>人民币
（大写）</td><td colspan="5"></td><td colspan="3">千｜百｜十｜万｜千｜百｜十｜元｜角｜分</td></tr>
<tr><td colspan="2">款项内容</td><td></td><td>托收凭据
名　　称</td><td colspan="2"></td><td colspan="2">附寄单
证张数</td><td colspan="3"></td></tr>
<tr><td colspan="2">商品发运情况</td><td colspan="2"></td><td colspan="3">合同名称号码</td><td colspan="4"></td></tr>
<tr><td colspan="3">备注：
付款人开户银行收到日期：
年　　月　　日</td><td colspan="3">收款人开户银行签章
年　　月　　日</td><td colspan="5">复核　　　记账</td></tr>
</table>

此联是收款人开户行作借方凭证

图 4-146　托收凭证（借方凭证）

托收凭证（汇款依据或收账通知）　　4　　托收号码

委托日期　　年　　月　　日　　　付款期限　　年　　月　　日

<table>
<tr><td colspan="2">业务类型</td><td colspan="4">委托收款（□邮划、□电划）</td><td colspan="5">托收承付（□邮划、□电划）</td></tr>
<tr><td rowspan="3">付款行</td><td>全称</td><td colspan="4"></td><td rowspan="3">收款行</td><td>全称</td><td colspan="3"></td></tr>
<tr><td>账号</td><td colspan="4"></td><td>账号</td><td colspan="3"></td></tr>
<tr><td>地址</td><td>省　　市
县</td><td>开户行</td><td colspan="2"></td><td>地址</td><td>省　　市
县</td><td>开户行</td><td></td></tr>
<tr><td colspan="2">金额</td><td>人民币
（大写）</td><td colspan="5"></td><td colspan="3">千｜百｜十｜万｜千｜百｜十｜元｜角｜分</td></tr>
<tr><td colspan="2">款项内容</td><td></td><td>托收凭据
名　　称</td><td colspan="2"></td><td colspan="2">附寄单
证张数</td><td colspan="3"></td></tr>
<tr><td colspan="2">商品发运情况</td><td colspan="2"></td><td colspan="3">合同名称号码</td><td colspan="4"></td></tr>
<tr><td colspan="3">备注：
复核　　　记账</td><td colspan="3">上列款项已划回收入方账户内
收款人开户银行签章
年　　月　　日</td><td colspan="5"></td></tr>
</table>

此联是收款人开户行作收账通知

图 4-147　托收凭证（汇款依据或收账通知）

托收凭证（付款通知）　　5　　托收号码

委托日期　　年　　月　　日　　　　付款期限　　年　　月　　日

<table>
<tr><td colspan="2">业务类型</td><td colspan="4">委托收款（□邮划、□电划）</td><td colspan="4">托收承付（□邮划、□电划）</td></tr>
<tr><td rowspan="3">付款行</td><td>全称</td><td colspan="3"></td><td rowspan="3">收款行</td><td>全称</td><td colspan="3"></td></tr>
<tr><td>账号</td><td colspan="3"></td><td>账号</td><td colspan="3"></td></tr>
<tr><td>地址</td><td>省　　市
县</td><td>开户行</td><td></td><td>地址</td><td>省　　市
县</td><td>开户行</td><td></td></tr>
<tr><td>金额</td><td>人民币
（大写）</td><td colspan="5"></td><td colspan="3">千　百　十　万　千　百　十　元　角　分</td></tr>
<tr><td colspan="2">款项内容</td><td></td><td>托收凭据
名　　称</td><td></td><td>附寄单
证张数</td><td colspan="4"></td></tr>
<tr><td colspan="2">商品发运情况</td><td colspan="2"></td><td colspan="2">合同名称号码</td><td colspan="4"></td></tr>
<tr><td colspan="4">备注：
付款人开户银行收到日期：
年　　月　　日</td><td colspan="3">付款人开户银行签章：
年　　月　　日</td><td colspan="3"></td></tr>
</table>

此联是付款人开户行给付收款人按期付款通知

图 4-148　托收凭证（付款通知）

（2）收款人开户银行接到托收凭证及其附件后，应当按照托收的范围、条件和托收凭证记载的要求认真进行审查，必要时，还应查验收付款人签订的购销合同。凡不符合要求或违反购销合同发货的，不能办理。审查时间最长不得超过次日。

2. 承付。付款人开户银行收到托收凭证及其附件后，应当及时通知付款人。通知的方法，可以根据具体情况与付款人签订协议，采取付款人来行自取、派人送达、对距离较远的付款人邮寄等。付款人应在承付期内审查核对，安排资金。

承付货款分为验单付款和验货付款两种，由收付双方商量选用，并在合同中明确规定。

（1）验单付款。验单付款的承付期为 3 天，从付款人开户银行发出承付通知的次日算起（承付期内遇法定休假日顺延）。

付款人在承付期内，未向银行表示拒绝付款，银行即视作承付，并在承付期满的次日（法定休假日顺延）上午银行开始营业时，将款项主动从付款人的账户内付出，按照收款人指定的划款方式，划给收款人。

（2）验货付款。验货付款的承付期为 10 天，从运输部门向付款人发出提货通知的次日算起。

对收付双方在合同中明确规定，并在托收凭证上注明验货付款期限的，银行从其规定。

付款人收到提货通知后，应即向银行交验提货通知。付款人在银行发出承付通知的次日起10天内，未收到提货通知的，应在第10天将货物尚未到达的情况通知银行。在第10天付款人没有通知银行的，银行即视作已经验货，于10天期满的次日上午银行开始营业时，将款项划给收款人；在第10天付款人通知银行货物未到，而以后收到提货通知没有及时送交银行，银行仍按10天期满的次日作为划款日期，并按超过的天数，计扣逾期付款赔偿金。

采用验货付款的，收款人必须在托收凭证上加盖明显的“验货付款”字样戳记。托收凭证未注明验货付款，经付款人提出合同证明是验货付款的，银行可按验货付款处理。

(3)不论验单付款还是验货付款，付款人都可以在承付期内提前向银行表示承付，并通知银行提前付款，银行应立即办理划款；因商品的价格、数量或金额变动，付款人应多承付款项的，须在承付期内向银行提出书面通知，银行据以随同当次托收款项划给收款人。

付款人不得在承付货款中，扣抵其他款项或以前托收的货款。

3.拒绝付款。对下列情况，付款人在承付期内，可向银行提出全部或部分拒绝付款：

(1)没有签订购销合同或购销合同未订明托收承付结算方式的款项。

(2)未经双方事先达成协议，收款人提前交货或因逾期交货付款人不再需要该项货物的款项。

(3)未按合同规定的到货地址发货的款项。

(4)代销、寄销、赊销商品的款项。

(5)验单付款，发现所列货物的品种、规格、数量、价格与合同规定不符，或货物已到，经查验货物与合同规定或发货清单不符的款项。

(6)验货付款，经查验货物与合同规定或与发货清单不符的款项。

(7)货款已经支付或计算有错误的款项。

不属于上述情况的，付款人不得向银行提出拒绝付款。

外贸部门托收进口商品的款项，在承付期内，订货部门除因商品的质量问题不能提出拒绝付款，应当另行向外贸部门提出索赔外，属于上述其他情况，可以向银行提出全部或部分拒绝付款。

付款人对以上情况提出拒绝付款时，必须填写“拒绝付款理由书”并签章，注明拒绝付款理由，涉及合同的应引证合同上的有关条款。属于商品质量问题，需要提出商品检验部门的检验证明；属于商品数量问题，需要提出数量问题的证明及其有关数量的记录；属于外贸部门进口商品，应当提出国家商品检验或运输等部门出具的证明。

开户银行必须认真审查拒绝付款理由，查验合同。对于付款人提出拒绝付款的手续不全、依据不足、理由不符合规定和不属于上述七种拒绝付款情况的，以及超过承付期拒付和应当部分拒付提为全部拒付的，银行均不得受理，应实行强制扣款。

银行同意部分或全部拒绝付款的，应在拒绝付款理由书上签注意见。部分拒绝付款，除办理部分付款外，应将拒绝付款理由书连同拒付证明和拒付商品清单邮寄收款人开户银行转交收款人。全部拒绝付款，应将拒绝付款理由书连同拒付证明和有关单证邮寄收款人开户银行转交收款人。

4.逾期付款。付款人在承付期满日银行营业终了时，如无足够资金支付，其不足部分，即为逾期未付款项，按逾期付款处理。付款人开户银行对付款人逾期支付的款项，应当根据逾期付款金额和逾期天数，按每天万分之五计算逾期付款赔偿金。

赔偿金的扣付列为企业销货收入扣款顺序的首位。付款人账户余额不足全额支付时，应排列在工资之前，并对该账户采取“只收不付”的控制办法，待一次足额扣付赔偿金后，才准予办理其他款项的支付。因此而产生的经济后果，由付款人自行负责。

付款人开户银行对逾期未付的托收凭证，负责进行扣款的期限为3个月(从承付期满日算起)。在此期限内，银行必须按照扣款顺序陆续扣款。期满时，付款人仍无足够资金支付该笔尚未付清的欠款，银行应于次日通知付款人将有关交易单证(单证已作账务处理或已部分支付的，可以填制应付款项证明单)在2日内退回银行。银行将有关结算凭证连同交易单证或应付款项证明单退回收款人开户银行转交收款人，并将应付的赔偿金划给收款人。

实务技能训练案例 4-9

2011年12月30日，浙江昊阳实业股份有限公司收到银行转来的托收承付结算的付款通知，应支付上海东方集团有限公司购货款项30 000元，经审核相关单据无误后同意支付该笔货款。

企业相关信息见[实务技能训练案例 4-4]。

实务操作

一、浙江昊阳实业股份有限公司托收承付业务办理主要操作步骤

步骤1:收到托收承付结算凭证(付款通知)(如图4-149)，审核付款。

步骤2:出纳员对该笔业务核对无误无需向银行承诺，相关人员填制并审核付款凭证(图4-150)。

托收凭证（付款通知）　5　托收号码

委托日期　2011年12月30日　付款期限　年　月　日

业务类型	委托收款（邮划、电划）				托收承付（√邮划、电划）		
付款行	全称	浙江昊阳实业股份有限公司		收款行	全称	上海东方集团有限公司	
	账号	123456789012345			账号	123456789101112	
	地址	浙江省杭州市 县	开户行：工行杭州西湖支行		地址	省上海市 县	开户行：工行上海嘉定支行
金额	人民币（大写）	叁万元整				千百十万千百十元角分	¥3000000
款项内容	货款	托收凭据名称	购货发票 托收凭证	附寄单证张数	2		
商品发运情况	已发运		合同名称号码	XC0012456			
备注：付款人开户银行收到日期：2011年12月30日		付款人开户银行签章 2011年12月30日					

此联是付款人开户行给付收款人按期付款通知

图 4-149　托收凭证(付款通知)

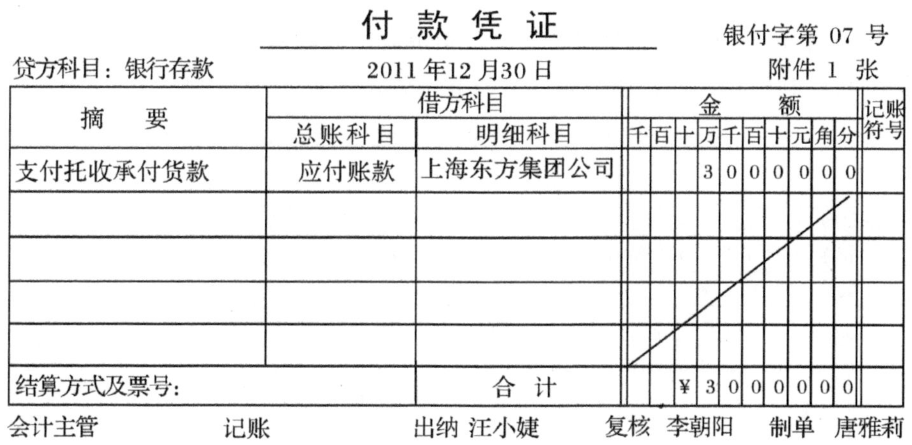

付 款 凭 证　　银付字第 07 号

贷方科目：银行存款　　2011年12月30日　　附件 1 张

摘要	借方科目 总账科目	借方科目 明细科目	千	百	十	万	千	百	十	元	角	分	记账符号
支付托收承付货款	应付账款	上海东方集团公司				3	0	0	0	0	0	0	
结算方式及票号：		合　计			¥	3	0	0	0	0	0	0	

会计主管　　记账　　出纳 汪小婕　　复核 李朝阳　　制单 唐雅莉

图 4-150　银行存款付款凭证

步骤 3：出纳员根据银行存款付款凭证登记银行存款日记账（如图 4-151），会计登记明细分类账和总分类账（账簿略）。

银行存款日记账

开户行名称　中国工商银行杭州西湖支行　　　　银行账号　123456789012345　第　1　页

2011年		凭证号码	摘　要	√	借　方												贷　方												余　额											
月	日				十	亿	千	百	十	万	千	百	十	元	角	分	十	亿	千	百	十	万	千	百	十	元	角	分	十	亿	千	百	十	万	千	百	十	元	角	分
			期初余额																													1	0	0	0	0	0	0	0	0
12	1	银付 01	购货款																			2	3	4	0	0	0	0					9	7	6	6	0	0	0	0
12	3	银付 02	申请银行本票																			2	0	0	2	0	0	0					9	5	6	5	8	0	0	0
12	6	银付 03	申请银行汇票																			5	0	0	2	0	0	0					9	0	6	5	6	0	0	0
12	10	银付 04	支付商业承兑汇票																			3	0	0	0	0	0	0					8	7	6	5	6	0	0	0
12	25	银付 05	支付银行承兑汇票																			3	0	0	0	0	0	0					8	4	6	5	6	0	0	0
12	28	银付 06	支付汇兑结算货款																			3	0	0	5	0	0	0					8	1	6	5	1	0	0	0
12	30	银付 07	支付托收承付货款																			3	0	0	0	0	0	0					7	8	6	5	1	0	0	0

图 4-151　银行存款日记账

二、上海东方集团有限公司托收承付业务办理主要操作步骤

步骤 1:收到银行转来托收承付结算凭证(收账通知)(如图 4-152),并予以审核。

托收凭证（汇款依据或收账通知）　4　　托收号码

委托日期　2011 年 12 月 30 日　付款期限　　年　月　日

<table>
<tr><td>业务类型</td><td colspan="5">委托收款（邮划、电划）</td><td colspan="14">托收承付（√邮划、电划）</td></tr>
<tr><td rowspan="3">付款行</td><td>全称</td><td colspan="4">浙江昊阳实业股份有限公司</td><td rowspan="3">收款行</td><td>全称</td><td colspan="12">上海东方集团有限公司</td></tr>
<tr><td>账号</td><td colspan="4">123456789012345</td><td>账号</td><td colspan="12">123456789101112</td></tr>
<tr><td>地址</td><td>浙江省杭州市县</td><td>开户行</td><td colspan="2">工行杭州西湖支行</td><td>地址</td><td colspan="4">省上海市县</td><td colspan="3">开户行</td><td colspan="5">工行上海嘉定支行</td></tr>
<tr><td rowspan="2">金额</td><td rowspan="2">人民币（大写）</td><td colspan="6" rowspan="2">叁万元整</td><td>千</td><td>百</td><td>十</td><td>万</td><td>千</td><td>百</td><td>十</td><td>元</td><td>角</td><td>分</td></tr>
<tr><td></td><td></td><td>¥</td><td>3</td><td>0</td><td>0</td><td>0</td><td>0</td><td>0</td><td>0</td></tr>
<tr><td colspan="2">款项内容</td><td colspan="2">货款</td><td>托收凭据名称</td><td colspan="2">购货发票托收凭证</td><td colspan="4">附寄单证张数</td><td colspan="8">2</td></tr>
<tr><td colspan="2">商品发运情况</td><td colspan="3">已发运</td><td colspan="6">合同名称号码</td><td colspan="8">XC0012456</td></tr>
<tr><td colspan="4">备注：
复核　　记账</td><td colspan="7">上列款项已划回收入方账户内
2011.12.30
收款人开户银行签章：
2011年12月30日</td><td colspan="8"></td></tr>
</table>

此联是付款人开户行给收收款人开户行作收账通

图 4-152　托收凭证(收账通知)

步骤 2：会计根据审核无误的结算凭证填制收款凭证（如图 4-153）。

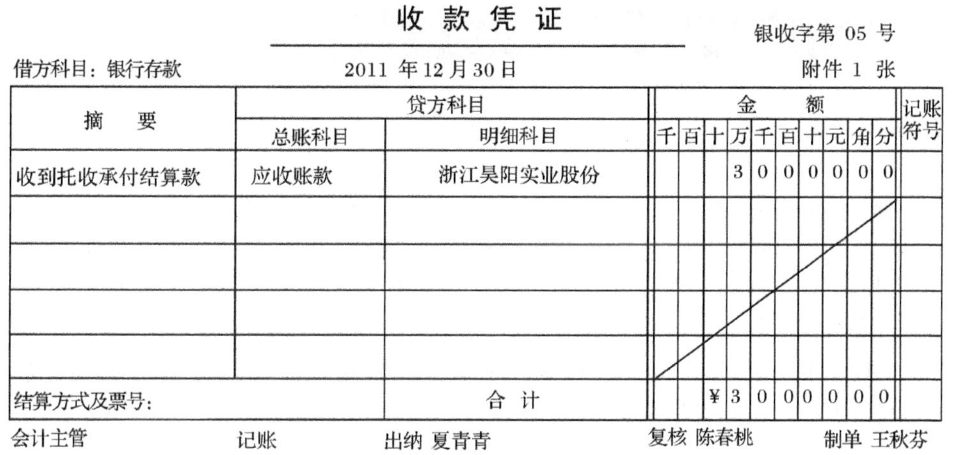

收 款 凭 证

银收字第 05 号

借方科目：银行存款　　2011 年 12 月 30 日　　附件 1 张

摘要	贷方科目		金额										记账符号
	总账科目	明细科目	千	百	十	万	千	百	十	元	角	分	
收到托收承付结算款	应收账款	浙江昊阳实业股份				3	0	0	0	0	0	0	
结算方式及票号：		合　计			¥	3	0	0	0	0	0	0	

会计主管　　记账　　出纳 夏青青　　复核 陈春桃　　制单 王秋芬

图 4-153　银行存款收款凭证

步骤 5：出纳员根据银行存款收款凭证登记银行存款日记账（如图 4-154）。会计登记明细分类账和总分类账（账簿略）。

银行存款日记账

开户行名称　中国工商银行上海嘉定支行　　银行账号　123456789101112　第　1　页

2011 年		凭证号码	摘要	√	借方											贷方											余额										
月	日				十	亿	千	百	十	万	千	百	十	元	角	分	十	亿	千	百	十	万	千	百	十	元	角	分	十	亿	千	百	十	万	千	百	十	元	角	分
			期初余额																													1	0	0	0	0	0	0	0	0
12	6	银收 01	销货款							5	0	0	0	0	0	0																1	0	5	0	0	0	0	0	0
12	10	银收 02	商业承兑汇票到期							3	0	0	0	0	0	0																1	0	8	0	0	0	0	0	0
12	25	银收 03	银行承兑汇票到期							3	0	0	0	0	0	0																1	1	1	0	0	0	0	0	0
12	28	银收 04	收到汇兑结算货款							3	0	0	0	0	0	0																1	1	4	0	0	0	0	0	0
12	30	银收 05	收到托收承付货款							3	0	0	0	0	0	0																1	1	7	0	0	0	0	0	0

图 4-154　银行存款日记账

子情境 4.8 办理委托收款结算业务

知识与技能准备

一、委托收款的含义

委托收款是指收款人委托银行向付款人收取款项的结算方式。委托收款分邮寄和电报划回两种。前者是以邮寄方式由付款人开户银行向收款人开户银行转送委托收款凭证、提供收款依据的方式，后者则是以电报方式由付款人开户银行向收款人开户银行转送委托收款凭证，提供收款依据的方式。

二、委托收款的基本规定

1. 凡在银行或其他金融机构开立账户的单位和个体经济户的商品交易，公用事业单位向用户收取水电费、邮电费、煤气费、公房租金等劳务款项以及其他应收款项，无论是在同城还是异地，均可使用委托收款的结算方式。

2. 委托收款结算不受金额起点限制。

三、委托收款的结算程序

委托收款结算程序如图 4-155 所示：

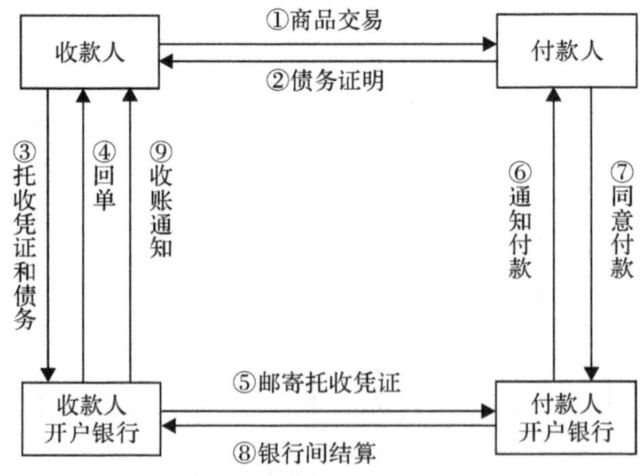

图 4-155 委托收款的结算程序

1.托收

收款人办理委托收款应填写一式五联托收凭证(如图4-144至4-148),并附有关债务证明一起提交银行。银行审查无误后将托收凭证和有关债务证明寄交付款人开户行办理委托收款。开户行审查无误后通知付款人。

2.付款

付款人应于接到通知的3日内书面通知银行付款。付款人未在规定期限内通知银行付款的,视同同意付款,银行应于付款人接到通知日的次日起第4日上午开始营业时,将款项划给收款人。

银行在办理划款时,付款人存款账户不足支付的,应通过被委托银行向收款人发出未付款项通知书。按照有关办法规定,债务证明留存付款人开户银行的,应将其债务证明连同未付款项通知书邮寄被委托银行转交收款人。

付款人审查有关债务证明后,对收款人委托收取的款项需要拒绝付款的,可以办理拒绝付款。银行将拒绝证明、债务证明和有关凭证一并寄给被委托银行转交收款人。

实务技能训练案例4-10

2011年12月30日,浙江昊阳实业股份有限公司收到银行转来的委托收款结算的付款通知,应支付上海东方集团有限公司购货款项30 000元,经审核相关单据无误后同意支付该笔货款。

企业相关信息见[实务技能训练案例4-4]。

实务操作

一、浙江昊阳实业股份有限公司委托收款业务办理主要操作步骤

步骤1:收到托收结算凭证(付款通知)(如图4-156),审核付款。

步骤2:出纳员对该笔业务核对无误无需向银行承诺,相关人员填制并审核付款凭证(图4-157)。

托收凭证（付款通知） 5 托收号码

委托日期 2011年12月30日 付款期限 年 月 日

<table>
<tr><td>业务类型</td><td colspan="4">委托收款（√邮划、电划）</td><td colspan="6">托收承付（邮划、电划）</td></tr>
<tr><td rowspan="3">付款行</td><td>全称</td><td colspan="3">浙江昊阳实业股份有限公司</td><td rowspan="3">收款行</td><td>全称</td><td colspan="4">上海东方集团有限公司</td></tr>
<tr><td>账号</td><td colspan="3">123456789012345</td><td>账号</td><td colspan="4">123456789101112</td></tr>
<tr><td>地址</td><td>浙江省杭州市县</td><td>开户行</td><td>工行杭州西湖支行</td><td>地址</td><td>省上海市县</td><td>开户行</td><td colspan="2">工行上海嘉定支行</td></tr>
<tr><td>金额</td><td>人民币（大写）</td><td colspan="3">叁万元整</td><td colspan="6">千 百 十 万 千 百 十 元 角 分
¥ 3 0 0 0 0 0 0</td></tr>
<tr><td>款项内容</td><td colspan="2">货款</td><td>托收凭据名称</td><td>购货发票 托收凭证</td><td colspan="2">附寄单证张数</td><td colspan="4">2</td></tr>
<tr><td>商品发运情况</td><td colspan="3">已发运</td><td colspan="3">合同名称号码</td><td colspan="4">XC00556677</td></tr>
<tr><td colspan="3">备注：
付款人开户银行收到日期：</td><td colspan="3">中国工商银行杭州西湖支行 2011.12.30
付款人开户银行签章：</td><td colspan="5"></td></tr>
</table>

图 4-156 托收凭证（付款通知）

付 款 凭 证 银付字第 08 号

贷方科目：银行存款 2011年12月30日 附件 1 张

<table>
<tr><td rowspan="2">摘要</td><td colspan="2">借方科目</td><td colspan="10">金额</td><td rowspan="2">记账符号</td></tr>
<tr><td>总账科目</td><td>明细科目</td><td>千</td><td>百</td><td>十</td><td>万</td><td>千</td><td>百</td><td>十</td><td>元</td><td>角</td><td>分</td></tr>
<tr><td>支付委托收款货款</td><td>应付账款</td><td>上海东方集团公司</td><td></td><td></td><td></td><td>3</td><td>0</td><td>0</td><td>0</td><td>0</td><td>0</td><td>0</td><td></td></tr>
<tr><td></td><td></td><td></td><td></td><td></td><td></td><td></td><td></td><td></td><td></td><td></td><td></td><td></td><td></td></tr>
<tr><td></td><td></td><td></td><td></td><td></td><td></td><td></td><td></td><td></td><td></td><td></td><td></td><td></td><td></td></tr>
<tr><td></td><td></td><td></td><td></td><td></td><td></td><td></td><td></td><td></td><td></td><td></td><td></td><td></td><td></td></tr>
<tr><td></td><td></td><td></td><td></td><td></td><td></td><td></td><td></td><td></td><td></td><td></td><td></td><td></td><td></td></tr>
<tr><td colspan="2">结算方式及票号：</td><td>合 计</td><td></td><td></td><td>¥</td><td>3</td><td>0</td><td>0</td><td>0</td><td>0</td><td>0</td><td>0</td><td></td></tr>
</table>

会计主管 记账 出纳 汪小婕 复核 李朝阳 制单 唐雅莉

图 4-157 银行存款付款凭证

步骤 3：出纳员根据银行存款付款凭证登记银行存款日记账（如图 4-158），会计登记明细分类账和总分类账（账簿略）。

银行存款日记账

开户行名称　中国工商银行杭州西湖支行　　　　银行账号　123456789012345　第　1　页

2011年		凭证号码	摘要	√	借方												贷方												余额											
月	日				十	亿	千	百	十	万	千	百	十	元	角	分	十	亿	千	百	十	万	千	百	十	元	角	分	十	亿	千	百	十	万	千	百	十	元	角	分
			期初余额																													1	0	0	0	0	0	0	0	0
12	1	银付 01	购货款																			2	3	4	0	0	0	0					9	7	6	6	0	0	0	0
12	3	银付 02	申请银行本票																			2	0	0	2	0	0	0					9	5	6	5	8	0	0	0
12	6	银付 03	申请银行汇票																			5	0	0	2	0	0	0					9	0	6	5	6	0	0	0
12	10	银付 04	支付商业承兑汇票																			3	0	0	0	0	0	0					8	7	6	5	6	0	0	0
12	25	银付 05	支付银行承兑汇票																			3	0	0	0	0	0	0					8	4	6	5	6	0	0	0
12	28	银付 06	支付汇兑结算货款																			3	0	0	5	0	0	0					8	1	6	5	1	0	0	0
12	30	银付 07	支付托收承付货款																			3	0	0	0	0	0	0					7	8	6	5	1	0	0	0
12	30	银付 08	支付委托收款货款																			3	0	0	0	0	0	0					7	5	6	5	1	0	0	0

图 4-158　银行存款日记账

二、上海东方集团有限公司委托收款业务办理主要操作步骤

步骤 1:收到银行转来托收结算凭证(收账通知)(如图 4-159),并予以审核。

托收凭证（汇款依据或收账通知）4　　托收号码

委托日期　2011年12月30日　付款期限　年　月　日

业务类型	委托收款（√邮划、电划）			托收承付（邮划、电划）		
付款行	全称	浙江昊阳实业股份有限公司	收款行	全称	上海东方集团有限公司	
	账号	123456789012345		账号	123456789101112	
	地址	浙江省杭州市县　开户行　工行杭州西湖支行		地址	省上海市县　开户行　工行上海嘉定支行	
金额	人民币（大写）	叁万元整		千百十万千百十元角分	¥3000000	
款项内容	货款	托收凭据名称	购货发票托收凭证	附寄单证张数	2	
商品发运情况	已发运		合同名称号码	XC00556677		
备注： 复核　记账		上列款项已划回收入方账户内 收款人开户银行签章： 2011年12月30日				

此联是付款人开户行给收款人开户行作收账通知

图 4-159　托收凭证(收账通知)

步骤 2：会计根据审核无误的结算凭证填制银行存款收款凭证（如图 4-160）。

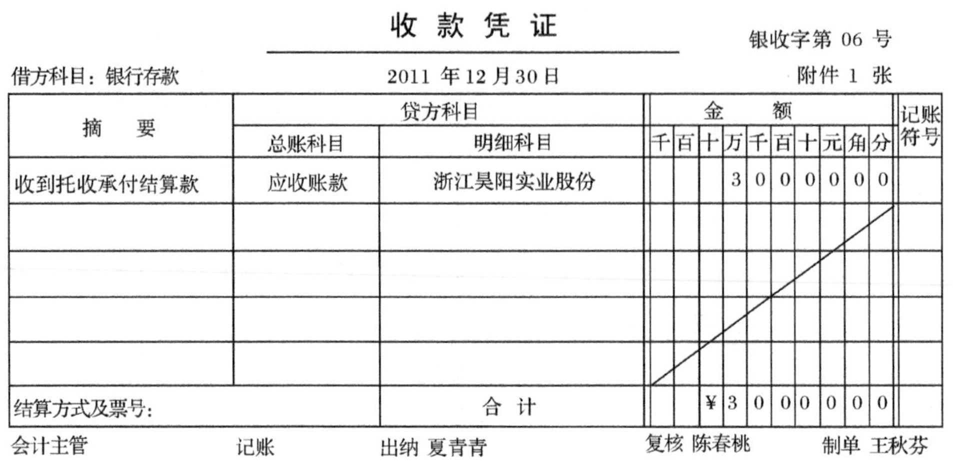

收 款 凭 证

银收字第 06 号

借方科目：银行存款　　　　2011 年 12 月 30 日　　　　附件 1 张

摘要	贷方科目		金额										记账符号
	总账科目	明细科目	千	百	十	万	千	百	十	元	角	分	
收到托收承付结算款	应收账款	浙江昊阳实业股份				3	0	0	0	0	0	0	
结算方式及票号：		合　计			¥	3	0	0	0	0	0	0	

会计主管　　　记账　　　出纳 夏青青　　　复核 陈春桃　　　制单 王秋芬

图 4-160　银行存款收款凭证

步骤 3：出纳员根据银行存款收款凭证登记银行存款日记账（如图 4-161）。会计登记明细分类账和总分类账（账簿略）。

银行存款日记账

开户行名称　中国工商银行上海嘉定支行　　　　银行账号　123456789101112　第 1 页

2011 年 月	日	凭证号码	摘要	√	借方（十亿千百十万千百十元角分）	贷方（十亿千百十万千百十元角分）	余额（十亿千百十万千百十元角分）
			期初余额				100000000
12	6	银收 01	销货款		5000000		105000000
12	10	银收 02	商业承兑汇票到期		3000000		108000000
12	25	银收 03	银行承兑汇票到期		3000000		111000000
12	28	银收 04	收到汇兑结算货款		3000000		114000000
12	30	银收 05	收到托收承付货款		3000000		117000000
12	30	银收 06	收到委托收款货款		3000000		120000000

图 4-161　银行存款日记账

子情境 4.9　编制银行存款余额调节表

知识与技能准备

一、未达账项的含义

企业编制银行存款余额调节表的主要原因是未达账项的存在。

未达账项是指企业单位与银行之间，对同一项经济业务由于凭证传递上的时间差所形成的一方已登记入账，而另一方因未收到相关凭证，而尚未登记入账的事项。

企业和银行之间可能会发生以下四个方面的未达账项：

1. 银行已经收款入账，企业因尚未收到银行的收款通知而未收款入账的款项，如委托银行收款等。

2. 银行已经付款入账，企业因尚未收到银行的付款通知而未付款入账的款项，如借款利息的扣付、托收承付等。

3. 企业已经收款入账，银行因尚未办理完转账手续而未收款入账的款项，如收到外单位的转账支票等。

4. 企业已经付款入账，而银行因尚未办理完转账手续而未付款入账的款项，如企业已开出支票而持票人尚未向银行提现或转账等。

因此，企业必须定期（至少每月一次）将企业银行存款日记账与银行对账单进行核对，并编制银行存款余额调节表。

二、银行存款余额调节表的格式

银行存款余额调节表格式如图 4-162 所示：

银行存款余额调节表

年　月　日　　　　单位：元

项　目	余　额	项　目	余　额
本企业银行存款账面余额		银行对账单存款余额	
加：企业尚未入账的收入款项		加：银行尚未入账的收入款项	
减：企业尚未入账的付出款项		减：银行尚未入账的付出款项	
调节后的存款余额		调节后的存款余额	

图 4-162　银行存款余额调节表

调节后的银行存款余额相等，一般可以说明双方记账没有差错。如果经调节仍不相等，则可能是未达账项未全部查出，或者是一方或双方记账出现差错，需要进一步采用对账方法查明原因，加以更正。调节相等后的银行存款余额是当日可以动用的银行存款实有数。对于银行已经划账，而企业尚未入账的未达账项，要待银行结算凭证到达后，才能据以入账，不能以“银行存款调节表”作为记账依据。

实务技能训练案例 4-11

浙江昊阳实业股份有限公司 2011 年 12 月 31 日的银行存款日记账账面余额为 410 000元，而银行对账单上企业存款余额为 435 820 元，经逐笔核对，发现有以下未达账项。

1. 12 月 28 日企业委托银行代收款项 39 000 元，银行已收妥入账，企业尚未接到银行的收款通知，所以企业未登账；

2. 12 月 29 日，企业开出支票 4 820 元，持票人尚未到银行办理转账，银行尚未登账；

3. 12 月 29 日，银行代企业支付电话费 850 元，企业尚未接到银行的付款通知，所以企业尚未登账；

4. 12 月 30 日，企业送存支票 17 150 元，银行尚未登入企业存款账户。

实务操作

昊阳公司应编制如图 4-163 所示银行存款余额调节表：

银行存款余额调节表

2011 年 12 月 31 日　　　　单位：元

项　目	余　额	项　目	余　额
本企业银行存款账面余额	410 000	银行对账单存款余额	435 820
加：企业尚未入账的收入款项	39 000	加：银行尚未入账的收入款项	17 150
减：企业尚未入账的付出款项	850	减：银行尚未入账的付出款项	4 820
调节后的存款余额	448 150	调节后的存款余额	448 150

图 4-163　银行存款余额调节表

单元小结

本情境主要介绍了银行存款账户的类型、开设与管理，支票、银行本票、银行汇票、商业汇票、汇兑、托收承付、委托收款等银行结算方式下的经济业务办理及银行存款日记账的设置和登记，银行存款余额调节表的编制。相关内容和要求主要如下：

任务内容	银行存款管理与核算	
	知识与技能准备	技能要求与目标
开设与管理银行结算账户	1.银行结算账户的分类 2.银行结算账户的开设、变更和撤销 3.银行结算账户的管理	1.能正确办理银行结算账户的开设、变更和撤销 2.能正确使用和管理银行结算账户
办理银行支票结算业务	1.支票含义及分类 2.支票结算的基本规定 3.支票的结算程序 4.支票的背书转让 5.支票的挂失止付	1.能正确签发现金支票和提取现金 2.能正确办理转账支票正送业务 3.能正确办理转账支票倒送业务 4.能正确办理支票背书转让业务 5.能正确办理支票挂失止付业务 6.能依据审核后的收付款凭证正确登记银行存款日记账
办理银行本票结算业务	1.银行本票的含义 2.银行本票结算的基本规定 3.银行本票的结算程序 4.银行本票的背书转让 5.银行本票的退款、超期付款和挂失	1.能正确填制银行本票申请书向银行申请签发银行本票 2.能正确填制进账单并将银行本票交存银行 3.能正确办理银行本票的背书转让 4.能正确办理银行本票的退款、超期付款和挂失 5.能依据审核后的收付款凭证正确登记银行存款日记账
办理银行汇票结算业务	1.银行汇票的含义 2.银行汇票结算的基本规定 3.银行汇票的结算程序 4.银行汇票的背书转让 5.银行汇票的退款与挂失	1.能正确填制银行汇票申请书向银行申请签发银行汇票 2.能正确填制进账单和汇票实际结算金额并将银行汇票交存银行 3.能正确办理银行汇票的背书转让 4.能正确办理银行汇票退款与挂失 5.能依据审核后的收付款凭证正确登记银行存款日记账

续表

任务内容	银行存款管理与核算	
	知识与技能准备	技能要求与目标
办理商业汇票结算业务	1.商业汇票的含义 2.商业汇票结算的基本规定 3.商业汇票的结算程序 4.商业汇票的贴现 5.商业汇票的挂失	1.能正确签发商业承兑汇票并提示付款人承兑 2.能正确填制托收凭证并将商业承兑汇票送交银行委托收款 3.能正确办理向银行申请并承兑银行承兑汇票的业务 4.能正确填制进账单并将银行承兑汇票送交银行委托收款 5.能正确办理商业汇票的背书转让 6.能正确办理商业汇票的贴现 7.能正确办理商业汇票的挂失 8.能依据审核后的收付款凭证正确登记银行存款日记账
办理汇兑结算业务	1.汇兑的含义 2.汇兑的基本规定 3.汇兑的结算程序	1.能正确办理信汇业务 2.能正确办理电汇业务 3.能依据审核后的收付款凭证正确登记银行存款日记账
办理托收承付结算业务	1.托收承付的含义 2.托收承付的基本规定 3.托收承付的结算程序	1.能正确填制托收凭证办理托收承付业务 2.能正确办理验单付款和验货付款,正确填写拒付理由书 3.能依据审核后的收付款凭证正确登记银行存款日记账
办理委托收款结算业务	1.委托收款的含义 2.委托收款的基本规定 3.委托收款的结算程序	1.能正确填制托收凭证办理委托收款业务 2.能依据审核后的收付款凭证正确登记银行存款日记账
编制银行存款余额调节表	1.未达账项的含义 2.银行存款余额调节表的格式	1.能正确判断未达账项性质 2.能正确编制银行存款余额调节表

思考与练习

一、思考题

1.单位银行结算账户的类型有哪些?各有什么作用?

2.简述转账支票正送和倒送情况下的业务操作流程。

3.简述银行本票的结算程序和基本规定。

4. 简述银行汇票的结算程序和基本规定。
5. 简述商业承兑汇票和银行承兑汇票的结算程序，并比较其差异。
6. 简述汇兑结算程序和基本规定。
7. 简述托收承付的结算程序和基本规定。
8. 简述委托收款的结算程序和基本规定。
9. 比较七种银行结算方式的使用范围。
10. 商业承兑汇票到期，付款方无款支付时收付款方如何进行账户处理？
11. 银行承兑汇票到期，付款方无款支付时收付款方如何进行账户处理？
12. 简述未达账项产生的原因。

二、练习题

【单选题】

1. 银行汇票的提示付款期限是（　　）。

A. 自出票日起6个月　　B. 自出票日起1个月

C. 自出票日起15日　　D. 自出票日起7月

2. 下列不属于银行汇票绝对应记载的事项是（　　）。

A. 确定的金额　　B. 付款人名称

C. 付款日期　　D. 出票日期

3. 银行汇票的付款地为（　　）所在地。

A. 持票人　　B. 背书人

C. 保证人　　D. 出票人

4. 出票银行签发的，由其在见票时按照实际结算金额无条件支付给收款人或者持票人的票据是（　　）。

A. 银行汇票　　B. 银行本票

C. 支票　　D. 商业汇票

5. 票据记载事项是指依法在票据上记载票据相关内容的行为。下列关于票据记载事项的表述中，正确的是（　　）。

A. 票据记载事项可分为绝对记载事项和相对记载事项

B. 票据记载事项可分为绝对记载事项和任意记载事项等

C. 票据记载事项可分为相对记载事项和任意记载事项等

D. 票据记载事项可分为绝对记载事项、相对记载事项和任意记载事项等

6. 银行本票的持票人超过提示付款期提示付款的，代理付款人不予受理。该提示付款期为（　　）。

A. 自出票人起1个月　　B. 自出票日起2个月

C. 自出票日起 3 个月　　D. 自出票日起 6 个月

7. 某单位于 2011 年 10 月 19 开出一张银行本票。下列有关支票日期的写法中，符合要求的是(　　)。

A. 贰零壹壹年拾月拾玖日

B. 贰零壹壹年拾月壹拾玖日

C. 贰零壹壹年零壹拾月拾玖日

D. 贰零壹壹年零壹拾月壹拾玖日

8. 票据出票的大写日期未按要求规范填写的，银行可以受理，但由此造成的损失，由(　　)承担。

A. 付款人　　B. 收票人

C. 银行　　D. 出票人

9. 存款人日常经营活动发生的资金收付以及工资薪金的支付，都应该通过(　　)办理。

A. 银行结算账户　　B. 基本存款账户

C. 一般存款账户　　D. 专用存款账户

10. 某企业 2011 年 12 月 31 日银行存款日记账账面余额为 217 300 元，开户行送来的对账单所列本企业存款余额为 254 690 元，经核对，发现未达账项如下：银行已收，企业未收款 42 100 元，银行已付，企业未付款 5 000 元，企业已收，银行未收款 21 600 元，企业已付，银行未付款 21 890 元，则该企业可动用的银行存款实有数是(　　)。

A. 217 300 元　　B. 254 690 元

C. 254 400 元　　D. 276 290 元

11. 下列企业中，可以在银行办理托收承付结算方式的有(　　)。

A. 个体工商户　　B. 有限合伙企业

C. 有限责任公司　　D. 国有独资企业

12. 甲遗失一张汇票，在其通知挂失止付后(　　)，可依法向法院申请公示催告或提起诉讼。

A. 3 日内　　B. 5 日内

C. 12 日内　　D. 15 日内

13. 下列陈述正确的是(　　)。

A. 银行承兑汇票的出票人是银行

B. 商业承兑汇票的承兑人是非银行单位

C. 银行本票不允许单位转让

D. 签发支票的印章与在银行预留签章不符的支票是空头支票

14. 托收承付结算每笔的金额起点为(　　)元。

A. 1 000　　B. 10 000

C. 5 000　　D. 20 000

15. 支票的提示付款期限为(　　)。

A. 3 天　　B. 10 天

C. 7 天　　D. 15 天

16. 根据《支付结算办法》的规定，下列款项中，可以办理托收承付结算的是(　　)。

A. 商品交易取得的款项　　B. 代销的商品款项

C. 因寄售商品而产生的款项　　D. 赊销商品后结算的款项

17. 对企业与其开户银行之间的未达账项，进行账务处理的时间是(　　)。

A. 查明未达账项时　　B. 收到银行对账单时

C. 编好银行存款余额调节表时　　D. 实际收到有关传票凭证时

18. 对银行存款日记账的核对是指银行存款日记账与(　　)的核对。

A. 银行存款收付款凭证　　B. 现金付款凭证

C. 银行存款总账　　D. 银行对账单

19. 经过"银行存款余额调节表"调整后的银行存款余额为(　　)。

A. 企业账上的银行存款余额　　B. 银行账上的企业存款余额

C. 企业可动用的银行存款余额　　D. 企业在会计报表上反映的存款余额

20. 银行存款日记账的账簿形式应该是(　　)。

A. 三栏式活页式账簿　　B. 多栏式活页式账簿

C. 两栏式订本序时账簿　　D. 三栏式订本序时账簿

【多选题】

1. 根据《银行账户管理办法》，企事业单位的存款账户分为(　　)。

A. 基本存款账户　　B. 一般存款账户

C. 临时存款账户　　D. 专用存款账户

2. 根据《支付结算办法》支付结算的方式有(　　)。

A. 支票　　B. 银行汇票

C. 委托收款　　D. 商业汇票

3. 银行、单位和个人在办理结算过程中，必须遵守的基本原则包括(　　)。

A. 恪守信用，履约付款　　B. 必须提供担保

C. 谁的钱进谁的账，由谁支配　　D. 银行不垫款

4. 以下关于票据和结算凭证的基本要求正确的有(　　)。

A. 出票日期必须使用中文大写

B. ￥107 000.53 大写金额可以写成人民币壹拾万柒仟元零伍角叁分或者人民币

壹拾万零柒仟元伍角叁分

C. ￥16 409.00 大写金额为人民币壹万陆仟肆佰零玖元

D. ￥6 007.14，大写金额为人民币陆仟零柒元壹角肆分整

5. 存款人有下列（　　）情形之一的，应向开户银行提出撤销银行结算账户的申请。

A. 被撤并、解散、宣告破产或关闭的

B. 注销、被吊销营业执照的

C. 因迁址需要变更开户银行的

D. 存款人尚未清偿开户银行债务的

6. 下列关于票据的各项表述中，符合规定的有（　　）。

A. 票据的中文大写金额数字应用正楷或行书填写

B. 票据的中文大写金额数字前应标明"人民币"字样

C. 票据的出票日期应使用小写填写

D. 票据中的中文大写金额数字到“元”为止的，在“元”之后，应写“整”（或“正”）字

7. 会使本企业银行存款日记账账面余额，小于银行对账单余额的未达账项有（　　）。

A. 企业已收，银行未收款

B. 企业已付，银行未付款

C. 银行已收，企业未收款

D. 银行已付，企业未付款

8. 专用存款账户的使用范围包括（　　）。

A. 证券交易结算资金

B. 住房基金

C. 期货交易保证金

D. 社会保障基金

9. 银行汇票结算特点（　　）。

A. 适用范围广

B. 票随人走，钱货两清

C. 信用度高，安全可靠

D. 使用灵活，适用性强

10. 下列有关银行结算账户的说法，正确的有（　　）。

A. 基本存款账户是存款人的主办账户

B. 一般存款账户可以办理现金缴存

C. 财政预算外资金专用存款账户不得支取现金

D. 临时账户有效期限不能超过两年

11. 2011 年 5 月，甲公司在办理托收承付结算时，遭到银行拒绝，在与银行交涉时，银行业务员张先生陈述的下列理由中，正确的是（　　）。

A. 合同中没有订明使用异地托收承付结算方式

B. 签发托收承付凭证时未注明托收附寄单证的张数

C. 收款人对同一付款人发货托收已累计 3 次未收回货款

D. 本笔托收承付的金额只有 9 万元

12. 下列各项中，可以办理现金支付的账户有（　　）。

A. 一般存款账户　　B. 临时存款账户

C. 基本存款账户　　D. 专用存款账户

13. 可以使用托收承付结算方式的企业包括(　　)。

A. 国有企业

B. 中外合资企业

C. 供销合作社

D. 经开户银行审查同意的城乡集体所有制工业企业

14. 根据《中华人民共和国票据法》的规定，支票的(　　)可以由出票人授权补记。未补记前，不得背书转让和提示付款。

A. 支票金额　　B. 出票日期

C. 付款人名称　　D. 收款人名称

15. 根据支付结算法律制度的规定，下列选项中，属于变造票据的有(　　)。

A. 变更票据金额　　B. 变更票据上的到期日

C. 变更票据上的签章　　D. 变更票据上的付款日

16. 根据《支付结算办法》的规定，当事人签发委托收款凭证时，下列选项中，属于必须记载的事项有(　　)。

A. 确定的金额和付款人名称

B. 委托收款凭据名称及附寄单证张数

C. 收款人名称和收款人签章

D. 收款日期

17. 下列有关银行汇票的陈述中，正确的有(　　)。

A. 填明"现金"字样的银行汇票可以提取现金

B. 填明"现金"字样的银行汇票可以挂失止付

C. 填明"现金"字样的银行汇票可以背书转让

D. 填明"现金"字样的银行汇票不可以背书转让

18. 银行存款日记账余额与银行对账单余额不一致，原因可能是(　　)。

A. 银行存款日记账有误　　B. 银行记账有误

C. 存在未达账项　　D. 存在未付款项

19. 下列结算方式中同城结算可采用的方式为(　　)。

A. 支票　　B. 银行本票

C. 委托收款　　D. 托收承付

20. 下列各项中，不通过"其他货币资金"科目核算的有(　　)。

A. 银行汇票存款　　B. 银行承兑汇票

C. 备用金　　D. 外埠存款

【判断题】

1. 银行汇票是汇款人将款项存入当地银行，由汇款人签发，持往异地支取库存现金或办理转账结算的票据。 （ ）

2. 商业汇票只能用于商品交易的结算，不可用于劳务结算。 （ ）

3. 商业汇票按其承兑人的不同，可分为商业承兑汇票和银行承兑汇票两种。 （ ）

4. 企业用银行汇票支付购货款时，应通过“应付票据”账户核算。 （ ）

5. 支票在其十天的有效期里可在其票据交换区内多次背书转让。 （ ）

6. 一个单位可以根据需要开设多个基本存款账户和多个一般存款账户。 （ ）

7. 根据支付结算的有关规定，托收承付的付款人，有正当理由的，可以向银行提出全部或部分拒绝付款。 （ ）

8. 对于银行存款的未达账项应编制“银行存款余额调节表”进行调节，同时将未达账项编成记账凭证登记入账。 （ ）

9. 银行存款日记账要做到日清月结、账款相符。 （ ）

10. 银行对出现错误问题的支票予以退票，并按规定填制报告书上报中国人民银行，按票面金额处以10%但不低于1 000元的罚款，持票人有权要求出票人赔偿支票金额5%的赔偿金。 （ ）

【案例分析题】

1. 2012年3月10日，甲、乙两个企业签订了100万元的买卖合同。根据合同约定，乙企业于3月20日向甲企业发货后，甲企业向乙企业签发100万元的支票，出票日期为2012年4月1日，付款人为丙银行。但甲企业在支票上未记载支票金额，授权乙企业补记。乙企业在支票上补记金额后，于2012年4月8日向丙银行提示付款，但甲企业的银行账户上只有20万元。

根据支票法律制度的规定，分析回答以下问题：

(1)甲企业在出票时未记载金额即将支票交给乙企业，该支票是否有效？并说明理由。

(2)对于甲企业签发空头支票的行为，应承担何种法律责任？

(3)如果持票人乙企业于2012年4月18日向丙银行提示付款，出票人甲企业的票据责任能否解除？并说明理由。

2. 甲公司会计科被盗，会计人员在清点财物时，发现除现金、财务印章外，还有6张票据被盗，其中包括：现金支票1张；未承兑的商业汇票1张；填明“现金”字样的银行本票2张；未填明“现金”字样的银行汇票1张。

根据我国金融法律制度的规定，回答下列问题：

(1)甲公司票据被盗后,哪些票据可以挂失止付?并说明理由。
(2)甲公司对票据挂失止付后,还可以采取哪些补救措施?
(3)甲公司能否不经挂失止付而直接向人民法院申请公示催告?并说明理由。

【技能训练题】

实训企业资料信息

1.北京天裕实业股份有限公司相关信息如下:
开户银行:中国工商银行北京海淀支行
账号:223456789516516
税务登记号:567895678956789
单位地址:北京海淀区复兴路180号
单位电话:010－85685688
法人代表:王天裕
总经理:汤敏儿
销售部经理:黄玲玲
采购部经理:孙立武
办公室主任:李子豪
会计主管(兼审核会计):李美静
制单会计:孙丽婷
开票人:郭小羽
出纳:李丽芳

2.北京东方集团有限公司相关信息如下:
开户银行:中国工商银行北京海淀支行
账号:888886666655555
税务登记号:135791357913579
单位地址:北京海淀区复兴路360号
单位电话:010－85798579
法人代表:李东方
总经理:李玲娥
会计主管:陈宇辰
制单会计:刘小芳
开票人:王美玲
出纳:程春红

3.浙江东方集团有限公司相关信息如下：

开户银行：中国工商银行杭州解放支行

账号：523456789034567

税务登记号：323456789056789

单位地址：杭州上城区解放路220号

单位电话：0571－85167806

法人代表：李东方

总经理：刘正新

会计主管（兼主管会计）：姜雨涵

制单会计：刘心悠

开票人：王艳

出纳：林雅若

技能训练1

实训目的：掌握转账支票结算业务的办理。

实训资料：2012年2月1日，北京天裕实业股份有限公司向北京东方集团有限公司购买办公桌一批用于销售，增值税发票上注明的价款50 000元，税款8 500元，采购员王刚向财务处申请开具转账支票用于货款结算。转账支票由天裕公司出纳直接送交开户银行。

实训要求：

（1）天裕公司填写审核支票领用单。

支 票 领 用 单

转账□　现金□　　　　　　　　　　领导签批：

<table>
<tr><td colspan="4">年　　月　　日</td></tr>
<tr><td rowspan="3">由领用人填写</td><td colspan="3">收款人全称：</td></tr>
<tr><td colspan="3">用途：</td></tr>
<tr><td colspan="3">预计金额：</td></tr>
<tr><td rowspan="3">由出纳填写</td><td>开户银行</td><td>账号</td><td>支票号码</td></tr>
<tr><td colspan="3"></td></tr>
<tr><td colspan="3">金额（大写）：　万　仟　佰　拾　元　角　分　￥</td></tr>
<tr><td colspan="4">部门负责人：　　　　出纳：　　　　领用人：</td></tr>
</table>

(2)天裕公司填写转账支票正反面。

中国工商银行
现金支票存根（京）
BG/02 1586526
附加信息
出票日期　年　月　日
收款人：
金　额：
用　途：
单位主管　会计

ICBC 中国工商银行 转账支票（京） 北BG/京02 1586526
支票付款期限十天
出票日期（大写）　年　月　日　付款行名称：
收款人：　出票人账号：
人民币（大写）

亿	千	百	十	万	千	百	十	元	角	分

用途
上述款项请从我账户内支付
出票人签章
科　目（借）
对方科目（贷）
转账日期　年　月　日
复核　记账

附加信息：
身份证名称：　发证机关：
号码
被背书人
背书人签章
年　月　日
粘贴单处

(3)天裕公司填写支票使用登记簿。

支票使用登记簿

年		支票号码	银行名称	支票金额	用途	到期日	开具人	使用人	备注
月	日								

(4)天裕公司填写银行进账单,指出进账单各联次作用及传递过程。

银行进账单

年 月 日

出票人	全　称	
	账　号	
	开户银行	
人民币	万千百十万千百十元角分	
收款人	全　称	
	账　号	
	开户银行	
事由		

银行进账单（送票回执）　1

年 月 日

出票人	全　称				收款人	全　称			
	账　号					账　号			
	开户银行		行号			开户银行		行号	
人民币（大写）：							万千百十万千百十元角分		
事　由									
					银行盖章				

银行进账单　3

（回单或收款通知）

年 月 日

出票人	全　称	
	账　号	
	开户银行	
人民币	万千百十万千百十元角分	
收款人	全　称	
	账　号	
	开户银行	
事由		

银行进账单（贷方凭证）　2

年 月 日

出票人	全　称				收款人	全　称			
	账　号					账　号			
	开户银行		行号			开户银行		行号	
人民币（大写）：							万千百十万千百十元角分		
事　由									
					银行盖章				

(5)天裕公司填写付款凭证并签章,指出付款凭证的传递过程。

付　款　凭　证

字第　　号

贷方科目：　　　　年　　月　　日　　　　附件　　张

摘要	借方科目		金　额										记账符号
	总账科目	明细科目	千	百	十	万	千	百	十	元	角	分	
结算方式及票号：		合计											

会计主管　　记账　　出纳　　复核　　制单

技能训练 2

实训目的：掌握银行本票结算业务的办理。

实训资料：2012 年 2 月 5 日，北京天裕实业股份有限公司向北京东方集团有限公司购买原材料一批，增值税发票上注明的价税款合计117 000元，采购员王刚向财务处申请开具银行本票用于货款结算。银行本票申请过程中发生手续费 20 元。

实训要求：

(1)天裕公司填写本票申请书，第二联具体内容如下所示，指出本票申请书各联次作用及传递过程。

中国工商银行银行本票申请书（借方凭证）　2　第0456号

申请日期　　年　月　日

申请人		收款人											
账号		账号											
用途		代理付款行											
汇票金额	人民币（大写）			千	百	十	万	千	百	十	元	角	分

此联出票行借方凭证

上列款项请从我账户内支付

申请人盖章

科　目（借）

对方科目（贷）

转账日期

复核　　记账

(2)天裕公司签发银行本票，指出各联次作用及传递过程。

付款期限 贰个月

中国工商银行　北京　本票号码

本　票（卡片）　1　第90877255号

申请日期　　年　月　日

收款人：		申请人：
凭票即付人民币（大写）		
转账　现金		
备注：		科目（借）__________ 对方科目（贷）______ 付款日期　年　月　日 出纳　复核　记账

此联出票行留存，结清本票时作借方凭证附件

付款期限 贰个月	中国工商银行　北京　本票号码 本　票　2　第90877255号 申请日期　年　月　日		
收款人：		申请人：	
凭票即付人民币（大写）			
转账√　现金			科目（借）___________ 对方科目（贷）_______ 付款日期　年　月　日 出纳　复核　记账
备注：	出票行签章		

此联出票行结清本票时作借方凭证

（3）东方公司填写银行本票联背面。

被背书人	被背书人
背书人签章 年　月　日	背书人签章 年　月　日
持票人向银行 提示付款签章：	身份证件名称：　发证机关： 号码：

（4）东方公司填写银行进账单，其中第三联如下所示，指出进账单各联次作用及传递过程。

工商银行进账单(收账通知) 3

年 月 日 第12号

<table>
<tr><td rowspan="3">出票人</td><td>全 称</td><td colspan="2"></td><td rowspan="3">付款人</td><td>全 称</td><td colspan="10"></td></tr>
<tr><td>账 号</td><td colspan="2"></td><td>账 号</td><td colspan="10"></td></tr>
<tr><td>开户行</td><td colspan="2"></td><td>开户行</td><td colspan="10"></td></tr>
<tr><td colspan="5" rowspan="2">人民币
(大写)</td><td>千</td><td>百</td><td>十</td><td>万</td><td>千</td><td>百</td><td>十</td><td>元</td><td>角</td><td>分</td></tr>
<tr><td></td><td></td><td></td><td></td><td></td><td></td><td></td><td></td><td></td><td></td></tr>
<tr><td colspan="2">票据种类</td><td colspan="3"></td><td colspan="10" rowspan="3">持票人开户银行盖章</td></tr>
<tr><td colspan="2">票据张数</td><td colspan="3"></td></tr>
<tr><td colspan="5">单位主管 会计 复核 记账</td></tr>
</table>

此联是持票人开户银行交给持票人的收账通知

(5)天裕公司填写付款凭证并签章。

付 款 凭 证

字第 号

贷方科目: 年 月 日 附件 张

<table>
<tr><td rowspan="2">摘要</td><td colspan="2">借方科目</td><td colspan="10">金 额</td><td rowspan="2">记账符号</td></tr>
<tr><td>总账科目</td><td>明细科目</td><td>千</td><td>百</td><td>十</td><td>万</td><td>千</td><td>百</td><td>十</td><td>元</td><td>角</td><td>分</td></tr>
<tr><td></td><td></td><td></td><td></td><td></td><td></td><td></td><td></td><td></td><td></td><td></td><td></td><td></td><td></td></tr>
<tr><td></td><td></td><td></td><td></td><td></td><td></td><td></td><td></td><td></td><td></td><td></td><td></td><td></td><td></td></tr>
<tr><td></td><td></td><td></td><td></td><td></td><td></td><td></td><td></td><td></td><td></td><td></td><td></td><td></td><td></td></tr>
<tr><td></td><td></td><td></td><td></td><td></td><td></td><td></td><td></td><td></td><td></td><td></td><td></td><td></td><td></td></tr>
<tr><td></td><td></td><td></td><td></td><td></td><td></td><td></td><td></td><td></td><td></td><td></td><td></td><td></td><td></td></tr>
<tr><td colspan="2">结算方式及票号:</td><td>合计</td><td></td><td></td><td></td><td></td><td></td><td></td><td></td><td></td><td></td><td></td><td></td></tr>
</table>

会计主管 记账 出纳 复核 制单

(6)东方公司填写收款凭证并签章。

收 款 凭 证

字第　号

借方科目：　　　　年　月　日　　　　附件　张

摘要	贷方科目		金额										记账符号
	总账科目	明细科目	千	百	十	万	千	百	十	元	角	分	
结算方式及票号：		合计											

会计主管　记账　出纳　复核　制单

技能训练 3

实训目的：掌握银行汇票结算业务的办理。

实训资料：2012 年 2 月 8 日，北京天裕实业股份有限公司向浙江东方集团有限公司购买商品一批，增值税发票上注明的价税款合计 585 000 元，采购员王刚向财务处申请开具银行汇票用于货款结算。银行汇票申请过程中发生手续费 20 元。

实训要求：

(1)天裕公司填写银行汇票申请书，指出申请书各联次作用及传递过程。

中国工商银行银行汇票申请书(借方凭证)　2　第　号

申请日期　　年　月　日

申请人		收款人											
账　号	账　号												
用　途	代理付款行												
汇票金额	人民币(大写)		千	百	十	万	千	百	十	元	角	分

此联出票行作借方凭证

上列款项请从我账户支付

科　目

对方科目(贷)

转账日期　　年　月　日

申请人盖章　　　复核　　　经办

(2)银行签发银行汇票,指出各联次作用及传递过程。

付款期限
壹 个 月

中国工商银行

银行汇票　2　汇票号码　第　号

出票日期
(大写)　年　月　日　代理付款行:　行号:

收款人:										账号:
出票金额　人民币(大写)										
实际结算金额　人民币(大写)	千	百	十	万	千	百	十	元	角	分

申请人:　账号或住址:

出票行:　行号:

备注:

凭票付款

出票行签章

密押										科目(借)
多余金额										对方科目(贷)
千	百	十	万	千	百	十	元	角	分	兑付日期　年　月　日
										复核　记账

此联代理付款行付款后作联行往帐借方凭证附件

付款期限
壹 个 月

中国工商银行

银行汇票(解讫通知)　3　汇票号码　第　号

出票日期
(大写)　年　月　日　代理付款行:　行号:

收款人:										账号:
出票金额　人民币(大写)										
实际结算金额　人民币(大写)	千	百	十	万	千	百	十	元	角	分

申请人:　账号或住址:

出票行:　行号:

备注:

代理付款行盖章

复核　经办

密押										科目(借)
多余金额										对方科目(贷)
千	百	十	万	千	百	十	元	角	分	兑付日期　年　月　日
										复核　记账

此联代理付款行付款后随报单寄出票行,由出票行作多余款贷方凭证

(3)东方公司在上述银行汇票联和解讫通知联填写实际结算金额，并在银行汇票背面签章，填写进账单后送交银行。

被背书人	被背书人
背书人签章 年　月　日	背书人签章 年　月　日
持票人向银行 提示付款签章：	身份证件名称：　　发证机关： 号码：

(粘贴单处)

(4)天裕公司填写付款凭证并签章。

付　款　凭　证

字第　　号

贷方科目：　　　　年　月　日　　　　附件　　张

摘　要	借方科目		金　额										记账符号
	总账科目	明细科目	千	百	十	万	千	百	十	元	角	分	
结算方式及票号：		合计											

会计主管　　记账　　出纳　　复核　　制单

(5)东方公司填写收款凭证并签章。

收 款 凭 证

字第　　号

借方科目：　　　　年　　月　　日　　　　附件　　张

摘要	贷方科目		金额										记账符号
	总账科目	明细科目	千	百	十	万	千	百	十	元	角	分	
结算方式及票号：		合计											

会计主管　　记账　　出纳　　复核　　制单

技能训练 4

实训目的：掌握商业承兑汇票结算业务的办理。

实训资料：2011 年 08 月 10 日，北京天裕实业股份有限公司以商业承兑汇票结算方式偿还浙江东方集团有限公司购货款 30 000 元，期限 6 个月。交易合同号码为：XI55555。2012 年 2 月 10 日，票据到期，支付票款。

实训要求：

(1)天裕公司签发商业承兑汇票并承兑，指出汇票各联次作用及传递过程。

商 业 承 兑 汇 票　　2

汇票号码

出票日期(大写)　　年　　月　　日　　第　　号

付款行	全称				收款行	全称											
	账号					账号											
	开户行		行号			开户行		行号									
出票金额		人民币(大写)					千	百	十	万	千	百	十	元	角	分	
汇票到期日					合同号码												
本汇票已经承兑，到期无条件支付票款。 承兑人签章 承兑日期　年　月　日							本汇票请予以承兑于到期日付款。 出票人签章										

此联持票人开户行随委托收款凭证寄付款人开户行作借方凭证附件

（2）东方公司在汇票背面签章。

被背书人	被背书人
背书人签章 年　月　日	背书人签章 年　月　日
持票人向银行 提示付款签章：	身份证件名称：　　发证机关： 号码：

（粘贴单处）

（3）东方公司填写一式五联托收凭证，其中第二联如下所示，指出托收凭证各联次作用及传递过程。

托收凭证（贷方凭证）　　2　　托收号码

委托日期　　年　　月　　日

<table>
<tr><td colspan="2">业务类型</td><td colspan="4">委托收款（□邮划、□电划）</td><td colspan="4">托收承付（□邮划、□电划）</td></tr>
<tr><td rowspan="3">付款行</td><td>全称</td><td colspan="3"></td><td rowspan="3">收款行</td><td>全称</td><td colspan="3"></td></tr>
<tr><td>账号</td><td colspan="3"></td><td>账号</td><td colspan="3"></td></tr>
<tr><td>地址</td><td>省　市县</td><td>开户行</td><td></td><td>地址</td><td>省　市县</td><td>开户行</td><td></td></tr>
<tr><td rowspan="2">金额</td><td rowspan="2">人民币（大写）</td><td colspan="3" rowspan="2"></td><td colspan="5">千 百 十 万 千 百 十 元 角 分</td></tr>
<tr><td colspan="5"></td></tr>
<tr><td colspan="2">款项内容</td><td></td><td>托收凭据名　称</td><td></td><td>附寄单证张数</td><td colspan="4"></td></tr>
<tr><td colspan="2">商品发运情况</td><td colspan="2"></td><td colspan="2">合同名称号码</td><td colspan="4"></td></tr>
<tr><td colspan="3">备注：
收款人开户银行收到日期：
年　月　日</td><td colspan="2">上列款项随付有关债务证明，请予办理。
收款人签章</td><td colspan="5">复核　　记账</td></tr>
</table>

此联是收款人开户行作贷方凭证

（4）天裕公司填写付款凭证并签章。

付　款　凭　证

字第　　号

贷方科目：　　　　年　　月　　日　　　　附件　　张

摘　　要	借方科目		金　　额										记账符号
	总账科目	明细科目	千	百	十	万	千	百	十	元	角	分	
结算方式及票号：		合计											

会计主管　　记账　　出纳　　复核　　制单

(5)东方公司填写收款凭证并签章。

收　款　凭　证

字第　　号

借方科目：　　　　年　　月　　日　　　　附件　　张

摘　　要	贷方科目		金　　额										记账符号
	总账科目	明细科目	千	百	十	万	千	百	十	元	角	分	
结算方式及票号：		合计											

会计主管　　记账　　出纳　　复核　　制单

技能训练 5

实训目的：掌握汇兑结算业务的办理。

实训资料：2012 年 2 月 15 日，北京天裕实业股份有限公司以电汇结算方式偿还浙江东方集团有限公司购货款 30 000 元，另支付手续费 50 元。

实训要求：

(1)天裕公司填写银行电汇凭证,其中第一联和第二联如下所示,指出电汇凭证各联次作用及传递过程。

工商银行电汇凭证(回单) 1

委托日期　　年　　月　　日　　　　　　第　　号

<table>
<tr><td rowspan="3">汇款人</td><td>全　称</td><td colspan="3"></td><td rowspan="3">收款人</td><td>全　称</td><td colspan="8"></td></tr>
<tr><td>账　号</td><td colspan="3"></td><td>账　号</td><td colspan="8"></td></tr>
<tr><td>汇出地点</td><td>省　市县</td><td>汇出行名　称</td><td></td><td>汇入地点</td><td>省　市县</td><td>汇入行名　称</td><td colspan="6"></td></tr>
<tr><td rowspan="2">金额</td><td colspan="6" rowspan="2">人民币
(大写)</td><td>千</td><td>百</td><td>十</td><td>万</td><td>千</td><td>百</td><td>十</td><td>元</td><td>角</td><td>分</td></tr>
<tr><td></td><td></td><td></td><td></td><td></td><td></td><td></td><td></td><td></td><td></td></tr>
<tr><td colspan="7">汇款用途:</td><td colspan="10" rowspan="2">汇出行盖章
年　月　日</td></tr>
<tr><td colspan="7">单位主管　会计　复核　记账</td></tr>
</table>

工商银行电汇凭证(借方凭证) 2

委托日期　　年　　月　　日　　　　　　第　　号

<table>
<tr><td rowspan="3">汇款人</td><td>全　称</td><td colspan="3"></td><td rowspan="3">持票人</td><td>全　称</td><td colspan="8"></td></tr>
<tr><td>账　号</td><td colspan="3"></td><td>账　号</td><td colspan="8"></td></tr>
<tr><td>汇出地点</td><td>省　市县</td><td>汇出行名　称</td><td></td><td>汇入地点</td><td>省　市县</td><td>汇入行名　称</td><td colspan="6"></td></tr>
<tr><td rowspan="2">金额</td><td colspan="6" rowspan="2">人民币
(大写)</td><td>千</td><td>百</td><td>十</td><td>万</td><td>千</td><td>百</td><td>十</td><td>元</td><td>角</td><td>分</td></tr>
<tr><td></td><td></td><td></td><td></td><td></td><td></td><td></td><td></td><td></td><td></td></tr>
<tr><td colspan="7">汇款用途:</td><td colspan="10" rowspan="2">科目(借)
对方科目(贷)
汇出行汇出日期　年　月　日
复核　　记账</td></tr>
<tr><td colspan="7">此汇款支付给收款人。
电汇
汇款人签章</td></tr>
</table>

(2)天裕公司填写付款凭证并签章。

付　款　凭　证　　字第　　号

贷方科目：　　年　　月　　日　　附件　　张

<table>
<tr><td rowspan="2">摘　　要</td><td colspan="2">借方科目</td><td colspan="10">金　　额</td><td rowspan="2">记账
符号</td></tr>
<tr><td>总账科目</td><td>明细科目</td><td>千</td><td>百</td><td>十</td><td>万</td><td>千</td><td>百</td><td>十</td><td>元</td><td>角</td><td>分</td></tr>
<tr><td></td><td></td><td></td><td></td><td></td><td></td><td></td><td></td><td></td><td></td><td></td><td></td><td></td><td></td></tr>
<tr><td></td><td></td><td></td><td></td><td></td><td></td><td></td><td></td><td></td><td></td><td></td><td></td><td></td><td></td></tr>
<tr><td></td><td></td><td></td><td></td><td></td><td></td><td></td><td></td><td></td><td></td><td></td><td></td><td></td><td></td></tr>
<tr><td></td><td></td><td></td><td></td><td></td><td></td><td></td><td></td><td></td><td></td><td></td><td></td><td></td><td></td></tr>
<tr><td></td><td></td><td></td><td></td><td></td><td></td><td></td><td></td><td></td><td></td><td></td><td></td><td></td><td></td></tr>
<tr><td colspan="2">结算方式及票号：</td><td>合计</td><td></td><td></td><td></td><td></td><td></td><td></td><td></td><td></td><td></td><td></td><td></td></tr>
</table>

会计主管　　记账　　出纳　　复核　　制单

(3)东方公司填写收款凭证并签章。

收　款　凭　证　　字第　　号

借方科目：　　年　　月　　日　　附件　　张

<table>
<tr><td rowspan="2">摘　　要</td><td colspan="2">贷方科目</td><td colspan="10">金　　额</td><td rowspan="2">记账
符号</td></tr>
<tr><td>总账科目</td><td>明细科目</td><td>千</td><td>百</td><td>十</td><td>万</td><td>千</td><td>百</td><td>十</td><td>元</td><td>角</td><td>分</td></tr>
<tr><td></td><td></td><td></td><td></td><td></td><td></td><td></td><td></td><td></td><td></td><td></td><td></td><td></td><td></td></tr>
<tr><td></td><td></td><td></td><td></td><td></td><td></td><td></td><td></td><td></td><td></td><td></td><td></td><td></td><td></td></tr>
<tr><td></td><td></td><td></td><td></td><td></td><td></td><td></td><td></td><td></td><td></td><td></td><td></td><td></td><td></td></tr>
<tr><td></td><td></td><td></td><td></td><td></td><td></td><td></td><td></td><td></td><td></td><td></td><td></td><td></td><td></td></tr>
<tr><td></td><td></td><td></td><td></td><td></td><td></td><td></td><td></td><td></td><td></td><td></td><td></td><td></td><td></td></tr>
<tr><td colspan="2">结算方式及票号：</td><td>合计</td><td></td><td></td><td></td><td></td><td></td><td></td><td></td><td></td><td></td><td></td><td></td></tr>
</table>

会计主管　　记账　　出纳　　复核　　制单

技能训练 6

实训目的：掌握托收承付结算业务的办理。

实训资料：2012 年 2 月 1 日，浙江东方集团有限公司持相关合同和票证赴银行办理与北京天裕实业股份有限公司之间的托收承付结算。2 月 20 日，北京天裕实业股份有限公司收到银行转来的托收承付结算的付款通知，应支付浙江东方集团有限公司购货款项 100 000 元，经审核相关单据无误后同意支付该笔货款。

实训要求：

（1）东方公司填写一式五联托收凭证，其中第二联如下所示，指出托收凭证各联次作用及传递过程。

托收凭证（贷方凭证）　2　托收号码

委托日期　年　月　日

<table>
<tr><td colspan="2">业务类型</td><td colspan="4">委托收款（□邮划、□电划）</td><td colspan="5">托收承付（□邮划、□电划）</td></tr>
<tr><td rowspan="3">付款行</td><td>全称</td><td colspan="4"></td><td rowspan="3">收款行</td><td>全称</td><td colspan="3"></td></tr>
<tr><td>账号</td><td colspan="4"></td><td>账号</td><td colspan="3"></td></tr>
<tr><td>地址</td><td>省　市
县</td><td>开户行</td><td colspan="2"></td><td>地址</td><td>省　市
县</td><td>开户行</td><td></td></tr>
<tr><td colspan="2">金额</td><td>人民币
（大写）</td><td colspan="5"></td><td colspan="3">千 百 十 万 千 百 十 元 角 分</td></tr>
<tr><td colspan="2">款项内容</td><td></td><td>托收凭据
名　称</td><td colspan="2"></td><td colspan="2">附寄单
证张数</td><td colspan="3"></td></tr>
<tr><td colspan="2">商品发运情况</td><td colspan="2"></td><td colspan="3">合同名称号码</td><td colspan="4"></td></tr>
<tr><td colspan="3">备注：
收款人开户银行收到日期：
年　月　日</td><td colspan="3">上列款项随付有关债务证明，请予以办理。
收款人签章</td><td colspan="5">复核　记账</td></tr>
</table>

此联是收款人开户行作贷方凭证

（2）天裕公司填写付款凭证并签章，指出付款凭证所附原始凭证应包括哪些？

付　款　凭　证　　字第　号

贷方科目：　年　月　日　附件　张

<table>
<tr><td rowspan="2">摘　要</td><td colspan="2">贷方科目</td><td>金　额</td><td rowspan="2">记账符号</td></tr>
<tr><td>总账科目</td><td>明细科目</td><td>千 百 十 万 千 百 十 元 角 分</td></tr>
<tr><td></td><td></td><td></td><td></td><td></td></tr>
<tr><td></td><td></td><td></td><td></td><td></td></tr>
<tr><td></td><td></td><td></td><td></td><td></td></tr>
<tr><td></td><td></td><td></td><td></td><td></td></tr>
<tr><td></td><td></td><td></td><td></td><td></td></tr>
<tr><td colspan="2">结算方式及票号：</td><td>合计</td><td></td><td></td></tr>
</table>

会计主管　记账　出纳　复核　制单

（3）东方公司填写收款凭证并签章，指出收款凭证所附原始凭证应包括哪些？

收　款　凭　证

字第　　号

借方科目：　　　　　　　　　年　　月　　日　　　　　　　　附件　　张

<table>
<tr><td rowspan="2">摘　要</td><td colspan="2">贷方科目</td><td colspan="10">金　额</td><td rowspan="2">记账符号</td></tr>
<tr><td>总账科目</td><td>明细科目</td><td>千</td><td>百</td><td>十</td><td>万</td><td>千</td><td>百</td><td>十</td><td>元</td><td>角</td><td>分</td></tr>
<tr><td></td><td></td><td></td><td></td><td></td><td></td><td></td><td></td><td></td><td></td><td></td><td></td><td></td><td></td></tr>
<tr><td></td><td></td><td></td><td></td><td></td><td></td><td></td><td></td><td></td><td></td><td></td><td></td><td></td><td></td></tr>
<tr><td></td><td></td><td></td><td></td><td></td><td></td><td></td><td></td><td></td><td></td><td></td><td></td><td></td><td></td></tr>
<tr><td></td><td></td><td></td><td></td><td></td><td></td><td></td><td></td><td></td><td></td><td></td><td></td><td></td><td></td></tr>
<tr><td></td><td></td><td></td><td></td><td></td><td></td><td></td><td></td><td></td><td></td><td></td><td></td><td></td><td></td></tr>
<tr><td colspan="2">结算方式及票号：</td><td>合计</td><td></td><td></td><td></td><td></td><td></td><td></td><td></td><td></td><td></td><td></td><td></td></tr>
</table>

会计主管　　　　　记账　　　　　出纳　　　　　复核　　　　　制单

技能训练 7

实训目的：掌握银行存款日记账的登记。

实训要求：将北京天裕实业股份有限公司[技能训练 1]到[技能训练 6]涉及的付款凭证在银行存款日记账上进行登记，假设期初余额为 1 500 000 元。

银行存款日记账

开户行名称　　　　　　　　　　　　银行账号　　　　　　　　第　1　页

<table>
<tr><td colspan="2">年</td><td rowspan="2">凭证号码</td><td rowspan="2">摘　要</td><td rowspan="2">√</td><td colspan="12">借　方</td><td colspan="12">贷　方</td><td colspan="12">余　额</td></tr>
<tr><td>月</td><td>日</td><td>十</td><td>亿</td><td>千</td><td>百</td><td>十</td><td>万</td><td>千</td><td>百</td><td>十</td><td>元</td><td>角</td><td>分</td><td>十</td><td>亿</td><td>千</td><td>百</td><td>十</td><td>万</td><td>千</td><td>百</td><td>十</td><td>元</td><td>角</td><td>分</td><td>十</td><td>亿</td><td>千</td><td>百</td><td>十</td><td>万</td><td>千</td><td>百</td><td>十</td><td>元</td><td>角</td><td>分</td></tr>
<tr><td></td><td></td><td></td><td></td><td></td><td></td><td></td><td></td><td></td><td></td><td></td><td></td><td></td><td></td><td></td><td></td><td></td><td></td><td></td><td></td><td></td><td></td><td></td><td></td><td></td><td></td><td></td><td></td><td></td><td></td><td></td><td></td><td></td><td></td><td></td><td></td><td></td><td></td><td></td><td></td><td></td></tr>
</table>

技能训练 8

实训目的:掌握银行存款余额调节表的编制。

实训资料:北京天裕实业股份有限公司 2011 年 2 月份银行存款日记账账面记录和银行对账单分别见下表。

银行存款日记账

2011 年		凭　证		银行凭证		摘　要	借　方	贷　方	余　额
月	日	字	号	名称	号数				
						期初余额			600 000.00
2	1	收	1#	本票	6098#	销售产品	100 000.00		700 000.00
	3	付	2#	转支	2010#	付材料款		20 000.00	680 000.00
	5	付	3#	转支	2025#	付广告费		10 000.00	670 000.00
	7	付	4#	现付	2018#	支取现金		100 00.00	660 000.00
	10	收	5#	转支	5001#	收回货款	100 000.00		760 000.00
	15	收	6#	商汇	4888#	收回货款	20 000.00		780 000.00
	25	付	7#	汇票	8887#	购入设备		100 000.00	680 000.00
	28	收	8#	委收	1088#	收回货款	150 000.00		830 000.00
						本月合计	370000.00	140 000.00	830 000.00

银行存款对账单

2011 年 2 月 28 日　　　　币种:人民币　　　　单位:元

网点号:0220[中国工商银行北京海淀支行]

户名:北京天裕实业股份有限公司　　账号:223456789516516　　上页余额:600 000.00

2011 年		交易代码	凭证种类	凭证号	摘要	借方发生额	贷方发生额	余额	柜员号
月	日								
2	1		本票	6098#	收款		100 000.00		193
2	3		转支	2010#	付货款	20 000.00			193
2	7		现付	2018#	支取现金	10 000.00			196
2	8		转支	4819#	付借款利息	30 000.00			193
2	16		委收	8017#	收货款		50 000.00		195
2	25		汇票	8887#	付设备款	100 000.00			192
2	28		委收	1088#	收货款		150 000.00		194
							可用余额:740 000.00		

实训要求：请根据给出的资料填写银行存款余额调节表。

银行余额调节表

单位：　　　　　　　　　　　　年　　月　　日　　　　　　　　　　　单位：元

项目	金额	项目	金额
企业银行存款日记账		银行对账单余额	
加：银行已收 企业未收		加：企业已收 银行未收	
减：银行已付 企业未付		减：企业已付 银行未付	
调节后的银行存款余额		调节后的银行存款余额	

学习情境5　出纳岗位发票业务处理

知识目标

☆ 熟悉发票和收据的领购与填开方法
☆ 掌握普通发票和收据的填开与缴销方法
☆ 掌握增值税专用发票的填开和认证方法

技能目标

☆ 会向税务机关正确领购发票和收据
☆ 能正确填写各类发票和收据,包括增值税普通发票和增值税专用发票
☆ 能模拟使用增值税专用发票开票系统
☆ 能对增值税专用发票进行正确的模拟认证

主要概念

发票　普通发票　增值税专用发票　专业发票　收据　批量供应　验旧购新　交旧购新　认证　远程认证

小张从事出纳岗位工作虽然只有短短的几个月时间，但通过自己的努力，已经对出纳工作有了比较全面的认知，练就了书写、点钞、凭证装订、人民币和票据真伪识别等出纳岗位的基本功，熟悉了现金、银行存款的管理与核算工作，得到了单位领导、同事的好评与信任，随即被委以发票和收据的领购、使用、缴销、认证等涉税业务处理的工作。小张意识到，过去的成绩只能代表过去，要完成新的出纳工作任务，胜任出纳工作岗位，只能靠自己不懈地学习……

子情境5.1　向税务机关领购发票和收据

知识与技能准备

一、什么是发票？

（一）概念

发票又称发货票，是指在购销商品、提供或者接受服务，以及从事其他经营活动中，开具、收取用以摘记经济业务活动的收付款凭证。

（二）种类

1.按发票的用途分

增值税专用发票、普通发票和专业发票三大类。

2.按发票的使用范围分

内资企业用发票和外资企业用涉外发票。

3.按发票的取得方式分

带有企业名称的自印发票和向税务机关购买的普通发票。

4.按发票的使用方法分

计算机打印的机打发票、普通手开发票、定额发票。

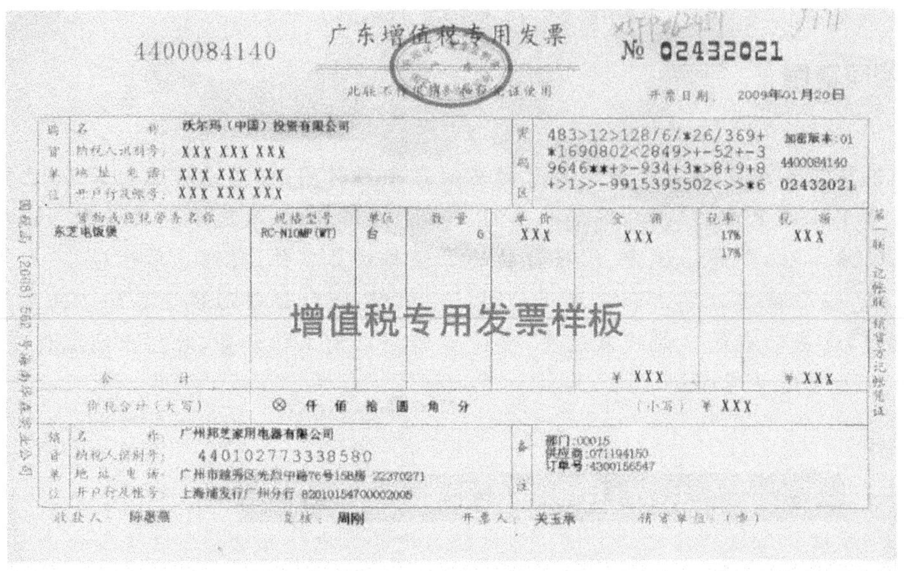

4400084140 广东增值税专用发票 № 02432021

此联不作报销、扣税凭证使用 开票日期：2009年01月20日

购货单位	名称：沃尔玛（中国）投资有限公司 纳税人识别号：XXX XXX XXX 地址、电话：XXX XXX XXX 开户行及账号：XXX XXX XXX	密码区	483>12>128/6/*26/369+ *1690802<2849>+-52+-3 9646***+>-934+3*>8+9+8 +>1>>-9915395502<>>*6	加密版本：01 4400084140 02432021

货物或应税劳务名称	规格型号	单位	数量	单价	金额	税率	税额
东芝电饭煲	RC-N10MP(WT)	台	6	XXX	XXX	17%	XXX
合计					¥ XXX		¥ XXX
价税合计（大写）	⊗仟佰拾圆角分				（小写）¥ XXX		

增值税专用发票样板

销货单位	名称：广州邦芝家用电器有限公司 纳税人识别号：440102773338580 地址、电话：广州市越秀区先烈中路76号15B房 22370271 开户行及账号：上海浦发行广州分行 82010154700002005	备注	部门：00015 供应商：071194150 订单号：4300156547

收款人：陈惠燕 复核：周刚 开票人：关玉燕 销货单位：（章）

第一联：记账联 销货方记账凭证

图 5-1 增值税专用发票

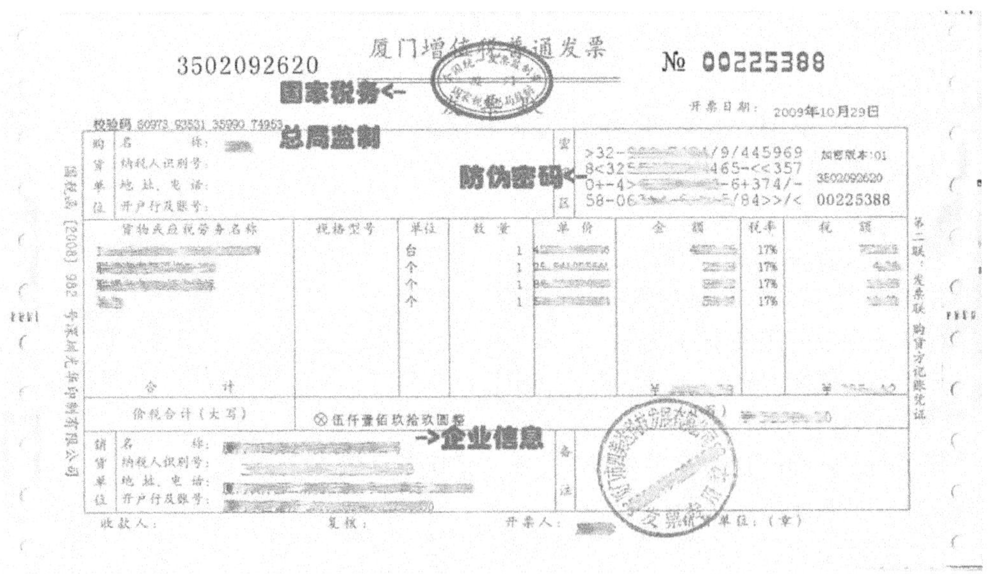

3502092620 厦门增值税普通发票 № 00225388

开票日期：2009年10月29日

校验码 80973 93531 35990 74953

购货单位	名称： 纳税人识别号： 地址、电话： 开户行及账号：	密码区	>32-...4/9/445969 8<32...465-<<357 0+-4>...-6+374/- 58-06...5/84>>/<	加密版本：01 3502092620 00225388

货物或应税劳务名称	规格型号	单位	数量	单价	金额	税率	税额
		台	1			17%	
		个	1			17%	
		个	1			17%	
		个	1			17%	
合计					¥		¥
价税合计（大写）	⊗伍仟壹佰玖拾玖圆整				（小写）¥		

销货单位	名称： 纳税人识别号： 地址、电话： 开户行及账号：	备注	

收款人： 复核： 开票人： 销货单位：（章）

第二联：发票联 购货方记账凭证

图 5-2 增值税普通发票

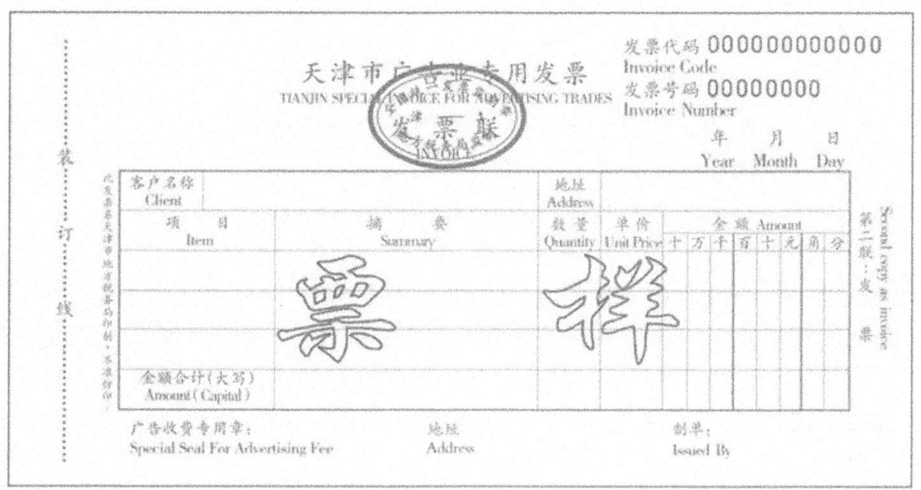

天津市广告业专用发票
TIANJIN SPECIAL INVOICE FOR ADVERTISING TRADES

发票代码 000000000000
Invoice Code
发票号码 00000000
Invoice Number

发票联
INVOICE

年 月 日
Year Month Day

客户名称 Client		地址 Address		
项目 Item	摘要 Summary	数量 Quantity	单价 Unit Price	金额 Amount（十 万 千 百 十 元 角 分）
金额合计（大写） Amount (Capital)				

广告收费专用章：Special Seal For Advertising Fee　　地址 Address　　制单：Issued By

第二联：发票 Second copy as invoice

装订线

票样

注：成品尺寸：175x92（毫米），此发票共三联，第一联印色黑；第二联印色棕；第三联印色绿。

图 5-3　广告业专用发票

图 5-4　邮政业专业发票

（三）主管机关

发票由税务机关负责印制、领购、开具、取得、保管、缴销的管理和监督。增值税纳税人使用的发票由国家税务局管理；营业税纳税人使用的发票由地方税务局管理。如果一个企业以增值税为主兼有营业税的经营项目，就应当分别到国税和地税主管税务机关办理。

1.发票应当套印全国统一发票监制章

(1)全国统一发票监制章的式样和发票版面印刷的要求，由国家税务总局规定。

(2)发票监制章由省、自治区、直辖市税务机关制作。

专业发票是一种特殊种类的发票，但不套印发票监制章。

2.发票防伪专用品

由国家税务总局指定的企业生产，并核发发票防伪专用品生产许可证。发票防伪专用品的确定和使用由国家税务总局确定。发票的防伪专用品是指印制发票过程中，所使用的用于鉴别发票真伪的专用品，主要包括印刷发票用的有色或无色油墨，印刷发票用的水纹纸等。

3.发票的印制

由省、自治区、直辖市税务机关指定的企业印制；增值税专用发票由国家税务总局指定的企业统一印制。

4.统印发票的领购方式

(1)批量供应。税务机关根据单位业务量对发票需求量的大小，确定一定时期内的合理领购数量，用量大的可以按月领购，用量不太大的可以按季领购，防止其积存较多发票而引起管理上的问题。这种方式主要适用于财务制度较健全、有一定经营规模的纳税人。

(2)交旧购新。用票单位交回旧的(即已填用过的)发票存根联，经主管税务机关审核后留存，才允许领购新发票。主管税务机关对旧发票存根联进行审核，主要看其存根联是否按顺序号完整保存，作废发票是否全份缴销，填开的内容是否真实、完整、规范等。

(3)验旧购新。这种方式与交旧购新基本相同，主要区别是税务机关审验旧发票存根以后，由用票单位自己保管。

交旧购新与验旧购新方式，适用于财务制度不太健全、经营规模不大的单位和个体工商业户。

二、什么是收据？

(一)概念

所谓收据，是指凭以收付款项或证明资金转移的书面证明，是财务收支和会计核算的重要凭证依据。

在实际工作中并不是所有的收付款业务都开具发票，有的只能开具收据。收据与我们日常所说的“白条”不能画等号，收据也是一种收付款凭证，它也有种类之分。

（二）种类

1. 按监制部门分

（1）财政部门监制的统一收款收据（如图 5-5）。这是基于行政管理活动收付款项的收付款凭证，主要有行政性收费收款收据，如执法机关的罚没款项、司法机关的诉讼费用、某些行政机关颁发执照、许可证等收取的登记费、许可费等，这类凭证与税收管理没有直接联系，属于非涉税的收付款凭证，应用财政部门监制的统一收款收据。

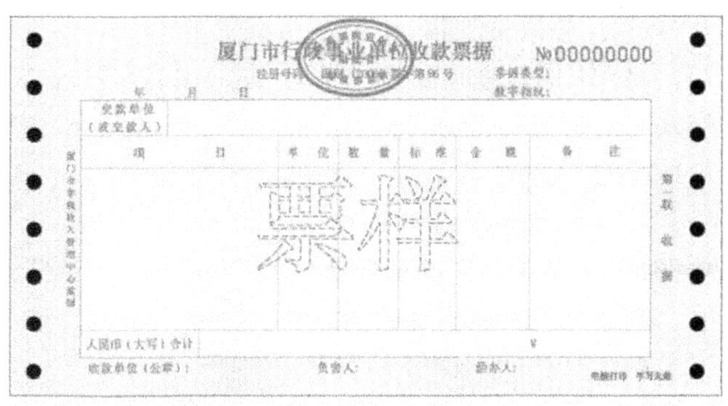

厦门市行政事业单位收款票据　№00000000

年　月　日

交款单位（或交款人）						
项	目	单位	数量	标准	金额	备注
人民币（大写）合计					¥	

收款单位（公章）：　负责人：　经办人：

第一联 收据

名称：厦门市行政事业单位收款票据

规格：190 x 101.6 mm（滚筒三联单）

第一联：收据联　第二联：记帐联　第三联：存根联

图 5-5　行政事业单位收款收据

（2）税务部门监制的统一收款收据（如图 5-6）。这是基于非经营性、非财政性收入的收付款凭证。主要指行政事业单位、社会团体、工商企业和个人取得的非经营性款项收入业务，如赞助、捐赠、集资、赔偿、划转、上缴等，既非经营性收入，也非财政性收入，但都影响收付款单位的成本核算，与税收管理有着较为密切的联系，因此，收付上述款项，应当使用税务部门统一监制的统一收款收据。该统一收款收据不属于发票，但税收部门视同发票一样管理。

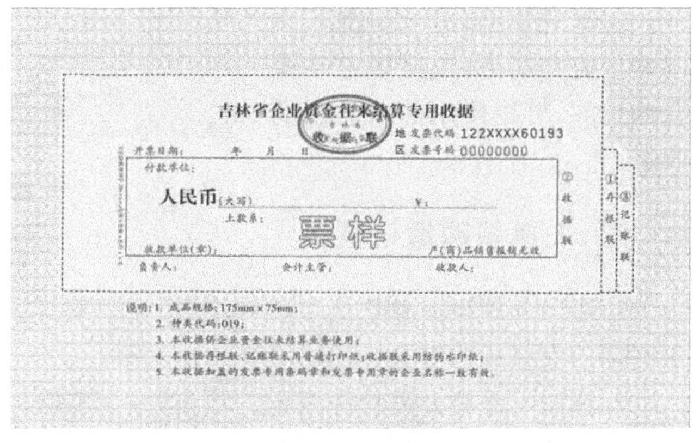

吉林省企业资金往来结算专用收据

地　发票代码 122XXXX60193

区　发票号码 00000000

开票日期：　年　月　日

付款单位：

人民币（大写）　¥：

上款系：

收款单位（章）：

负责人：　会计主管：　收款人：

①存根联　②收据联　③记账联

说明：1. 成品规格：175mm×75mm；

2. 种类代码：019；

3. 本收据供企业资金往来结算业务使用；

4. 本收据存根联、记账联采用普通打印纸；收据联采用防伪水印纸；

5. 本收据加盖的发票专用条码章和发票专用章的企业名称一致有效。

图 5-6　企业资金往来结算专用收据

2. 按使用范围分

（1）内部收据（如图 5-7）。单位内部为经营管理和财务管理的需要，仅

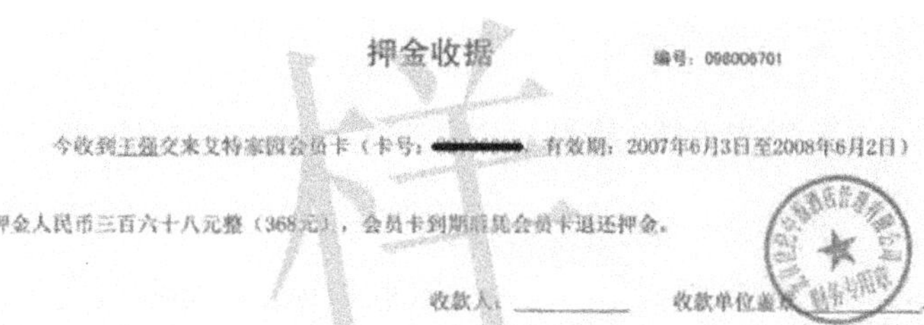

押金收据　编号：098006701

今收到王强交来戈特家园会员卡（卡号：，有效期：2007年6月3日至2008年6月2日）

押金人民币三百六十八元整（368元），会员卡到期后凭会员卡退还押金。

收款人：＿＿＿＿　收款单位盖章：＿＿＿＿

图 5-7　内部押金收据

限于单位内部使用的自制或外购的内部结算凭证(收据)。这些内部结算凭证,大多与税收管理没有直接的联系,既不属于发票范畴,也不必由税务机关来监制。比如,材料内部调拨、收取员工押金、退还多余出差借款等等。

(2)外部收据(如图 5-8)。业务发生时从外部取得或对外开具的收付款结算凭证。外部收据又分为税务部门监制收据、财政部门监制收据、部队收据三种。单位之间发生业务往来,收款方在收款以后不需要纳税的,收款方就可以开具税务部门监制的收据;行政事业单位发生的行政事业性收费,可以使用财政部门监制的收据;单位与部队之间发生业务往来,按照规定不需要纳税的,可以使用部队监制的收据。

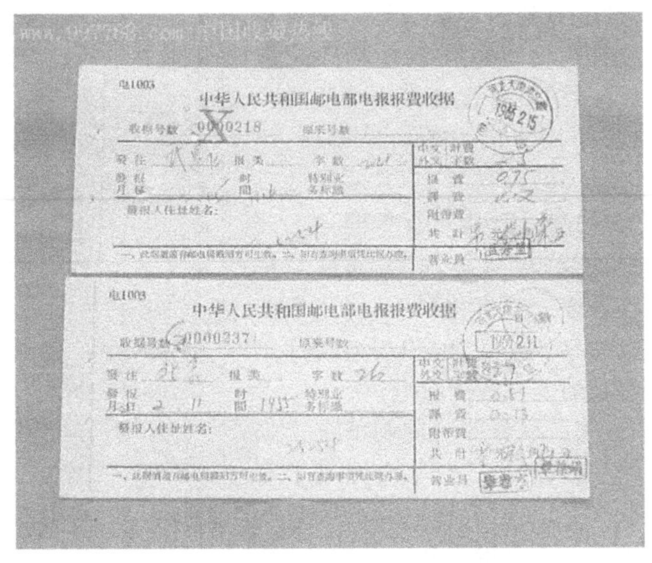

电1003

中华人民共和国邮电部电报报费收据

收据号数 0000218

电1003

中华人民共和国邮电部电报报费收据

收据号数 0000237

图 5-8 外部结算收据

三、发票领购适用范围

1. 依法办理税务登记的单位和个人,在领取《税务登记证》后可以申请领购发票,属于法定的发票领购对象。

2. 依法不需要办理税务登记的单位,发生临时经营业务需要使用发票的,可以凭单位介绍信和其他有效证件,到税务机关代开发票。

3. 临时到本省、自治区、直辖市以外从事经营活动的单位和个人,凭所在地税务机关开具的《外出经营税收管理证明》,在办理纳税担保的前提下,可向经营地税务机关申请领购经营地的发票。

四、发票领购手续

首次领购发票,需要办理以下手续:

1. 提出购票申请,填写《发票购领证申请审批表》;

2. 提供经办人身份证明、税务登记证件及财务印章、发票专用章的印模等资料;

3. 经主管税务机关审核后发给《发票领购簿》;

4. 凭《发票领购簿》核准的种类、数量以及购票方式,向主管税务机关领购发票。

五、衔头(具名)发票印制

企业衔头发票的印制，需经税务机关批准，向税务机关指定的印刷厂下达印制通知书，印刷厂印制完毕后，向税务机关和纳税人同时交验。

(一)申请

纳税人需要印制衔头发票时，到主管税务机关领取《企业衔头发票印制申请审批表》，填写后连同以下资料交回受理窗口：

1.衔头发票票样。

2.《发票缴销清单》(初次定印的企业除外)。

3.允许出口的批准文件复印件(限印制出口发票的企业)。

(二)领取衔头发票

主管税务机关对资料进行逐级审核后，通知印刷厂印制。纳税人只需凭《税务文书领取通知单》到印刷厂验收、领取企业衔头发票，填写《承印发票完工报告表》验收意见栏，并缴清工本费。

实务技能训练案例 5-1

小张所在的单位是增值税一般纳税人，并兼有营业税经营项目，企业有一定的经营规模，但发票的用量不太大。2012 年 4 月初的一天，小张在下班途中接到了要求自己次日领购发票的工作任务。对于从来没有领购过发票的自己来说，真是一头雾水，一路盘算着怎样完成这项任务……

1.顺路到文化用品商店去碰碰运气？

2.领购发票该带哪些东西？

实务分析

1.发票由税务机关负责印制、领购、开具、取得、保管、缴销的管理和监督，文化用品商店虽然可以出售空白记账凭证、报表、账簿等，但无权出售发票。增值税纳税人使用的发票由国家税务局管理；营业税纳税人使用的发票由地方税务局管理。本单位既涉及增值税项目，又兼有营业税的经营项目，应当分别到国税和地税主管税务机关领购所需发票。

2.小张所在的单位是增值税一般纳税人，说明会计核算健全，企业有一定的经营规模，但发票的用量不太大，说明发票领购适用批量供应方式，但要按季领购。

由于小张所在的单位已经不是初次领购发票，且适用批量供应方式，因此，小张只要持《普通发票领购簿》、单位公章、经办人印章等即可到主管地税机关办理营业税发票领购手续，并按规定缴纳发票工本费，取得发票；只需携带税控 IC 卡，即可到主管国税机关领购增值税专用发票，支付发票工本费，取得发票。

思考 1：

小张的同学在一家刚刚成立的企业里初次担任出纳工作，对如何到国税局领购增值税专用发票感到十分困惑，通过电话向小张请教。小张该如何回答呢？

思考 2：

小张的同学得到其帮助后，顺利地完成了增值税专用发票的初次领购工作。但由于企业兼有营业税项目，小张的同学在国税局没能买到营业税普通发票，再次向小张请教。小张又该如何指导同学办理营业税统印发票的领购呢？

子情境 5.2　填开和缴销普通发票及收据

知识与技能准备

发票只限于用票单位和个人自己填开，不得转借、转让、代开发票；未经国家税务机关批准不得拆本使用发票；不得用“白条”和其他票据代替发票使用，也不得自行扩大专业发票的使用范围；发票只准在领购所在地填开，不准携带到外县（市）使用，临时需要在外县（市）填开发票的，可到经营地国家机关申请购买发票或者申请填开；凡销售商品、提供劳务以及从事其他经营业务的单位和个人，收款方应如实向付款方填开发票，对收购单位和扣缴义务人支付个人款项时，可按规定由付款单位向收款个人填开发票，对向消费者个人零售小额商品或提供零星劳务服务，可以免予逐笔填开发票，但应逐日记账。

一、普通发票的填开

（一）普通发票的开具范围

使用普通发票的主要是营业税纳税人和增值税小规模纳税人，增值税一般纳税人在不能开具专用发票的情况下也使用普通发票。

1.营业税纳税人。营业税纳税人使用普通发票主要有:交通运输业、建筑业、服务业、金融保险、邮电通信业、文化体育业等。

2.增值税小规模纳税人。缴纳增值税的纳税人,如其会计核算不健全或者从事货物生产或提供应税劳务的纳税人年销售收入未达到 50 万元、从事货物批发或零售的纳税人未达到 80 万元的,称为小规模纳税人。小规模纳税人在销售商品、提供劳务以及从事其他经营活动时,必须开具和使用普通发票。

3.增值税一般纳税人。根据《增值税专用发票使用规定》,增值税一般纳税人下列情况下不得开具专用发票,应开具普通发票:向消费者销售应税项目;销售免税项目;销售报关出口的货物;在境外销售应税劳务;将货物用于非应税劳务;将货物用于集体福利或个人消费;将货物无偿赠送他人;提供非应税劳务;转让无形资产或销售不动产;商业企业零售的烟、食品、服装、鞋帽(不包括劳保福利用品)、化妆品等消费品,生产、经营机电、机车、汽车、轮船等大型机械、电子设备的工商企业,凡直接销售给使用单位的;向小规模纳税人销售应税项目。

(二)普通发票填开的技术要求

1.开具时限:填开发票的单位和个人必须在实现经营收入或发生纳税义务时开具发票。发票的开具是确定当期应纳税额的依据,不能预开发票,不能拖延。

2.填开顺序:必须按号码顺序填开发票,不能跳跃使用,也不能拆本使用,以利于发票的保管,防止发票丢失和舞弊行为的发生。

3.填写内容:发票上列示的项目应逐项填写,项目齐全、内容真实、字迹清楚,全份一次复写,各联内容完全一致,并加盖单位财务印章或者发票专用章。不得为了迎合顾客的要求变更品名和金额,如"卖甲开乙";不准通过单独填开顾客联串改金额而"大头小尾";客户名称应为全称,不得简化或更改;不准涂改发票,如填写有误,在误填的发票上注明"作废"字样。

4.红字发票:开具发票后,如发生销货退回的,必须收回原发票并注明"作废"字样或取得对方有效证明;如发生销货折让的,必须收回原发票并注明"作废"字样后,重新开具销售发票。

二、收据的填开

(一)开具时限

任何填开收据的单位和个人必须在发生相关业务并确认资金收支后,才能开具收据。专用收据的开具时限为收到资金款项的当天。

(二)开具地点

收据限于领购单位和个人在本省(直辖市、自治区)范围内开具,中央各委、办、局机关由财政部负责。任何单位和个人未经批准，不得跨规定的使用区域或携带、邮寄、运输收据。

三、普通发票的缴销

普通发票的缴销是用票单位和个人按照规定向税务机关上缴已使用或者未使用的发票，包括以下二种情况：

1. 变更、注销税务登记时发票的缴销

(1)申请

纳税人因办理了纳税人名称、地址、电话、开户行、账号变更需废止原有发票或注销税务登记时，应持《税务登记变更申请表》或《注销税务登记申请审批表》、向主管税务机关领取并填写好《发票缴销登记表》，并持《发票购领证》及未使用的发票向主管税务机关办理发票缴销手续。

(2)税务机关审核、缴销

主管税务机关收到《发票缴销登记表》、《发票购领证》及未使用的发票，根据不同情况进行发票缴销处理：

①注销税务登记的，将其《发票购领证》和未使用发票剪角作废；在 CTAIS 中验销其相应的领购记录；在《注销税务登记申请审批表》、《发票缴销登记表》中签章交纳税人。

②变更税务登记的，将其未使用发票剪角作废；需要变更《发票购领证》内容的，收缴旧的《发票购领证》，按《税务登记变更表》内容重新核发新的《发票购领证》；在 CTAIS 中验销其相应的领购记录；在《发票缴销登记表》、《税务登记变更表》中签章交纳税人收回。

2. 残损发票、改(换)版发票及次版发票的缴销

①纳税人的发票发生霉变、鼠咬、水浸、火烧等残损问题，或被通知发票将进行改版、换版，或发现有次版发票等问题时，必须按有关规定到主管税务机关领取并填报《发票缴销登记表》，连同《发票购领证》及应缴销的改版、换版和次版发票一并交主管税务机关。

②主管税务机关审核无误后，将其应缴销的发票剪角作废，并将缴销记录登记在 CTAIS 中和《发票购领证》上，并在《发票缴销登记表》中签章交纳税人。

收据的缴销基本同普通发票。

实务技能训练案例 5-2

小张所在的单位除销售产品外，既有同时提供技术服务的增值税混合销售行为，又有单独提供技术服务和其他营业税经营项目。在 2010 年第四季度，本单位开具和取得

的部分发票情况如下：

(1)在销售产品的同时，提供技术服务所收取的款项 23.4 万元，开具了服务业普通发票，并按 5%的税率计算缴纳了营业税；

(2)向某医院提供技术服务，开具服务业收入发票结算收入 20 万元；

(3)向某高校提供技术服务，以往来款项结算凭证"企事业单位收款收据"结算收入 30 万元，挂在往来款项未作计税收入；

(4)租赁某单位写字楼，支付租赁费 10 万元，取得服务收入发票；

(5)因购买货物取得运输业普通发票 10 份，其中有 5 份套印××市国税局发票监制章的发票，运费金额 5 万元。

问：小张在受理这些发票时，应当向有关部门提出哪些建议？

实务分析

小张在受理这些发票时，应当向有关部门提出以下建议：

1. 销售产品的同时提供技术服务，属于增值税混合销售行为，所收取的技术服务费应当缴纳增值税，不能因为开具了服务业发票而缴纳营业税，今后再发生类似业务，应当开具增值税专用发票或工业企业产品销售统一发票。

2. 向某高校提供技术服务，应以服务业收入统一发票进行结算并计入营业收入账户，按 5%的税率计算缴纳营业税。

3. 租赁某单位写字楼支付的租赁费 10 万元，应当由出租单位到其主管地方税务机关开具"房屋租赁统一发票"。收款方开具的服务业统一发票不能作为费用列支的凭证。

4. 从 2008 年 1 月 1 日起，凡用于结算营业税收入的发票均由地方税务局管理，统一套印××市地方税务局发票监制章，原套印××市国税局发票监制章的发票应予以作废缴销。因此，建议企业有关部门要求提供运输劳务的单位重新开具发票。否则，不予以列支成本、费用和计提进项税额。

子情境 5.3　填开和认证增值税专用发票

知识与技能准备

一、增值税专用发票的填开

(一)一般纳税人专用发票的填开

1. 增值税专用发票的开具范围

(1)增值税专用发票只能用于被税务机关确认为增值税一般纳税人的企业、单位在中华人民共和国境内销售货物或者提供加工、修理修配劳务以及进口货物的行为。

(2)已认定为增值税一般纳税人的商业零售企业,可以向购货方为一般纳税人的单位开具专用发票,但企业必须指定专人负责保管和开具专用发票。商业零售企业必须向购货方索取盖有一般纳税人戳记的税务登记证(副本),未提供证件的,商业零售企业一律不得开具专用发票。

(3)一般纳税人生产下列货物,可按简易办法依照6%征收率计算缴纳增值税,并可由其自己开具增值税专用发票:

①县以下小型水力发电单位生产的电力;

②建筑用和生产建筑材料所用的砂、土、石料;

③以自己采掘的砂、土、石料或其他矿物连续生产的砖、瓦、石灰;

④原料中掺有煤矸石、石煤、粉煤灰、烧煤锅炉的炉底渣及其他废渣(不包括高炉水渣)生产的墙体材料;

⑤用微生物、微生物代谢产物、动物毒素、人或动物的血液或组织制成的生物制品。

2. 增值税专用发票填开的技术要求

(1)开具时限:一般纳税人必须按规定的时限开具专用发票。采用预收货款、托收承付、委托银行收款结算方式的,为货物发出的当天;采用交款提货结算方式的,为收到货款的当天;采用赊销、分期付款结算方式的,为合同约定的收款日期的当天;设有两个以上机构并实行统一核算的纳税人,将货物从一个机构移送其他机构用于销售,按规定应当征收增值税的,为货物移送的当天;将货物交付他人代销的,为收到受托人送交的代销清单的当天;将货物作为投资提供给其他单位或个体经营者,为货物移送的当天;将货物分配给股东,为货物移送的当天。

(2)销售退回或销售折让开具的规定:销售货物并向购买方开具专用发票后,如发生退货或销售折让,应视不同情况分别办理。购买方在未付货款并且未作账务处理的情况下,须将原专用发票的发票联和抵扣联主动退还销售方,销售方收到后,应在该发票联和抵扣联及有关的存根联、记账联上注明“作废”字样,整套保存,并重新填开退货后或销售折让后所需的专用发票;在购买方已付货款,或者货款未付但已作账务处理,专用发票发票联及抵扣联无法退还的情况下,购买方必须取得当地主管国家税务机关开具的进货退出或索取折让证明单送交销售方,作为销售方开具红字专用发票的合法依据。销售方在未收到证明以前,不得开具红字专用发票,收到证明单后,根据退回货物的数量、价款或折让金额向购买方开具红字专用发票。红字专用发票的存根联、记账联作为销售方扣减当期销项税额的凭证,其发票联和抵扣联作为购买方扣减进项税额的凭证。购买方收到红字专用发票后,应将红字专用发票所注明的增值税额从当期进项税额中扣减。如不扣减,造成不纳税或少纳税的,属于偷税行为。

(3)价外费用开具的规定:价外费用是指价外向购买方收取的手续费、补贴、基金、集资费、返还利润、奖励费、违约金、包装费、包装物租金、储备费、优质费、运输装卸费、代收款项、代垫款项及其他各种性质的价外收费。销售货物或应税劳务收取价外费用,如果价格与价外费用需要分别填写,可以在专用发票的“单价”栏填写价、费合计数,另附价外费用项目表交与购货方,但如果价外费用属于按规定不征收增值税的代收代缴的消费税,则该项合计数中不应包括此项价外费用,此项价外费用应另行开具普通发票。

(4)汇总业务的开具:为了减少开具专用发票的工作量,降低专用发票的使用成本,销售货物品种较多的,可以汇总开具专用发票,如果所售货物适用的税率不一致,应按不同税率分别汇总填开专用发票。汇总填开专用发票,可以不填写“商品或劳务名称”、“计量单位”、“数量”和“单价”栏。汇总填开专用发票,必须附有销售方开具并加盖财务专用章或发票专用章的销货清单。

(5)价格换算出现误差的处理:纳税人以含税单价销售货物或应税劳务的,应换算成不含税单价填开专用发票,如果换算使单价、销售额和税额等项目发生尾数误差的,应按以下方法计算填开:

销售额＝含税收入÷(1＋税率或征收率)

增值税额＝含税总收入－销售额

不含税单价＝销售额÷数量

这时如果票面“货物数量×不含税单价＝销售额”这一逻辑关系存在少量尾数误差,属于正常现象。

(二)小规模纳税人代开专用发票

小规模纳税人申请代开增值税专用发票时,到主管税务机关领取《代(监)开增值税专用发票申请审批表》,填写后连同以下资料交回主管税务机关:

1.购货方《税务登记证》(副本)复印件或一般纳税人资格证书复印件;

2.发票专用章或财务专用章;

3.该笔业务税收缴款书复印件。

纳税人凭审批表及完税凭证到主管税务机关发票管理部门开具增值税专用发票。

二、增值税专用发票的认证

纳税人取得防伪税控系统开具的增值税专用发票抵扣联,必须在纳税申报之前到主管税务机关“认证窗口”认证金税工程数据,或通过网络传输进行认证。税务机关认证后,向纳税人下达“认证结果通知书”和“认证结果清单”。对于认证不符及密文有误的抵扣联,税务机关暂不予抵扣,并当场扣留作调查处理。未经认证的,不得申报抵扣。

(一)基本概念

增值税专用发票的认证是指税务机关利用防伪税控认证子系统对采集的专用发票抵扣联票面上的密文和图像,运用识别技术将图像换成电子数据,利用解密功能对发票密文进行解密,然后与发票明文逐一核对以判别其真伪,并且为稽核系统和票表税比对系统准备抵扣联数据的工作过程。

(二)基本要求

1. 纳税人取得防伪税控系统开具的增值税专用发票抵扣联,必须自开票之日起180日内,在纳税申报之前到主管税务机关"认证窗口"认证或通过网上远程认证。

2. 税务机关认证后,向纳税人下达"认证结果通知书"和"认证结果清单"。

3. 对于认证不符及密文有误的抵扣联,税务机关暂不予抵扣,并当场扣留作调查处理。

4. 未经认证的,不得申报抵扣。

(三)认证方法

1. 上门认证:纳税人携带专用发票抵扣联(或电子信息)等资料,到税务机关申报征税窗口进行认证。

2. 远程认证:由一般纳税人自行完成专用发票抵扣联扫描、识别,并将扫描识别数据通过网络传输到税务机关,由税务机关完成解密、认证,并将认证结果信息返回纳税人的认证方式。

(四)认证流程

增值税专用发票的认证流程如图 5-9 所示。

(五)认证结果

1. 认证相符:84 位密文解密结果与票面七要素相符。

2. 认证不符:84 位密文解密结果与票面七要素有一项或多项不相符。

3. 纳税人识别号认证不符:专用发票所列购货方纳税人识别号与申报认证企业纳税人识别号不一致。

4. 密文有误:密文清晰、输入正确,但防伪税控系统无法解密。

5. 无法认证:因票面七要素或 84 位密文污损等,导致系统不能产生认证结果。

6. 重复认证:认证相符,但以前月份曾认证过。

7. 认证时失控:指前期已认证相符的增值税专用发票数据与总局下发的全国失控发票新增数据进行自动比对,发现属于失控发票的抵扣联。

(六)结果处理

1. 认证相符:自动保存在防伪税控系统服务器,每月认证工作结束后将认证汇总数据下载保存到制定的票表税共享目录。

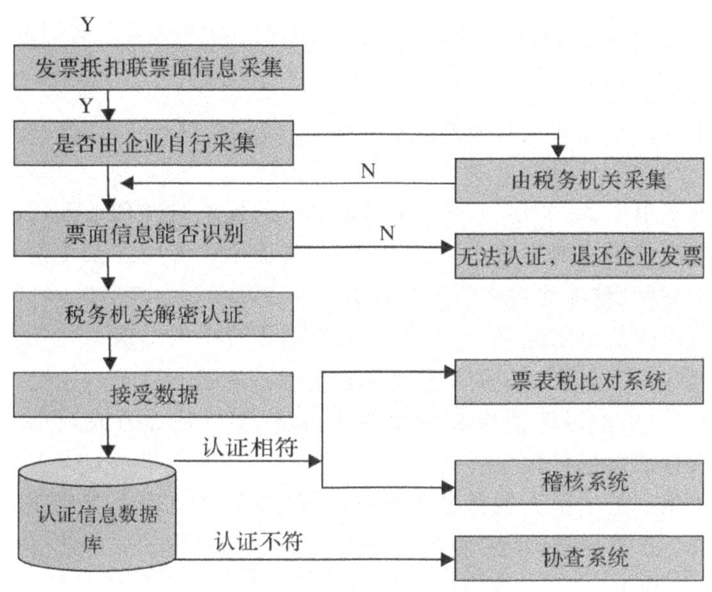

图5-9　增值税专用发票认证流程

2.无法认证、纳税人识别号认证不符和发票代码、号码认证不符：发票原件退还给纳税人，企业可以要求销货方重新开具。

3.密文有误、认证不符和重复认证发票：对上门认证的，当即扣留；对远程认证结果为"认证未通过"的，应在发现的当日通知纳税人于2日内持专用发票抵扣联原件到税务机关再次认证，对仍然认证不符或密文有误的，当即扣留。

4.认证时失控：上门认证的扣留；远程认证的，应在发现的当日通知纳税人于2日内持专用发票抵扣联原、件到税务机关扣留，并当即报稽查部门。

三、增值税专用发票的缴销

纳税人在办理专用发票缴销手续时，应向主管税务机关提供以下材料：

1.缴销的发票；

2.发票购领证；

3.购票人员的身份证；

4.注销或取消一般纳税人资格的纳税人的金税卡、IC卡（指已纳入防伪税控开票系统的纳税人）。

实务技能训练案例 5-3

小张在受理本单位 2012 年 5 月份开具和取得的发票时发现下列情况：

1. 向某小规模纳税人销售技术软件产品，开具增值税专用发票 1 份，注明价款 2 万元，增值税 0.34 万元，款项通过银行转账结算。

2. 从某商场采购低值易耗品一批，取得未附销货清单的增值税专用发票 1 份，注明价款 1 万元，税款 0.17 万元，款项用银行存款支付。

3. 外购材料一批，取得增值税专用发票 1 份，注明价款 2 万元，税款 0.34 万元，发票联和抵扣联没有加盖销货单位财务印章。

4. 向某增值税一般纳税人销售技术软件产品，开具增值税专用发票 1 份，注明价款 5 万元，税款 0.85 万元，后续技术服务费 0.5 万元，税款 0.085 万元，代收政府性基金 0.01 万元，税款 0.001 7 万元，款项尚未收取。

5. 月末在专用发票认证时发现，有 2 份发票与销货方的纳税人识别号不符，价款 2 万元，税款 0.34 万元，有 1 份为旧版专用发票，款项已经用银行存款支付。

问：针对上述情况，小张应当如何处理？

实务分析

1. 向增值税小规模纳税人销售技术软件产品，不能开具增值税专用发票，应当与该企业取得联系，收回增值税专用发票的发票联和抵扣联，连同存根联和记账联，注明作废字样保存，并向该小规模纳税人另开增值税普通发票。

2. 从某商场取得的未附销货清单的增值税专用发票，以及外购材料未加盖财务印章的发票联和抵扣联，要求销售方予以补正。

3. 向一般纳税人销售技术软件产品代收的政府性基金，应当单独开具普通发票，不征增值税。应当将已经开具的专用发票发票联和抵扣联收回，连同存根联和记账联一起注明作废字样，重新开具不含政府性基金的增值税专用发票。

4. 与销货方纳税人识别号认证不符的增值税专用发票以及旧版专用发票，应要求销货方收回并重新开具符合规定的专业发票。

思考 3：

小张与在某增值税小规模纳税人企业当出纳的同学碰面，发现对方有点别扭，询问后才知道了事情的原委：原来当日有一家企业到其单位购买产品，持有增值税一般纳税人证明，因单位里没有增值税专用发票，便向对方开具了普通发票，结果对方拒不接受，非要索取增值税专用发票不可，否则就找其单位领导评理，小张的同学一直为此事感到郁闷。没想到小张的一番话，让同学茅塞顿开，内心反而感到歉疚。想一想，小张向他同学讲的这番话会是什么呢？

思考 4：

单位业务员小王苦着脸向小张递上一份已被洗衣机搅成一团的增值税专用发票抵扣联和发票联，小张也感到茫然，于是赶紧向旁边的师傅求教，终算有了能够补救的措施。想一想，师傅会怎样教小张处理这件事情呢？

单元小结

本情境着重介绍了发票和收据的概念，领购范围与手续，衔头（具名）发票印制方法；普通发票、专用发票、收据的使用对象、开具时间、开具方法、开具要求以及发票缴销的基本程序和方法；并对增值税专用发票的认证程序、认证方法、认证结果及其处理方法作了简要的说明。相关内容和要求具体如下：

任务内容	出纳岗位发票业务处理	
	知识与技能准备	技能要求与目标
向税务机关领购发票和收据	1. 什么是发票 2. 什么是收据 3. 发票领购适用范围 4. 发票领购手续 5. 衔头（具名）发票印制	1. 能向税务机关正确领购发票和收据 2. 能正确区分各类发票和收据的适用对象
普通发票和收据的填开及缴销	1. 普通发票的填开 2. 收据的填开 3. 普通发票的缴销	1. 能正确填写各类普通发票和收据 2. 能正确办理普通发票的缴销

续表

任务内容	出纳岗位发票业务处理	
	知识与技能准备	技能要求与目标
增值税专用发票的填开和认证	1.增值税专用发票的填开 2.增值税专用发票的认证 3.增值税专用发票的缴销	1.能正确填写增值税专用发票 2.能模拟使用增值税专用发票开票系统 3.能对增值税专用发票进行正确的模拟认证

思考与练习

一、思考题

1.什么叫发票?什么叫收据?

2.发票和收据是怎样分类的?

3.统印发票的领购有哪几种方式?

4.发票领购的范围如何确定?

5.领购发票需要办理哪些手续?

6.怎样开具普通发票和收据?

7.哪些情况需要办理发票的缴销手续?

8.增值税专用发票的领购使用有什么规定?

9.什么叫增值税专用发票的认证?通常有哪些认证方法?

10.增值税专用发票的认证流程是怎样规定的?可能会出现哪些认证结果?对不同的认证结果怎样处理?

二、练习题

【单选题】

1.属于增值税纳税人使用的普通发票有(　　)。

A.饮食业专用发票　　B.废旧物资收购发票

C.商品房销售专用发票　　D.全国联运行业统一发票

2.如果一个企业以增值税为主并兼有营业税的经营项目,应到(　　)办理发票领购。

A.国税和地税主管税务机关　　B.国家税务局

C.国税或地税主管税务机关　　D.地方税务局

3.下列情形中,增值税一般纳税人可以开具增值税专用发票的是(　　)。

A.一般纳税人甲企业经营商业零售销售给消费者的化妆品

B. 一般纳税人乙企业将其生产的汽车直接销售给个人

C. 一般纳税人丙企业经营商业销售的劳保专用鞋帽

D. 一般纳税人丁企业将其生产的轮船直接销售给使用单位

4. 下列票据中经国家税务总局或者省、市、自治区税务机关批准，可由政府主管部门自行管理，不套印税务机关的统一发票监制章的发票是（　　）。

A. 保险企业的保险凭证　　B. 全国联运行业统一发票

C. 农林牧水产品收购统一发票　　D. 公共事业联合收费处缴费专用发票

5. 临时到本省、自治区、直辖市以外从事经营活动的单位和个人，凭所在地税务机关开具的《外出经营活动税收管理证明》，在（　　）的前提下，可向经营地税务机关申请领购经营地的发票。

A. 办理发票领购簿　　B. 办理纳税担保

C. 预缴税款　　D. 办理税务登记

6. 对于跨省、市、自治区临时经营活动的单位和个人申请领购发票，税务机关要求提供保证人，或者缴纳（　　）的保证金。

A. 不超过5 000元　　B. 不低于5 000元

C. 不超过1万元　　D. 不低于1万元

7. 领购发票的单位和个人凭（　　）核准的种类、数量，向主管税务机关领购发票。

A. 税务登记证　　B. 发票领购簿

C. 税务登记表　　D. 发票申请审批表

8. 纳税人领购发票，须先将已使用的发票存根联，交税务机关审核后留存，再领购发票，这种方式称为（　　）。

A. 批量供应　　B. 验旧购新

C. 交旧购新　　D. 限量供应

9. 以下有关发票开具的说法，错误的是（　　）。

A. 任何单位和个人不能转借、转让、代开发票

B. 开具发票一定要加盖财务专用章

C. 未经税务机关批准，不能拆本使用发票

D. 专用发票开具后因购货方不索取而成为废票，应按填写有误办理

10. 为了保证增值税专用发票的安全使用，纳税人要在（　　）办理缴销手续。

A. 领购专用发票的时间算起至30天内

B. 开具第一张专用发票的时间算起至30天内

C. 领购专用发票的时间算起至60天内

D. 开具第一张专用发票的时间算起至60天内

【多选题】

1. 下列(　　)不得作为财务报销凭证,任何单位和个人有权拒收。

A. 未按购买单位要求金额开具的发票

B. 填写项目不齐全的发票

C. 没有加盖财务印章或发票专用章的发票

D. 已经作废的发票

2. 增值税一般纳税人(　　),经税务机关责令限期改正而仍未改正者,不得领购使用增值税专用发票。

A. 未按规定办理纳税申报　　B. 未按规定期限清缴欠税入库

C. 未按规定填开增值税专用发票　　D. 未按规定保管增值税专用发票

3. 增值税纳税人使用的普通发票包括(　　)。

A. 工业企业产品销售统一发票　　B. 工业企业加工产品统一发票

C. 商业批发统一发票　　D. 临时经营发票

4. 跨省、市、自治区经营的纳税人采取提供保证人方式申请领购经营地发票,应由担保人填写担保书,经(　　)签字盖章后方为生效。

A. 购票人　　B. 注册税务师

C. 保证人　　D. 税务机关

5. 企业自制发票,应凭(　　)及自行设计的发票式样,办理自制发票审批。

A. 税务登记证副本　　B. 企业申请自制发票报告

C. 经办人身份证明　　D. 发票领购簿

6. 用票单位申请自印发票的必须符合(　　)条件。

A. 企业发票使用量较大　　B. 有固定的生产经营场所

C. 发票管理制度健全　　D. 财务管理制度健全

7. 用票单位发生(　　)情形,不得开具增值税专用发票。

A. 向消费者销售货物

B. 向小规模纳税人销售货物

C. 向被认定为临时一般纳税人的企业销售货物

D. 向境外提供应税劳务

8. 下列有关发票开具和使用的说法,正确的有(　　)。

A. 开具发票后,如果发生销货退回需开红字发票的,必须收回原发票并注明“作废”字样或取得对方的有效凭证

B. 民族自治地方的纳税人开具发票必须使用当地通用的民族文字

C. 专用发票开具后因购货方不索取而成为废票,应按填写有误办理

D. 没有加盖财务印章或发票专用章的发票,不得作为财务报销的凭证

9. 下列发票，应到国家税务局领购的有(　　)。

A. 工业企业产品销售统一发票　　B. 商业零售统一发票

C. 机动车专项修理专用发票　　D. 饮食业统一发票

10. 统印发票的购领方式包括(　　)。

A. 批量供应　　B. 交旧购新

C. 验旧购新　　D. 按需领取

【综合分析题】

1. 小张所在单位 2012 年 4 月份发生的部分经济业务如下：

(1)受政府部门委托，作为会议主办方召开了一次技术研讨会，向参会单位收取了会务费 5 万元，开具了加盖企业财务印章的收款收据；

(2)销售边角余料取得收入 11 700 元，向客户开具了事业单位往来结算收据；

(3)接受运输劳务，取得运输业统一发票 8 份，其中有三份没有加盖运输单位财务印章；取得运输业定额发票 100 张，运费 5 000 元。所有运输发票企业均按 7%计提了进项税。

问：(1)受理上述凭证，出纳员小张应当提出怎样的处理意见？

(2)2012 年 5 月份，由于新厂房的建成，小张所在单位准备从目前的市中心整体迁移到近郊，单位领导要求相关部门及时做好搬迁前的各项准备工作。作为负责发票领购工作的小张，应当做好哪些工作？

2. N 公司于 2012 年 5 月 1 日开业，主要开展下列业务：

(1)收购鲜活海产品，对外提供餐饮服务；

(2)拥有客房供客人居住使用；

(3)娱乐项目有卡拉 OK 歌舞厅、保龄球、台球等；

(4)洗刷车并提供修理修配汽车服务。

要求：根据上述资料

(1)说明 N 公司适用发票的种类。

(2)说明 N 公司办理发票领购手续的主要程序。

3. M 商场为增值税一般纳税人，2012 年第 1 季度出纳人员在受理发票业务过程中遇到下列情况：

(1)为他人代开专用发票 1 份，价税合计金额为 11 700 元；

(2)因购货单位要求，M 商场在开具增值税专用发票时，将客户购买的消费品填写为“原辅材料”，价税合计金额为 23 400 元；

(3)其他未按规定填开的商业零售发票10份。例如,单联填开发票,无商品名称、单价、计算金额差错等。

要求:根据上述资料

(1)指出商场在发票使用及管理中存在的问题。

(2)提出解决问题的具体建议和方法。

4.A企业2012年5月份发生的部分经济业务如下:

(1)企业某项目招标,向竞标单位收取参标费5 000元,开具了只加盖企业财务印章的收款收据;

(2)销售下脚料取得收入8 500元,向客户开具了企事业单位往来结算收据;

(3)取得没有加盖财务印章的运输业统一发票5份,运费金额共计50 000元,按7%计提了进项税。

要求:分析说明A企业上述发票、收据存在的问题,提出改进建议。

5.P公司2011年5月份开具和取得的发票情况如下:

(1)向某建筑设计院销售技术软件产品,开具增值税专用发票1份,注明价款50 000元,增值税8 500元;

(2)外购材料一批,取得增值税专用发票1份,税价合计11 700元,发票联和抵扣联没有加盖销货单位财务印章;

(3)向某增值税一般纳税人销售技术软件产品,开具增值税专用发票1份,注明价款20 000元,税款3 400元;开具普通发票1份,收取售后技术服务费2 340元;

(4)因业务员的疏忽,丢失增值税专用发票抵扣联1份,通过查看发票联,获悉价款20 000元,税款3 400元。

要求:针对上述情况,指出P公司开具和取得发票所存在的问题,并提出改进意见。

学习情境 6　工商管理认知

知识目标

☆ 掌握公司工商管理设立登记
☆ 掌握公司工商管理变更登记
☆ 掌握公司工商管理注销登记
☆ 掌握公司工商登记年检流程

技能目标

☆ 会办理公司工商管理设立登记
☆ 会办理公司工商管理变更登记
☆ 会办理公司工商管理注销登记
☆ 能对公司工商登记进行网上年检

主要概念

法定资本　设立登记　变更登记　注销登记　工商年检

小张已经做了将近3个月的出纳，因为自己虚心好学的态度和勤快踏实的工作态度，赢得了公司的肯定，小张顺利地转正了。现在，小张面临着一项新的任务，公司最近新买了一个写字楼，决定于月初搬到新的办公地点，听说，公司换址需要变更工商登记……

面对新的挑战，小张立即上网去搜索相关的资料。小张不禁想：真是学无止境啊……

子情境6.1 工商设立登记

知识与技能准备

一、公司设立登记条件

1.有限责任公司设立条件

根据《公司法》的规定，设立有限责任公司，应当具备下列五个条件：

(1)股东符合法定人数。设立有限责任公司的法定人数分两种情况：一是通常情况下，法定股东数须是50人以下。二是特殊情况下，国家授权投资的机构或国家授权的部门可以单独设立国有独资的有限责任公司。

(2)股东出资达到法定资本最低限额。法定资本是指公司向公司登记机关登记时，实缴的出资额，即经法定程序确认的资本。在我国，法定资本又称为注册资本，既是公司成为法人的基本特征之一，又是企业承担亏损风险的资本担保，同时也是股东权益划分的标准。

有限责任公司的注册资本为在公司登记机关登记的全体股东认缴的出资额。公司全体股东的首次出资额不得低于注册资本的20%，也不得低于法定的注册资本最低限额，其余部分由股东自公司成立之日起两年内缴足；其中，投资公司可以在5年内缴足。有限责任公司注册资本的最低限额为人民币3万元。法律、行政法规有特殊规定的除外。

股东可以用货币出资，也可以用实物、知识产权、土地使用权等可以用货币估价并可以依法转让的非货币财产作价出资，法律、行政法规规定不得作为出资的财产除外。

全体股东的货币出资金额不得低于有限责任公司注册资本的30%。

(3)股东共同制定章程。公司章程是关于公司组织及其活动的基本规章。根据《公司法》的规定,公司章程应当载明的事项有:公司名称和住所、公司经营范围、公司注册资本、股东姓名或名称、股东的权利和义务、股东的出资方式和出资额、股东转让出资的条件、公司的机构及其产生办法和职权及议事的规则、公司的法定代表人、公司的解散事项与清算办法、其他事项。

(4)有公司名称,建立符合有限责任公司要求的组织机构。公司作为独立的企业法人,必须有自己的名称。公司设立名称时还必须符合法律、法规的规定。有限责任公司的组织机构是指股东会、董事会或执行董事、监事会或监事。

(5)有固定的生产经营场所和必要的生产经营条件。生产经营场所可以是公司的住所,也可以是其他经营地。生产经营条件是指与公司经营范围相适应的条件。它们都是公司从事经营活动的物质基础,是设立公司的起码要求。

2.股份有限公司设立条件

根据我国《公司法》的规定,设立股份有限公司,应当具备以下六个条件:

(1)发起人符合法定人数。设立股份有限公司必须要有发起人,发起人既可以是自然人,也可以是法人。发起人应当在5人以上,其中须有过半数的发起人在中国境内有住所。国有企业改建为股份有限公司的,发起人可以少于5人,但应当采取募集设立方式。

(2)发起人认缴和社会公开募集的股本达到法定资本的最低限额。我国《公司法》明确规定:股份有限公司的注册资本应为在公司登记机关登记的实收股本。股本总额为公司股票面值与股份总数的乘积。公司注册资本的最低限额为人民币1 000万元,法律、行政法规另有规定的除外。

在发起设立的情况下,发起人应认购公司发行的全部股份;在募集设立的情况下,发起人认购的股份不得少于公司股份数的35%。

(3)股份发行、筹办事项符合法律规定。

(4)发起人制定公司章程,并经创立大会通过。

(5)有公司名称,建立符合股份有限公司要求的组织机构。股份有限公司的组织机构由股东大会、董事会、经理、监事会组成。

股东大会是最高权力机构,股东出席股东大会,所持每一股份有一表决权。董事会是公司股东会的执行机构,由5—19人组成。经理负责公司的日常经营管理工作。

(6)有固定的生产经营场所和必要的生产经营条件。

3.合伙企业设立条件

根据《合伙企业法》的规定,设立合伙企业应当具备下列五个条件:

(1)有两个以上的合伙人,并且都是依法承担无限责任者。合伙企业合伙人至少为2人以上,合伙人承担无限责任,合伙企业不允许有承担有限责任的合伙人。

(2)有书面合伙协议。合伙协议是由各合伙人通过协商,共同决定相互间的权利义务，达成的具有法律约束力的协议。合伙协议应当由全体合伙人协商一致，以书面形式订立。合伙协议经全体合伙人签名、盖章后生效。

（3）有各合伙人实际缴付的出资。合伙人的出资可以用货币、实物、土地使用权、知识产权或其他财产权利缴纳出资。经全体合伙人协商一致，合伙人也可以用劳务出资。对劳务出资，其评估办法由全体合伙人协商确定。

（4）有合伙企业名称。

（5）有营业场所和从事合伙经营的必要条件。

二、公司设立登记程序

公司设立登记是指公司设立人按法定程序向公司登记机关申请，经公司登记机关审核并记录在案，以供公众查阅的行为。

公司设立登记应向所在地各级工商行政管理机关提出申请，并应遵守《公司登记管理条例》的有关规定。

《公司登记管理条例》第 25 条规定："依法设立的公司，由公司登记机关发给《企业法人营业执照》。公司营业执照签发日期为公司成立日期。公司凭公司登记机关核发的《企业法人营业执照》刻制印章，开立银行账户，申请纳税登记。"由此可见，公司经设立登记的法律效力就是使公司取得法人资格，进而取得从事经营活动的合法身份。

公司设立登记具体流程如图 6-1 所示：

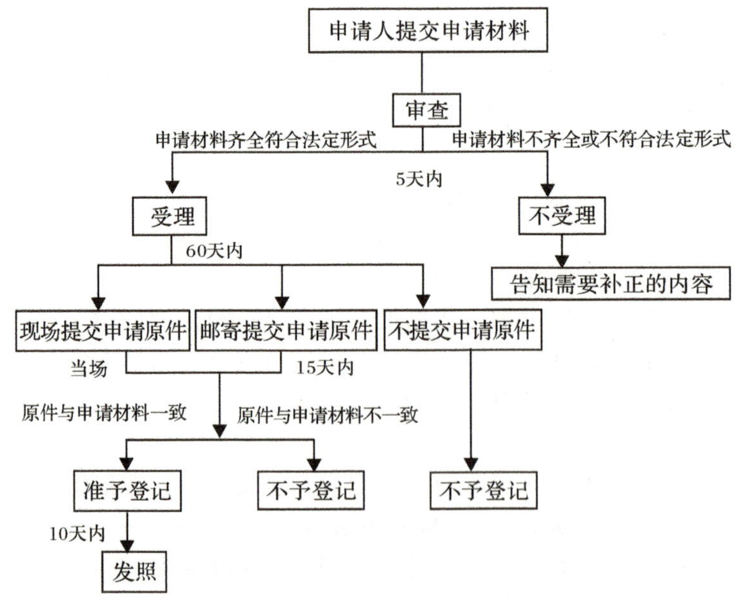

图 6-1 公司设立登记程序图

有限责任公司设立登记，应向公司登记主管机关提交下列文件：

(1)公司董事长或执行董事签署的《公司设立登记申请书》，如图 6-2 所示。

公司设立登记申请书

<table>
<tr><td>名　　称</td><td colspan="4"></td></tr>
<tr><td>名称预先核准通知书文号</td><td colspan="2"></td><td>联系电话</td><td></td></tr>
<tr><td>住　　所</td><td colspan="2"></td><td>邮政编码</td><td></td></tr>
<tr><td>法定代表人姓名</td><td colspan="2"></td><td>职　　务</td><td></td></tr>
<tr><td>注册资本</td><td>（万元）</td><td>公司类型</td><td colspan="2"></td></tr>
<tr><td>实收资本</td><td>（万元）</td><td>设立方式</td><td colspan="2"></td></tr>
<tr><td>经营
范围</td><td colspan="4">许可经营项目：

一般经营项目：</td></tr>
<tr><td>营业期限</td><td>长期/　　年</td><td>申请副本数量</td><td colspan="2">个</td></tr>
<tr><td colspan="5">本公司依照《公司法》、《公司登记管理条例》设立，提交材料真实有效。谨此对真实性承担责任。

法定代表人签字：
年　　月　　日</td></tr>
</table>

注：1. 手工填写表格和签字请使用黑色或蓝黑色钢笔、毛笔或签字笔，请勿使用圆珠笔。

2. 公司类型应当填写“有限责任公司”或“股份有限公司”。其中，国有独资公司应当填写“有限责任公司（国有独资）”；一人有限责任公司应当注明“有限责任公司（自然人独资）”或“有限责任公司（法人独资）”。

3. 股份有限公司应在“设立方式”栏选择填写“发起设立”或者“募集设立”。

4. 营业期限：请选择“长期”或者“XX 年”。

图 6-2-1　公司设立登记申请书

附:公司股东(发起人)出资信息

<table>
<tr><th rowspan="2">股东(发起人)名称或姓名</th><th rowspan="2">证件名称及号码</th><th colspan="3">认缴</th><th rowspan="2">持股比例(%)</th><th colspan="3">实缴</th><th rowspan="2">备注</th></tr>
<tr><th>出资额(万)元</th><th>出资方式</th><th>出资时间</th><th>出资额(万)元</th><th>出资方式</th><th>出资时间</th></tr>
<tr><td></td><td></td><td></td><td></td><td></td><td></td><td></td><td></td><td></td><td></td></tr>
<tr><td></td><td></td><td></td><td></td><td></td><td></td><td></td><td></td><td></td><td></td></tr>
<tr><td></td><td></td><td></td><td></td><td></td><td></td><td></td><td></td><td></td><td></td></tr>
<tr><td></td><td></td><td></td><td></td><td></td><td></td><td></td><td></td><td></td><td></td></tr>
<tr><td></td><td></td><td></td><td></td><td></td><td></td><td></td><td></td><td></td><td></td></tr>
<tr><td colspan="10">注:1.根据公司章程的规定及实际出资情况填写,本页填写不下的可以附纸填写。
2."备注"栏填写下述字母:A.企业法人;B.社会团体法人;C.事业法人;D.国务院、地方人民政府;E.自然人;F.外商投资企业;G:其他。
3.出资方式填写:货币、实物、知识产权、土地使用权、其他。</td></tr>
</table>

图 6-2-2 公司股东(发起人)出资信息表

(2)全体股东指定代表或者共同委托代理人的证明。委托书应由全体股东盖章或者签字。股东是法人的应加盖印章,股东是自然人的应签署姓名。

(3)公司章程。公司章程是公司设立的重要文件,其内容应齐备,符合《公司法》规定的各项要求。

(4)具有法定资格的验资机构出具的验资证明。具有法定资格的验资机构出具的验资证明,应是会计师事务所或审计事务所出具的验资报告。验资报告应明确载明股东人数、出资方式、出资额及该公司在银行开设的临时账户。其中以实物、工业产权、非专利技术或者土地使用权出资的,应同时提交经注册的资产评估事务所出具的资产评估报告。

(5)股东的法人资格证明或者自然人身份证明。股东的法人资格证明是指具有法人资格的单位或企业能证明自己的法人资格的文件。如加盖企业登记机关印章的营业执照复印件,社团法人的社团法人登记证等。能证明自然人身份的,应当是《居民身份证》或其他合法的身份证明。

(6)载明公司董事、监事、经理姓名、住所的文件以及有关委派、选举或者聘用的证明。

(7)公司法定代表人的任职文件和身份证明。

(8)《企业名称预先核准通知书》。申请名称预先核准,应当提交有限责任公司的全体股东或者股份有限公司的全体发起人签署的公司名称预先核准申请书(如图 6-3);全体股东或者发起人指定代表或者共同委托代理人的证明;国家工商行政管理总局规定要求提交的其他文件。

对于符合规定准予使用的名称，公司登记机关发给公司《企业名称预先核准通知书》。预先核准的公司名称保留期为 6 个月。预先核准的公司名称在保留期内不得用于从事经营活动，不得转让。

企业名称预先核准申请书

申请企业名称	
备选企业名称 （请选用不同的字号）	1.
	2.
	3.
经营范围	许可经营项目： 一般经营项目： （只需填写与企业名称行业表述一致的主要业务项目）
注册资本（金）	（万元）
企业类型	
住所所在地	
指定代表或者委托代理人	

指定代表或委托代理人的权限：
1. 同意□不同意□核对登记材料中的复印件并签署核对意见；
2. 同意□不同意□修改有关表格的填写错误；
3. 同意□不同意□领取《企业名称预先核准通知书》。

指定或者委托的有效期限	自　　年　　月　　日至　　年　　月　　日

注：1. 手工填写表格和签字请使用黑色或蓝黑色钢笔、毛笔或签字笔，请勿使用圆珠笔。
2. 指定代表或者委托代理人的权限需选择“同意”或者“不同意”，请在□中打√。
3. 指定代表或者委托代理人可以是自然人，也可以是其他组织；指定代表或者委托代理人是其他组织的，应当另行提交其他组织证书复印件及其指派具体经办人的文件、具体经办人的身份证件。

<table>
<tr><th>投资人姓名或名称</th><th>证照号码</th><th>投资额(万元)</th><th>投资比例(%)</th><th>签字或盖章</th></tr>
<tr><td></td><td></td><td></td><td></td><td></td></tr>
<tr><td></td><td></td><td></td><td></td><td></td></tr>
<tr><td></td><td></td><td></td><td></td><td></td></tr>
<tr><td></td><td></td><td></td><td></td><td></td></tr>
<tr><td></td><td></td><td></td><td></td><td></td></tr>
<tr><td></td><td></td><td></td><td></td><td></td></tr>
<tr><td>填表日期</td><td colspan="4">年　月　日</td></tr>
<tr><td rowspan="3">指定代表或者委托代理人、具体经办人信息</td><td colspan="4">签　　字：</td></tr>
<tr><td colspan="4">固定电话：</td></tr>
<tr><td colspan="4">移动电话：</td></tr>
<tr><td colspan="5">(指定代表或委托代理人、具体经办人身份证明复印件粘贴处)</td></tr>
</table>

注:1.投资人在本页表格内填写不下的可以附纸填写。

2.投资人应对第(1)、(2)两页的信息进行确认后,在本页盖章或签字。自然人投资人由本人签字,非自然人投资人加盖公章。

图 6-3　企业名称预先核准申请书

(9)公司住所证明。公司住所是租赁用房的,需提交房主的《房屋产权登记证》的复印件或有关房产权的证明文件及租赁协议。

公司的住所是股东作为出资投入使用的,则提交股东的《房屋产权登记证明》或有关房产权证明的文件及该股东出具的证明文件。

除上述九种文件外,法律、行政法规另有规定的从其规定。

设立股份有限公司与设立有限责任公司在设立申请文件方面基本上是一样的要求,只是相关法律文件的签署人的称谓不同而已:前者称为股东,后者则称为发起人。当然,以募集方式设立的股份有限公司在设立申请时还应提交创立大会的会议记录,如公开发行股票的,还应提交国务院证券监督管理机构的核准文件。

案例分析 6-1

2012 年 1 月,王某、李某、章某经过市场调查和论证,决定成立一个由 3 人共同投资的服装企业(有限责任公司),注册资本为 100 万元。王某以坐落于市区内的一处临街房屋(作价 30 万元)投资,李某投资 30 万元,章某投资 40 万元并负责该公司的经营管理。投资的方式、数额确定之后,王某、李某分别办理了房屋、货币的交付手续。但此时,章某并没有投资所需的 40 万元资金。为了能顺利通过验资、注册,章某除了拿出自有的 10 万元资金外,又背着王某、李某从朋友处借得人民币 30 万元,并约定注册后即归还。经过验资机构验资，以“莉亚达”命名的服装有限责任公司顺利注册，并领取了法人营业执照。公司成立以后，章某从公司的账户上将其从朋友处借来的 30 万元划走，归还给其朋友。由于章某在公司成立时以 30 万元借款作为出资，公司成立以后，又抽回了这 30 万元出资，数额巨大，造成公司刚刚开始经营就因流动资金短缺造成原材料无钱购买，经营无法正常进行，月月亏损，公司面临破产的境地。

章某的行为不仅严重损害了公司的正常经营秩序，更严重的是给另两位投资人王某、李某造成了巨大的损失。依照刑法第 159 条之规定，章某的行为已构成虚假出资、抽逃出资罪，应依法追究刑事责任。

子情境 6.2　工商变更登记

知识与技能准备

一、公司变更登记类型

《公司法》第七条：公司营业执照记载的事项发生变更的，公司应当依法办理变更登记，由公司登记机关换发营业执照。未经变更登记，公司不得擅自改变登记事项。

公司变更登记主要包括：公司名称变更登记、公司住所变更登记、公司经营范围变更登记、公司注册资本（增加、减少）变更登记、公司股东变更登记、公司法定代表人变更登记、公司董事会、监事会成员变更登记。

二、公司变更登记需提供的资料

1. 公司名称变更登记

(1)公司法定代表人签署的变更登记申请书；

(2)公司名称变更预先核准通知书；

(3)公司股东会关于变更公司名称、修改公司章程的决议（全体股东签字盖章）；

(4)修改后的公司章程或章程修正案（全体股东签字盖章）；

(5)《企业法人营业执照》正、副本及原公司印鉴。

公司名称变更应当自变更决议或者决定做出之日起 30 日内申请变更登记。如果公司经营范围中涉及专项许可证的，须先变更许可证。

2. 公司住所变更登记

(1)公司法定代表人签署的变更登记申请书；

(2)根据公司章程的规定出具公司董事会关于变更公司住所的决议（董事会成员签

字)或公司股东会关于变更公司住所、修改公司章程的决议(全体股东签字盖章);

(3)修改后的公司章程或章程修正案(全体股东签字盖章);

(4)新住所使用证明(自有房产提交产权证复印件及原件、租赁房产提交租房协议及出租方的产权证复印件及原件)。

(5)《企业法人营业执照》正、副本。

如果公司经营范围中涉及专项许可证的,须先变更许可证。

3.公司经营范围变更登记

(1)公司法定代表人签署的变更登记申请书;

(2)公司股东会关于变更公司经营范围、修改公司章程的决议(全体股东签字盖章);

(3)新增经营范围中涉及法律、法规规定须报经审批的,应提交有关部门的批准文件;

(4)修改后的公司章程或章程修正案(全体股东签字盖章);

(5)《企业法人营业执照》正、副本。

公司变更经营范围的,应当自变更决议或者决定做出之日起 30 日内申请变更登记,拟增经营范围中须前置审批的,应当自有关部门批准之日起 30 日内申请变更登记。

4.公司注册资本(增加、减少)变更登记

(1)公司法定代表人签署的变更登记申请书;

(2)公司股东会关于变更公司注册资本、修改公司章程的决议(全体股东签字盖章);

(3)具有法定资格的验资机构出具的验资报告(股东以实物出资的提交资产评估报告,以货币出资的提交银行进账单);

(4)公司增加注册资本的,应当自股款缴足之日起 30 日内申请变更登记;股份有限公司增加注册资本的,应当提交国务院授权部门或省人民政府的批准文件;以募集方式增加注册资本的,还应提交国务院证券管理部门的批准文件;

(5)公司减少注册资本的,应当自减少注册资本决议或者决定做出之日起 90 日后申请变更登记,并应提交公司在报纸上登载公司拟减少注册资本的公告三次以上的有关证明和公司债务清偿或者债务担保情况的证明;

(6)修改后的公司章程或章程修正案(全体股东签字盖章);

(7)《企业法人营业执照》正、副本。

如果公司经营范围中涉及专项许可证的,须先变更许可证。

5.公司股东变更登记

(1)公司董事长签署的变更登记申请书;

(2)公司原股东会关于变更股东、修改公司章程的决议(全体股东签字盖章);

(3)修改后的公司章程或者公司章程修正案(由变更后的全体股东签字盖章);

(4)股权转让协议(转让方与受让方签字盖章);

(5)新增股东的法人资格证明(《企业法人营业执照》副本、《事业单位法人登记证》、《社会团体法人登记证》)或者自然人身份证的原件及复印件;

(6)公司新股东会决议(选举董事会、监事会成员,通过修改后的公司章程,由变更后的全体股东签字盖章);公司股东或发起人改变姓名或企业名称的,应当自改变姓名或名称之日起30日内申请变更登记。

6.公司法定代表人变更登记

(1)公司法定代表人签署的变更登记申请书;

(2)根据公司章程的规定出具公司董事会关于变更公司法定代表人的决议(董事会成员签字,不设董事会的提交股东会决议)或公司股东会关于变更公司法定代表人的决议(涉及章程修改和董事会成员或执行董事变更的一并做出决议;含选举公司董事会成员或执行董事,全体股东签字盖章);

(3)公司法定代表人履历表(由法定代表人签字);

(4)公司法定代表人身份证复印件;

(5)《企业法人营业执照》正、副本。

公司变更法定代表人的,应当自变更决议或决定做出之日起30日内申请变更登记。

7.公司董事会、监事会成员变更登记

(1)公司法定代表人签署的变更登记申请书;

(2)公司股东会决议(全体股东签字盖章);

(3)新任董事会、监事会成员的身份证复印件。

三、公司变更登记申请表的填写

有限责任公司变更登记申请书　　注册号

项　目	原登记事项	申请变更登记事项
名　称		
住　所		
邮政编码		
联系电话		
法定代表人姓名		
注册资本(万元)	(万元)	(万元)实收资本
公司类型		

经营范围	许可经营项目： 一般经营项目：	许可经营项目： 一般经营项目：
营业期限	长期　/　　　年	长期　/　　　年
股　东		
出资时间		
出资方式		
备案事项	□董事　□监事　□经理　□章程　□章程修正案	

本公司依照《公司法》、《公司登记管理条例》申请变更登记，提交材料真实有效。谨此对真实性承担责任。

公司盖章：　　　　法定代表人签字：

年　　月　　日

注：1. 手工填写表格和签字请使用黑色或蓝黑色钢笔、毛笔或签字笔，请勿使用圆珠笔。

2. 原登记事项、申请变更登记事项均只填写申请变更的栏目。

3. “股东”栏只填写股东名称或姓名，出资情况填写《有限责任公司变更登记附表——股东出资信息》。

4. 变更登记同时申请备案的无须提交《公司备案申请书》，请在“备案事项”栏的□中打√。申请变更法定代表人、注册资本、实收资本、股东出资方式或者同时申请董事、监事、经理备案的，应当分别提交《变更登记附表—法定代表人信息》、《有限责任公司变更登记附表——股东出资信息》、《公司变更登记附表——董事、监事、经理信息》。

图 6-4　有限责任公司变更登记申请书

实务技能训练案例 6-1

北京美达饰品有限责任公司营业执照如下：

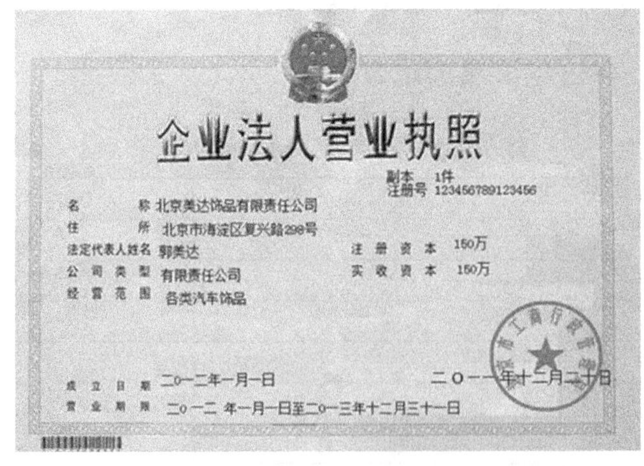

图 6-5　企业法人营业执照

现经全体股东讨论决定，公司决定将名称改为“北京美达车饰有限责任公司”，因公司没有设立专门的办公室，遂决定由公司出纳小张办理企业工商变更登记。小张该如何完成该项任务呢？

实务分析

公司名称变更登记应提供以下材料：

(1)公司法定代表人签署的变更登记申请书；

(2)公司名称变更预先核准通知书；

(3)公司股东会关于变更公司名称、修改公司章程的决议(全体股东签字盖章)；

(4)修改后的公司章程或章程修正案(全体股东签字盖章)；

(5)《企业法人营业执照》正、副本及原公司印鉴。

小张应当自变更决议或者决定做出之日起 30 日内申请变更登记。

思考 1：

小张应如何填制“有限责任公司变更登记申请书”呢？工商变更登记和税务登记变更有什么关系呢？

子情境 6.3　注销登记

知识与技能准备

一、公司注销登记类型

《公司法》第一百八十九条：公司清算结束后，清算组应当制作清算报告，报股东会、股东大会或者人民法院确认，并报送公司登记机关，申请注销公司登记，公告公司终止。

有下列情形之一的，公司清算组织应当自公司清算结束之日起 30 日内向登记机关申请注销登记：

1. 公司被依法宣告破产；
2. 章程规定的营业期限届满或者公司章程规定的其他解散事由出现；
3. 股东会决议解散；
4. 公司因合并、分立解散；
5. 公司被依法责令关闭。

二、公司注销登记需提供的资料

申请注销登记，应当提交下列文件：

1. 公司清算组织负责人签署的注销登记申请书；
2. 法院破产裁定、公司依照《公司法》作出的决议或者决定、行政机关责令关闭的文件；
3. 股东会或者有关机关确认的清算报告；
4. 《企业法人营业执照》；
5. 法律、行政法规规定应当提交的其他文件。

三、公司注销登记申请表的填写

公司注销登记申请书　　　　注册号：

名　称		
公司类型		
清算组成员《备案通知书》文号		
申请注销登记的原因	□1. 公司章程规定的营业期限届满或者公司章程规定的其他解散事由出现； □2. 股东、股东会、股东大会决议解散； □3. 因公司合并或者分立需要解散； □4. 依法被吊销营业执照、责令关闭或者被撤销； □5. 人民法院依法予以解散； □6. 其他法律、行政法规规定的情形。 注：注销原因在备选项□上划"√"，选其他解散情形应具体注明。	
债权债务清理情况		□已清理完毕　□未清理完毕
分公司注销登记手续办理情况		□已办理完毕　□未办理完毕
对外投资清理情况		□已清理完毕　□未清理完毕
公告情况	公告报纸名称	
	公告日期	

本公司依照《公司法》、《公司登记管理条例》申请注销登记，提交材料真实有效，谨此对真实性承担责任。

公司盖章：　　　　　　　　清算组负责人签字：

年　月　日

注：1. 手工填写表格和签字请使用黑色或蓝黑色钢笔、毛笔或签字笔，请勿使用圆珠笔。

2. 因公司合并、分立而申请注销登记的，清算组负责人签字栏由公司法定代表人签字。

图 6-5　公司注销登记申请书

实务技能训练案例 6-2

北京美达车饰有限责任公司因营业期限届满，经全体股东讨论同意，决定解散，现委托出纳小张办理公司工商注销登记事项。

实务分析

申请注销登记，应当提交下列文件：

1. 公司法定代表人郭美达签署的注销登记申请书；
2. 公司依照《公司法》作出的解散决议；
3. 股东会确认的清算报告；
4. 《企业法人营业执照》；
5. 法律、行政法规规定应当提交的其他文件。

思考 2：

小张应如何填制"有限责任公司注销登记申请书"呢？工商注销登记和税务登记注销有什么关系呢？

子情境 6.4　工商登记年检

知识与技能准备

一、工商登记年检范围

企业年度检验，简称年检，是企业登记机关依法按年度根据企业提交的年检材料，对与企业登记事项有关的情况进行定期检查的监督管理制度。

每年 3 月 1 日至 6 月 30 日，凡是领取营业执照的有限责任公司、股份有限公司、非公司企业法人、合伙企业、个人独资企业及其分支机构、来华从事经营活动的外国（地区）企业，以及其他经营单位，都应当向企业登记机关提交年检材料。有正当理由的可以在 6 月 30 日前向企业登记机关提交延期参加年检的申请，经企业登记机关批准可以延期 30 日。企业应当对其提交的年检材料的真实性负责。

二、工商登记年检需提供的资料

企业申报年检应当提交下列材料：

1.年检报告书；

2.企业指定的代表或者委托代理人的证明；

3.营业执照副本；

4.经营范围中有属于企业登记前置行政许可经营项目的，加盖企业印章的相关许可证件、批准文件的复印件；

5.国家工商行政管理总局规定要求提交的其他材料。

企业法人应当提交年度资产负债表和损益表，公司和外商投资企业还应当提交由会计师事务所出具的审计报告。

企业有非法人分支机构的，还应当提交分支机构的营业执照副本复印件。

企业登记机关应当自受理之日起5个工作日之内完成对企业提交的年检材料中涉及登记事项、备案事项的有关内容的书式受理审查，需要对实质内容进行核实的除外。经受理审查符合规定的，在营业执照副本上加盖年检戳记，并发还营业执照副本；不符合规定的，责令其限期改正，符合规定后，在营业执照副本上加盖年检戳记，并发还营业执照副本。其中，属于应当依法办理变更登记并涉及营业执照记载事项改变的，经变更登记后，在新的营业执照副本上加盖年检戳记。

企业不按照规定接受年度检验的，由企业登记机关责令其限期接受年度检验。属于公司的，并处以1万元以上10万元以下的罚款；属于分公司、非公司企业法人及其分支机构、来华从事经营活动的外国（地区）企业，以及其他经营单位的，并处以3万元以下的罚款；属于合伙企业、个人独资企业及其分支机构的，并处以3 000元以下的罚款。企业在责令的期限内未接受年检的，由企业登记机关予以公告。自公告发布之日起，60日内仍未接受年检的，依法吊销营业执照。

三、工商登记年检流程

企业年检程序：

1.企业提交年检材料；

2.企业登记机关受理审查企业年检材料；

3.企业缴纳年检费；

4.企业登记机关在营业执照副本上加盖年检戳记，并发还营业执照副本。

四、网上年检和电子贴花

与传统年检方式相比，企业网上年检系统有诸多优点：一是有利于政府部门及时、全面、准确掌握全国企业信息；二是网上年检系统流程清晰，操作简便，方便企业异地填报材料，使企业省去了往返工商局填报材料、排队等候、审核材料等繁琐程序；三是统一网上年检系统有利于培育良好的投资环境，优化服务，促进全国企业信用体系建设；四是有利于工商机关规范行政行为，简化年检手续，降低行政成本，提高管理效能。

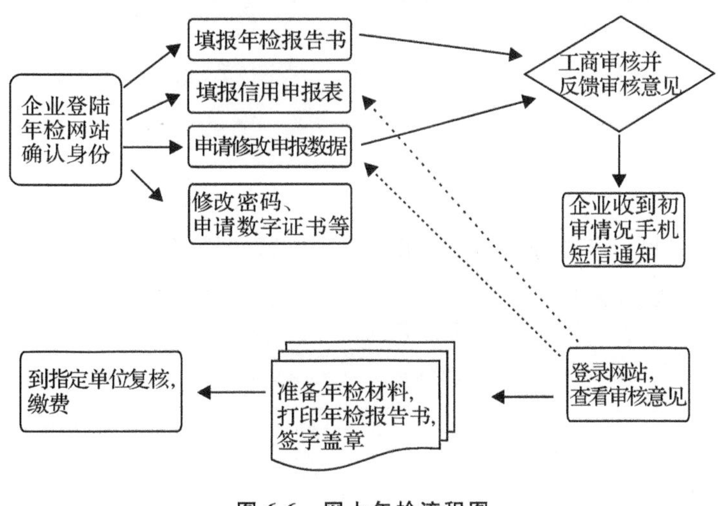

图 6-6　网上年检流程图

实务技能训练案例 6-3

2009 年 4 月，小李所在的公司委托其对杭州飞达建材有限公司进行网上年检。小张该如何完成该项任务呢？

实务分析

1. 点击登录杭州市工商局“红盾网站”（网址：www. hzaic. gov. cn）。

2. 点击网上年检，选择内资企业年检进入。

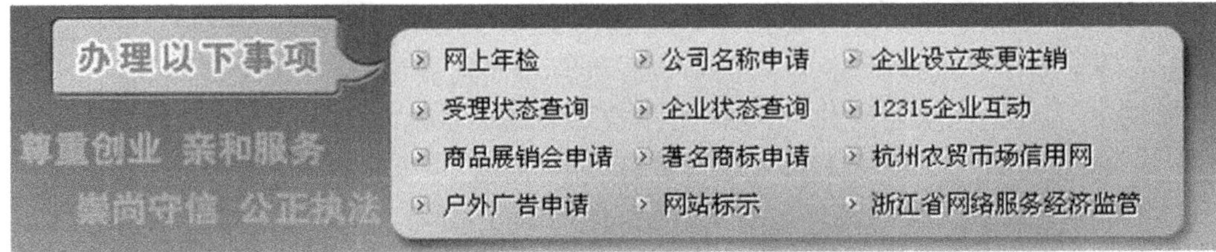

办理链接

网上年检

关于开展2011年度企业年检公告。

>>查看

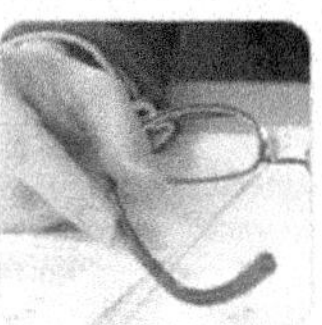

内资企业年检

凡在杭州市各级登记机关登记注册的各类内资企业（含私营企业）都应参加“网上年检”。

>>进入

3. 按要求登录网上年检系统，填写相关内容进行年检报告书预审。

杭州市工商行政管理局红盾信息网·网上年检系统

网上年检系统介绍及帮助

年检流程图
年检操作指南　浏览器设置要求
须提交年度审计报告的企业范围
什么是主体资格证明?
关于开展本年度企业年检的公告
企业信用监管评价—咨询电话
网上年检咨询电话-分局登记
网上年检咨询电话-市局登记
年检公告台

网上年检系统用户操作（本系统提供二种登录方式：①数字证书登录和②注册号+识别码登录）

①企业数字证书登录
1. 如果您拥有企业数字证书，请先插入企业数字证书介质usb-key，然后点击数字证书登录
2. 如果登录失败，请浏览敬告，然后重新登录
3. 如果登录成功，请确认你的企业名称，如有误，请与 0571-88234636 数字证书热线联系
4. 如果您还没有数字证书，请浏览敬告，在线填写并打印企业数字证书申请表到当地工商局办
5. 你企业持有的数字证书中已嵌入电子版营业执照，请在完成工商年检后，再次登录年检系统，完成“电子贴花”操作，为你企业的电子营业执照加盖年检戳记，以确保证书的有效使用。

获取企业识别码（如已获取过识别码，不需重新获取。上一年的识别码仍有效。）
1、如果你企业未获得企业识别码，请输入以下四个字段：
企业注册号：
企业 名称：
法定代表人（负责人）
姓　　名：
身份证号码：

4. 预审通过后下载打印年检报告书。

企业法人年检报告书(2008 年度)

（公司制企业以及国有、集体等其他具有法人资格的非公司制企业使用）

填报企业：杭州飞达建材有限公司（盖章）

注 册 号：330105000047898

成立日期：2008 年 1 月 1 日　　　　登记机关：江干分局

杭州市工商行政管理局制

提　示：

1. 企业在网上填写年检报告书属预审性质，必须在预审通过后下载打印年检报告书，并按时到登

记机关办理复核盖戳手续。否则将被视为未完成年检，按《企业年度检验办法》的有关规定予以处罚。

2.企业年度检验的时间为每年 3 月 1 日至 6 月 30 日。企业应在此期间申报年检。

3.本报告书中所填报的内容，应是截止到上一年度 12 月 31 日的情况。

4.填写本报告书时，请注意参照各栏目下方的注解说明。

敬　告：

企业若在年检中隐瞒真实情况、弄虚作假，登记机关将根据《企业年度检验办法》第二十条的有关规定予以处罚。

声　明：

谨此确认，本年检报告书中所填报的内容及提交的资产负债表、利润表不含虚假成份，并承担由此产生的法律责任。

法定代表人签字：　年　月　日

（公章）

企业经办人信息

姓 名	李若馨	职 务	出纳	电子邮件地址	hzlrx@163.com
电　话	13967856708	身份证号	339001198502172519		

登 记 事 项

序号	登记事项名称	是否一致	备注
1	名称	是	
2	住所	是	
3	法定代表人姓名	是	
4	注册资本(万元)	是	
5	实收资本(万元)	是	
6	企业类型	是	
7	经营范围	是	
8	经营方式	是	
9	营业期限	是	
10	股东、发起人(出资人)姓名(名称)	是	
11	股东、发起人是否按规定按期缴足出资	是	
12	经济性质		
13	注册资金		

说明：(1)公司制企业填 1 至 11 项，非公司制企业填 1、2、3、7、8、9、10、12、13 项。(2)与原核准登记事项仍相符的项目，填“是”。与原核准登记事项已不符的项目，填“否”，并将变化情况填在“备注”栏。

设立登记 6 个月内是否开业	是
已开业是否连续营业 6 个月以上	是
到期应收资本(金)(万元)	1 000 000.00

说明:(1)"设立登记6个月内是否开业"、"已开业是否连续营业6个月以上"两项填"是"或"否"。(2)"到期应收资本(金)"指标以年检时为时点,包括在此之前已到位的实收资本(即营业执照上的"实收资本"数额)和尚欠缴(公司章程规定期限内应出资但尚未出资的数额)的出资额之和。该指标必须由同时具备以下四个条件的企业填写:A、公司制企业;B、系分期出资公司;C、系出资尚未全部到位的公司;D、系已逾期出资的公司。

备案事项

序号	项目(1)	是或否(2)	是否已办理 备案手续(3)	是否与 备案一致(4)
1	章程进行修改	否		
2	董事、经理、监事发生变动	否		
3	清算组成员及负责人发生变动			
4	主管部门发生变动			

说明:(一)第(2)栏是指第(1)栏项目自企业开业或变更后是否发生变化。

(二)第(3)栏是指企业开业或变更后第(1)栏项目已发生变化,是否办妥相关备案手续。

(三)第(4)栏是指企业开业或变更后第(1)栏项目已发生变化,并且已办妥相关备案手续的前提下,上年度末的实际情况与备案情况相比是否一致。

(四)第1、2、4行如在对应的第(2)栏填"是",第(3)栏也填"是",则第(4)栏必须填"是"或"否";如第(3)栏填"否",则第(4)栏免填。如在对应的第(2)栏填"否",则第(3)、(4)栏均免填。

(五)第3行由停止营业、准备清算的企业填写,正常经营的企业无需填写。第3行对应的第(2)栏应作选择,第(3)、(4)栏的填写方法与上述第(四)点相同。

(六)公司制企业填1、2、3行;非公司制企业填写1、4行。

企业经营项目所需的许可证(或审批件)

许可证(或审批件)名称	号 码	是否仍在有效期内

注:许可证名称、号码均要填全称。此表如不够,可复印后续填。

分支机构情况

分支机构名称	注册号	负责人	登记机关

对外投资情况

所投资企业名称	注册号	认缴出资额(万元)	持股比例%

说明：(1)“投资方式”是指具体的出资形式(如货币、实物、知识产权等)

(2)此页中的表格如不够，可复印后续填。

企业有关情况

联系电话	0571－85124908	手　机	13967856708
邮政编码	310000	企业代码	67675226－0
企业网址	无		
电子信箱	hzlrxg@163.com	杭州市门户网站企业法人信箱	
法定代表人学历	大学	企业住所房产产权	租用
国税登记机关	江干国税	税务登记证号	330100676752280
地税登记机关	江干地税	税务登记证号	330100676752280
职工人数	10	职工人均工资	12 000元/年
产值	万元	出口创汇额	0万元
纳税总额	2万元	其中：国税1万元，地税1万元	
销售合同金额	10万元	合同履约金额	10万元
银行开户情况	账号	开户银行名称	银行信用等级
	95090154740002853	浦发杭州高新支行	
驰名商标、著名商标及知名商号(字号)认定情况	商标或商号(字号)名称	认定机关	认定时间
主要产品或主要经营行业	五金零售		

注：知名商号(字号)须经省、市工商局认定。企业开办经营性网站且有电子证书的，登陆(http://zj-net.zjaic.gov.cn)办理工商标识；无电子证书的，登陆http://122.224.75.227：6001办理工商标识

信用资产积累情况

1. 企业法定代表人目前担任的主要社会职务

<table>
<tr><th>任职类别</th><th>任职情况</th><th>任职时间</th></tr>
<tr><td>人大代表</td><td></td><td></td></tr>
<tr><td>政协委员</td><td></td><td></td></tr>
<tr><td>党代会代表</td><td></td><td></td></tr>
<tr><td rowspan="3">其他社会职务（如协会、学会等社会或学术团体任职）</td><td colspan="2"></td></tr>
<tr><td colspan="2"></td></tr>
<tr><td colspan="2"></td></tr>
</table>

2. 企业法定代表人获得的县（区）级以上荣誉表彰

<table>
<tr><th colspan="2">获得荣誉表彰情况</th><th>授予单位</th><th>授予年度</th></tr>
<tr><td rowspan="3">获得县以上委、政府表彰、授予称号（如获得五一奖章、三八红旗手）等</td><td></td><td></td><td></td></tr>
<tr><td></td><td></td><td></td></tr>
<tr><td></td><td></td><td></td></tr>
<tr><td rowspan="3">其他荣誉（其他部门、单位组织评选或授予的荣誉、奖励）</td><td></td><td></td><td></td></tr>
<tr><td></td><td></td><td></td></tr>
<tr><td></td><td></td><td></td></tr>
</table>

3. 企业获得的县（区）级以上荣誉表彰

<table>
<tr><th colspan="2">获得荣誉表彰情况</th><th>授予单位</th><th>授予年度</th></tr>
<tr><td rowspan="3">获得重合同守信用、消费者信得过、出口创汇先进、环境保护先进企业等荣誉称号</td><td></td><td></td><td></td></tr>
<tr><td></td><td></td><td></td></tr>
<tr><td></td><td></td><td></td></tr>
<tr><td rowspan="3">获得的其他荣誉及奖励</td><td></td><td></td><td></td></tr>
<tr><td></td><td></td><td></td></tr>
<tr><td></td><td></td><td></td></tr>
</table>

资产负债表

编制单位：杭州飞达建材有限公司(盖章)

2008 年 12 月 31 日　　单位：元

项 目	期末余额	年初余额	项 目	期末余额	年初余额
流动资产：			流动负债：		
货币资金	600 000.00	0	短期借款	0	0
交易性金融资产	0	0	交易性金融负债	0	0
短期投资	300 000.00	0	应付票据	0	0
应收票据	0	0	应付账款	0	0
应收账款	0	0	预收款项	0	0
预付账款	0	0	应付职工薪酬	100 000.00	0
应收利息	0	0	其中：应付工资	0	0
应收股利	0	0	应付福利费	0	0
其他应收款	160 000.00	0	应交税费	30 000.00	0
应收补贴款	0	0	其中：应交税金	30 000.00	0
存货	240 000.00	0	其他应交款	0	0
待摊费用	0	0	应付利息	0	0
一年内到期的非流动资产(或一年内到期的长期债权投资)	0	0	应付股利	0	0
其他流动资产	0	0	其他应付款	90 000.00	0
流动资产合计	1300 000.00	0	预提费用	0	0
非流动资产：			预计负债	0	0
可供出售金融资产	0	0	一年内到期的非流动负债(或一年内到期的长期负债)	0	0
持有至到期投资	0	0	其他流动负债	0	0
长期债权投资	0	0	流动负债合计	220 000.00	0
长期应收款	0	0	非流动负债：		
长期股权投资：	0	0	长期借款	0	0
投资性房地产	0	0	应付债券	0	0
固定资产(净值)	0	0	长期应付款	0	0
在建工程	0	0	专项应付款	0	0
工程物资	0	0	预计负债	0	0
固定资产清理	0	0	递延所得税负债	0	0
生产性生物资产	0	0	递延税款贷项	0	0
油气资产	0	0	其他长期负债(或其他长期负债)	0	0

续表

项 目	期末余额	年初余额	项 目	期末余额	年初余额
无形资产	0	0	非流动负债合计	0	0
开发支出	0	0	负债合计	220 000.00	0
商誉	0	0	所有者权益(或股东权益):		
长期待摊费用	0	0	实收资本(或股本)	1 000 000.00	0
递延所得税资产	0	0	资本公积	0	0
递延税款借项	0	0	减:库存股	0	0
其他非流动资产(或其他长期资产)	0	0	盈余公积	8 000.00	0
非流动资产合计	0	0	未分配利润	72 000.00	0
			所有者权益(或股东权益)合计	1 080 000.00	0
资产总计	1 300 000.00	0	负债及所有者权益总计	1 300 000.00	0

利 润 表

编制单位:杭州飞达建材有限公司(盖章)

2008 年 12 月 31 日　　　单位:元

项目	行次	本期金额	上期金额
一、营业收入	1	150 000.00	0
其中:主营业务收入	2	100 000.00	0
其他业务收入	3	50 000.00	0
减:营业成本	4	60 000.00	0
其中:主营业务成本	5	50 000.00	0
其他业务成本	6	10 000.00	0
营业税金及附加	7	5 000.00	0
销售费用	8	0	0
管理费用	9	150 000.00	0
财务费用	10	50 00.00	0
资产减值损失	11	0	0
加:公允价值变动损益(损失以"—"号填列)	12	0	0
投资收益(损失以"—"号填列)	13	171 000.00	0
二、营业利润	14	101 000.00	0

续表

项目	行次	本期金额	上期金额
加:营业外收入	15	0	0
加:补贴收入	16	0	0
减:营业外支出	17	1 000.00	0
三、利润总额	18	100 000.00	0
减:所得税(费用)	19	20 000.00	0
四、净利润	20	80 000.00	0
服务企业服务营业收入	21	0	0

注:如果本表“科目”本企业不适合的,可另附《利润表》

印鉴式样

公 章	财务专用章	合同专用章

登记机关审查记录

年检审核中发现的问题	
处置情况	
经办人员审核意见	
处(科)长审核意见	

企业年检网上审核结果

企业名称:杭州飞达建材有限公司

提交日期:2009-4-5　　审核人:03078　　审批时间:2009-4-7

预审结果:

你企业网上填报的 2008 年度年检报告书,经预审基本符合要求。请于即日起 15 日内携带下列书式材料至庆春工商所,地址:凯旋路 201 号,联系电话:86088888 申报年检(若有分支机构,请告知其及时向所在登记机关申报年检)。

敬请注意:网上申报仅属预审性质,企业若正式完成年检申报,须以将年检书式材料报送至登记机关为准(最后截止日期为 6 月 30 日)。逾期未申报的,将被依法处以罚款等处罚。

预审员:03078 联系电话:86088888　　日期:2009-4-7

附:申请年检须提交的书式材料:

1. 年检报告书(在线打印,并经法定代表人(负责人)签字、加盖相关印章);

2. 营业执照正、副本;

3. 企业指定的代表或者委托代理人的证明(在线打印，并填写盖章)；

4. 财务独立核算的非法人分支机构及营业单位提交资产负债表、利润表；

5. 企业下属非法人分支机构的营业执照副本复印件；

6. 杭州市私营(民营)企业组建工会登记表；

7. 2006 年 9 月 1 日后新设立的企业，若因正当理由未开业经营逾半年、并且将暂时闲置资本拆借给股东的，以及 2007 年 3 月 1 日后新增注册资本的企业也将闲置资本拆借给股东的，均要提交《未开业理由说明函》及《资金短期拆借合同》；

8. 提交所有的许可证复印件。

注：上述提交的复印件上须签注"与原件一致"的意见，并在该复印件上加盖该单位公章。

企业管理自有注册商标、申请省市著名商标，了解商标法规信息请访问"企业注册商标管理平台" http://60.190.238.198/OutSideTM。

企业开办经营性网站且有电子证书的，登陆浙江省网络经济监管服务网(http://zjnet.zjaic.gov.cn)办理工商标识；企业开办经营性网站无电子证书的，登陆 http://122.224.75.227：6001 办理工商标识。

若未按时到登记机关办理复核盖戳手续，将被视为未完成年检，按《企业年度检验办法》的有关规定予以处罚。

企业年检委托书

江干工商分局：

经研究决定，本企业指定(或委托)李若馨 339001198502172519 同志前来办理年检手续。

法定代表人或负责人(签字)：

(企业盖章)

日期：　年　月　日

被指定(或委托)人身份证复印件粘贴处：

5. 在年检报告书上加盖相关印章，持相关材料至登记机关办理复核盖戳手续。

单元小结

本情境主要介绍了公司工商管理设立登记、变更登记和注销登记，并对公司工商登记网上年检过程进行了说明。

<table>
<tr><th rowspan="2">任务内容</th><th colspan="2">出纳岗位工商管理认知</th></tr>
<tr><th>知识与技能准备</th><th>技能要求与目标</th></tr>
<tr><td>工商设立登记</td><td>1.公司设立登记条件
2.公司设立登记程序</td><td>会办理公司工商设立登记</td></tr>
<tr><td>工商变更登记</td><td>1.公司变更登记类型
2.公司变更登记需提供的资料
3.公司变更登记申请表的填写</td><td>会办理公司工商变更登记</td></tr>
<tr><td>工商注销登记</td><td>1.公司注销登记类型
2.公司注销登记需提供的资料
3.公司注销登记申请表的填写</td><td>会办理公司工商注销登记</td></tr>
<tr><td>工商登记年检</td><td>1.工商登记年检范围
2.工商登记年检需提供的资料
3.工商登记年检流程
4.网上年检和电子贴花</td><td>会办理公司网上工商年检</td></tr>
</table>

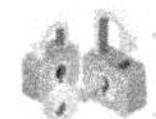

思考与练习

一、思考题

1.简述有限责任公司的设立条件。

2.简述股份有限公司的设立条件。

3.有限责任公司设立登记时应向公司登记主管机关提交哪些文件?

4.简述公司设立登记程序。

5.公司变更登记主要包括哪些情况?

6.公司名称变更登记应提交哪些材料?

7.公司注册资本(增加、减少)变更登记应提交哪些材料?

8.公司法定代表人变更登记应提交哪些材料?

9.申请注销登记应当提交哪些材料?

10.企业申报年检应当提交哪些材料?

11.企业登记机关对公司的年检材料主要受理审查哪些内容?

12.简述工商登记年检流程。

13.什么是网上年检?网上年检有什么优点?

二、练习题

【单选题】

1.设立有限责任公司的法定人数通常情况下须是(　　)。

A.50人以上　　B.50人以下

C.100人以上　　D.100人以下

2.有限责任公司全体股东的首次出资额不得低于注册资本的(　　)。

A.20%　　B.30%

C.40%　　D.50%

3.有限责任公司注册资本的最低限额为人民币(　　)。

A.1万元　　B.3万元

C.10万元　　D.100万元

4.全体股东的货币出资金额不得低于有限责任公司注册资本的(　　)。

A.20%　　B.30%

C.40%　　D.50%

5.设立股份有限公司发起人应当在(　　)以上,其中须有过半数的发起人在中国境内有住所。

A.2人　　B.3人

C.5人　　D.7人

6.股份有限公司注册资本的最低限额为人民币(　　),法律、行政法规另有规定的除外。

A.100万元　　B.300万元

C.500万元　　D.1000万元

7.在募集设立的情况下,发起人认购的股份不得少于公司股份数的(　　)。

A.20%　　B.30%

C.35%　　D.40%

8.公司名称变更应当自变更决议或者决定做出之日起(　　)内申请变更登记。

A.60日　　B.30日

C.20日　　D.10日

9.公司清算组织应当自公司清算结束之日起(　　)内向登记机关申请注销登记。

A.60日　　B.30日

C.20日　　D.10日

10.每年(　　),凡是领取营业执照的单位,都应当向企业登记机关提交年检材料。

A.1月1日至3月31日　　B.3月1日至5月31日

C.3月1日至6月30日　　D.1月1日至6月30日

【多选题】

1. 以下属于有限责任公司设立条件的有(　　)。

A. 股东符合法定人数　　B. 股东出资达到法定资本最低限额

C. 股东共同制定章程　　D. 有公司名称

2. 以下属于股份有限公司设立条件的有(　　)。

A. 股东符合法定人数　　B. 公司章程经创立大会通过

C. 有必要的生产经营条件　　D. 有固定的生产经营场所

3. 以下属于设立合伙企业应当具备的条件有(　　)。

A. 有两个以上的合伙人　　B. 按出资额承担责任

C. 有书面合伙协议　　D. 有合伙企业名称

4. 公司名称变更登记应提供的资料包括(　　)。

A. 公司法定代表人签署的变更登记申请书

B. 企业法人营业执照

C. 公司名称变更预先核准通知书

D. 财务专用章

5. 公司申请工商注销登记的情形包括(　　)。

A. 公司被依法宣告破产　　B. 公司营业期限届满

C. 股东会决议解散　　D. 公司被依法责令关闭

6. 因公司注册资本增加进行工商变更登记时应提供的资料包括(　　)。

A. 自股款缴足之日起90日内申请变更登记

B. 具有法定资格的验资机构出具的验资报告

C. 公司法定代表人签署的变更登记申请书

D. 全体股东签字盖章股东会关于变更公司注册资本、修改公司章程的决议

7. 企业申报年检应当提交的材料包括(　　)。

A. 年检报告书　　B. 营业执照正、副本

C. 委托代理人身份证明　　D. 财务报表

8. 企业不按照规定接受年度检验的将受到的处罚包括(　　)。

A. 责令限期接受年度检验

B. 对公司处以1万元以上10万元以下罚款

C. 对合伙企业、个人独资企业及其分支机构处以3 000元以下罚款

D. 30日内仍未接受年检的,依法吊销营业执照

9. 企业办理工商年检的基本程序包括(　　)。

A. 企业提交年检材料

B. 登记机关受理审查年检材料

C. 企业缴纳年检费

D. 登记机关在营业执照正本上加盖年检戳记

10. 与传统年检方式相比，企业网上年检系统有以下诸多优点(　　)。

A. 有利于政府部门及时、全面、准确掌握全国企业信息

B. 有利于企业异地填报材料，方便简洁

C. 有利于培育良好的投资环境，促进全国企业信用体系建设

D. 有利于工商机关规范行政行为，简化年检手续，降低行政成本

【技能训练题】

实训目的：掌握有限责任公司工商设立登记流程。

实训要求：将所在教学班级进行分组，组织同学自行设计一家有限责任公司并准备相关文件资料进行模拟工商设立登记，同时完成下列表格的填写。

公司设立登记申请书

<table>
<tr><td>名　　称</td><td colspan="4"></td></tr>
<tr><td>名称预先核准通知书文号</td><td colspan="2"></td><td>联系电话</td><td></td></tr>
<tr><td>住　　所</td><td colspan="2"></td><td>邮政编码</td><td></td></tr>
<tr><td>法定代表人姓名</td><td colspan="2"></td><td>职　务</td><td></td></tr>
<tr><td>注册资本</td><td>（万元）</td><td>公司类型</td><td colspan="2"></td></tr>
<tr><td>实收资本</td><td>（万元）</td><td>设立方式</td><td colspan="2"></td></tr>
<tr><td>经营
范围</td><td colspan="4">许可经营项目：

一般经营项目：</td></tr>
<tr><td>营业期限</td><td>长期/　　年</td><td>申请副本数量</td><td colspan="2">个</td></tr>
<tr><td colspan="5">本公司依照《公司法》、《公司登记管理条例》设立，提交材料真实有效。谨此对真实性承担责任。

法定代表人签字：
年　　月　　日</td></tr>
</table>

注：1. 手工填写表格和签字请使用黑色或蓝黑色钢笔、毛笔或签字笔，请勿使用圆珠笔。

2. 公司类型应当填写“有限责任公司”或“股份有限公司”。其中，国有独资公司应当填写“有限责任公司（国有独资）”；一人有限责任公司应当注明“有限责任公司（自然人独资）”或“有限责任公司（法人独资）”。

3. 股份有限公司应在“设立方式”栏选择填写“发起设立”或者“募集设立”。

4. 营业期限：请选择“长期”或者“XX年”。

附：公司股东（发起人）出资信息

股东（发起人）名称或姓名	证件名称及号码	认缴			持股比例（%）	实缴			备注
		出资额（万）元	出资方式	出资时间		出资额（万）元	出资方式	出资时间	

注：1. 根据公司章程的规定及实际出资情况填写，本页填写不下的可以附纸填写。
2. “备注”栏填写下述字母：A. 企业法人；B. 社会团体法人；C. 事业法人；D. 国务院、地方人民政府；E. 自然人；F. 外商投资企业；G：其他。
3. 出资方式填写：货币、实物、知识产权、土地使用权、其他。

企业名称预先核准申请书

申请企业名称	
备选企业名称（请选用不同的字号）	1.
	2.
	3.
经营范围	许可经营项目： 一般经营项目： （只需填写与企业名称行业表述一致的主要业务项目）
注册资本（金）	（万元）

企业类型	
住所所在地	
指定代表或者委托代理人	

指定代表或委托代理人的权限：
1.同意□不同意□核对登记材料中的复印件并签署核对意见；
2.同意□不同意□修改有关表格的填写错误；
3.同意□不同意□领取《企业名称预先核准通知书》。

指定或者委托的有效期限	自　　年　　月　　日至　　年　　月　　日

注：1.手工填写表格和签字请使用黑色或蓝黑色钢笔、毛笔或签字笔，请勿使用圆珠笔。
2.指定代表或者委托代理人的权限需选择“同意”或者“不同意”，请在□中打√。
3.指定代表或者委托代理人可以是自然人，也可以是其他组织；指定代表或者委托代理人是其他组织的，应当另行提交其他组织证书复印件及其指派具体经办人的文件、具体经办人的身份证件。

投资人姓名或名称	证照号码	投资额(万元)	投资比例(%)	签字或盖章
填表日期	年　月　日			
指定代表或者委托代理人、具体经办人信息	签　　字：			
	固定电话：			
	移动电话：			
(指定代表或委托代理人、具体经办人身份证明复印件粘贴处)				

注：1.投资人在本页表格内填写不下的可以附纸填写。
2.投资人应对第(1)、(2)两页的信息进行确认后，在本页盖章或签字。自然人投资人由本人签字，非自然人投资人加盖公章。

学习情境 7　社会保险费及住房公积金认知

知识目标

☆ 熟悉社会保险费的基本内容、征收方式和办理程序
☆ 熟悉住房公积金的基本内容、提取和使用

技能目标

☆ 能正确办理企业职工社会保险费扣缴和缴存手续
☆ 能正确办理企业职工住房公积金扣缴和缴存手续

主要概念

社会保险费　养老保险　医疗保险　失业保险　工伤保险　生育保险　保险登记　缴费登记　保险登记变更　保险注销登记　住房公积金

引导案例

小张如愿以偿找到了实习单位，但是这家企业刚开业不久，由于小张是企业招聘过来的第一个出纳人员，筹办期间的许多事项还未办理完毕，进入实习企业之后，面临的其中一个事项是：企业还未办理社会保险登记及住房公积金的开户等相关手续。小张在工作的第一个月必须要到相关部门办理登记与开户手续，以便企业为员工缴纳各类社会保险以及住房公积金，做好员工的保障工作。那么，怎么去办理这些手续？到哪里去办理这些手续？如何缴纳社会保险及住房公积金呢？于是，小张充分利用网络信息，查到了社会保障网及住房公积金管理中心网站，开始了她的学习……

子情境 7.1 社会保险费的认知和办理

知识与技能准备

第十一届全国人民代表大会常务委员会第十七次会议于 2010 年 10 月 28 日通过《中华人民共和国社会保险法》，自 2011 年 7 月 1 日起施行。

一、社会保险概述

1. 社会保险的定义

社会保险是政府通过立法强制实施，运用保险方式处置劳动者面临的特定社会风险，为其暂时或永久丧失劳动能力，失去劳动收入时提供基本收入保障的法定保险制度。

2. 社会保险的内容

社会保险主要包括基本养老保险、基本医疗保险、工伤保险、失业保险、生育保险。国家建立社会保险制度，保障公民在年老、疾病、工伤、失业、生育等情况下依法从国家和社会获得物质帮助的权利。

3. 社会保险的征收方式

社会保险费按照参保关系由人民政府地方税务机关（以下简称地方税务机关）实行属地征收。原实行行业统筹的企业社会保险费征缴按照国家和省有关规定执行。

依照税款解缴入库的规定，及时、足额缴入国库，并纳入社会保险基金财政专户，由财政部门依法进行核算和监督，实行收支两条线管理，专款专用，任何单位和个人不得截留、侵占和挪用。地方税务机关不得从社会保险基金中提取任何费用。社会保险费征收所需工作经费列入各级财政预算。

4.社会保险的缴纳

缴费单位应当按月足额缴纳上月社会保险费。职工(雇工)个人应缴纳的社会保险费由所在单位在其工资(薪金)中代扣代缴。经地方税务机关同意,缴费单位也可以实行按月预缴、年终清算的方式缴纳。

缴费单位是指依照法律、法规、规章以及省人民政府的规定,应当缴纳社会保险费的国家机关、事业单位、企业、民办非企业单位、社会团体等组织和城镇个体劳动者,城镇个体劳动者包括城镇个体工商户、自由职业者以及其他依法自行参保的人员。城镇个体劳动者可以按照简并征期等简易方式申报和缴纳社会保险费。

5.社会保险的管理部门

国务院社会保险行政部门负责全国的社会保险管理工作,国务院其他有关部门在各自的职责范围内负责有关的社会保险工作。

县级以上地方人民政府社会保险行政部门负责本行政区域的社会保险管理工作,县级以上地方人民政府其他有关部门在各自的职责范围内负责有关的社会保险工作。

二、社会保险的办理程序

1.社会保险开户登记和缴费登记

根据《社会保险费征缴暂行条例》规定,用人单位应当在成立之日起30日内,持工商营业执照、组织机构代码证、法人代表身份证等有效证件,到社会保险结算中心办理社会保险登记。申报资料齐全,经审核无误的,经办人员予以受理,并规定工作日内处理完成,发给《社会保险登记证》和告知社会保险企业编号。企业凭《社会保险登记证》办理社会保险开户手续。

办理税务登记的缴费单位,在办理税务登记时应当同时办理社会保险缴费登记。不需要办理税务登记的缴费单位,应当在办理社会保险登记之日起5日内到地方税务机关办理社会保险缴费登记。缴费单位有代扣代缴义务的,地方税务机关应当在其社会保险缴费登记证上予以注明。

缴费单位可以直接到地方税务机关办理社会保险费申报,也可以按照规定采用邮寄、数据电文等方式办理申报。

缴费单位应当在每月10日前按照有关规定自行计算应缴费额,向地方税务机关报送《社会保险费缴费申报表》,申报缴纳社会保险费,并对申报事项的真实性负责。其中,城镇个体劳动者凭社会保险经办机构核定的应缴费额向地方税务机关申报并缴费。

2.社会保险缴费比例和账务处理

目前,社会保险缴费金额=缴费基数×缴费比例

社会保险缴费比例一般如下:

养老保险:单位20%,个人8%;

医疗保险:单位9%,个人2%;

失业保险:单位2%,个人1%。

工伤保险和生育保险完全是由企业承担的,各在1%左右,个人不需要缴纳。

以上比例不同省市略有调整。

缴费基数按个人工资水平(在当地社会平均工资的300%—60%范围)来确定,不得低于最低缴费标准。

假如缴费基数3 000,那么养老保险金部分由个人承担3 000×8%=240,由单位承担3 000×20%=600。

企业代扣代缴社会保险费,应作如下会计处理:

借:应付职工薪酬——社会保险费

　贷:其他应付款——社会保险费

计提企业承担的社会保险费时,应作如下会计处理:

借:管理费用——社会保险费

　贷:其他应付款——社会保险费

3.社会保险变更登记

参保单位发生下列变化之一,应当自变更之日起30日内在法定工作日向社会保险经办机构办理社会保险登记变更。

①社保登记信息变更:单位名称、注册地址、法定代表人或负责人、单位类型、组织机构统一代码;

②单位基本信息变更:主管部门、实际经营地、隶属关系、开户银行账号、联系人及联系电话等发生变化,增减参保人员。

办理社会保险登记变更手续,需提供的资料有:

①工商营业执照(副本)原件复印件一份;

②组织机构代码证原件及复印件一份;

③《事业单位法人证书》复印件一份;

④须填写《社会保险变更登记表》一式二份;

⑤办理变更需提供相关法律文书或其他有关登记文件。

对于第①类变更需交回《社会保险登记证》

社会保险经办机构应当将变更的社会保险登记信息及时传输给地方税务机关,地方税务机关据此变更社会保险缴费登记内容。

4.社会保险注销登记

参保单位发生解散、破产、撤消、合并及其他情形依法终止社会保险缴费义务，应当自终止之日起 30 日内办理注销社会保险登记，申报注销社会保险登记前应办理所有参保职工终止缴费手续，并向地方税务机关结清应缴纳社会保险费和办理缴费登记注销。

办理注销登记时，应在法定工作日向原社会保险登记的受理部门报送以下资料：

①填写《社会保险注销登记表》一式两份；

②提供单位解散、破产、撤消、合并以及其他依法终止的相关法律文书或其他有关注销文件。

5.缴费单位新增申报和停保申报

单位新增参保人员，应填写社会保险新增参保职工申报表（一式两份）并根据不同新增原因提供相关材料进行新增申报。

单位办理职工停保手续，需填报社会保险参保职工减少申报表，并提供职工与单位终止劳动关系处理文本（原件）和《职工养老保险手册》及其他按规定需要提供的材料进行停保申报。

6.法律责任

用人单位不办理社会保险登记的，由社会保险行政部门责令限期改正；逾期不改正的，对用人单位处应缴社会保险费数额一倍以上三倍以下的罚款，对其直接负责的主管人员和其他直接责任人员处五百元以上 3000 元以下的罚款。

用人单位未按时足额缴纳社会保险费的，由社会保险费征收机构责令限期缴纳或者补足，并自欠缴之日起，按日加收万分之五的滞纳金；逾期仍不缴纳的，由有关行政部门处欠缴数额一倍以上三倍以下的罚款。

实务技能训练案例 7-1

小张了解了企业的基本情况，发现企业目前共有职工 6 人，其基本工资情况及企业和个人缴纳比例情况如图 7-1、图 7-2 所示，小张应如何办理相关手续？

姓　名	应付工资总额	养老保险（8%）	医疗保险（2%）	失业保险（1%）	个人住房公积金（8%）	个人所得税	应扣合计	实发工资
陈　明	2 000.00							
刘　波	2 000.00							
张　丽	3 000.00							

续表

姓　名	应付工资总额	养老保险（8%）	医疗保险（2%）	失业保险（1%）	个人住房公积金（8%）	个人所得税	应扣合计	实发工资
李　强	3 000.00							
王　京	4 000.00							
杨丽颖	4 000.00							
合　计	18 000.00							

图 7-1　工资结算单

姓　名	应付工资总额	企业养老保险（20%）	企业医疗保险（9%）	企业失业保险（2%）	工伤保险金（1%）	生育保险金（1%）	企业社会保险合计
陈　明	2 000.00						
刘　波	2 000.00						
张　丽	3 000.00						
李　强	3 000.00						
王　京	4 000.00						
杨丽颖	4 000.00						
合　计	18 000.00						

图 7-2　企业社会保险缴费

实务分析

1. 小张应在成立之日起 30 日内，持工商营业执照、组织机构代码证、法人代表身份证等有效证件，到社会保险结算中心办理社会保险登记，领取《社会保险登记证》和社会保险企业编号。

2. 在办理税务登记时同时办理社会保险缴费登记。

3. 在每月 10 日前按照有关规定自行计算应缴费额，向地方税务机关报送《社会保险费缴费申报表》，申报缴纳社会保险费。相关内容计算结果如图 7-3，图 7-4 所示：

姓　名	应付工资总额	养老保险（8%）	医疗保险（2%）	失业保险（1%）	个人住房公积金（8%）	个人所得税	应扣合计	实发工资
陈　明	2 000.00	160.00	40.00	20.00	160.00		380.00	1 620.00
刘　波	2 000.00	160.00	40.00	20.00	160.00		380.00	1 620.00

续表

姓　名	应付工资总额	养老保险（8%）	医疗保险（2%）	失业保险（1%）	个人住房公积金（8%）	个人所得税	应扣合计	实发工资
张　丽	3 000.00	240.00	60.00	30.00	240.00		570.00	2 430.00
李　强	3 000.00	240.00	60.00	30.00	240.00		570.00	2 430.00
王　京	4 000.00	320.00	80.00	40.00	320.00		760.00	3 240.00
杨丽颖	4 000.00	320.00	80.00	40.00	320.00		760.00	3 240.00
合　计	18 000.00	1440.00	360.00	180.00	1 440.00		3 420.00	14 580.00

图 7-3　工资结算单

姓　名	应付工资总额	企业养老保险（20%）	企业医疗保险（9%）	企业失业保险（2%）	工伤保险金（1%）	生育保险金（1%）	企业社会保险合计
陈　明	2 000.00	400.00	180.00	40.00	20.00	20.00	660.00
刘　波	2 000.00	400.00	180.00	40.00	20.00	20.00	660.00
张　丽	3 000.00	600.00	270.00	60.00	30.00	30.00	990.00
李　强	3 000.00	600.00	270.00	60.00	30.00	30.00	990.00
王　京	4 000.00	800.00	360.00	80.00	40.00	40.00	1 320.00
杨丽颖	4 000.00	800.00	360.00	80.00	40.00	40.00	1 320.00
合　计	18 000.00	3 600.00	1 620.00	360.00	180.00	180.00	5 940.00

图 7-4　企业社会保险缴费

4.会计处理。

企业代扣代缴社会保险费时，应作如下会计处理：

借：应付职工薪酬——社会保险费　　1 980

　贷：其他应付款——社会保险费　　1 980

计提企业承担的社会保险费时，应作如下会计处理：

借：管理费用——社会保险费　　5 940

　贷：其他应付款——社会保险费　　5 940

子情境 7.2　住房公积金的认知和办理

知识与技能准备

一、住房公积金概述

1.住房公积金的定义

住房公积金，是指国家机关、国有企业、城镇集体企业、外商投资企业、城镇私营企业及其他城镇企业、事业单位、民办非企业单位、社会团体（以下统称单位）及其在职职工缴存的长期住房储金。

2.住房公积金的管理规定

包括两个层次：国务院制定的行政法规和各省、自治区人大常委会制定的行政性法规。

1999 年 4 月 3 日中华人民共和国国务院令第 262 号发布了住房公积金管理条例，2002 年 3 月 24 日中华人民共和国国务院令第 350 号对条例进行了修订。

3.住房公积金的用途

住房公积金应当用于职工购买、建造、翻建、大修自住住房，任何单位和个人不得挪作他用。

4.住房公积金的管理原则

根据条例规定，住房公积金是按照"管委会决策，住房公积金管理中心运作，银行专户存储，财政监督"的原则进行属地化管理。

5.住房公积金的缴纳主体

在机关、事业单位、社会团体和企业（以下统称单位）工作的职工和职工所在单位均应按照本条例的规定缴存住房公积金。

企业，是指国有企业、外商投资企业、城镇集体所有制企业和在城镇的股份制企业、股份合作企业、合伙企业、私营企业。称职工，不包括离退休职工、合同试用期内的职工和外籍职工。

另外，已建立住房公积金的职工，退休后连本带息全部退还给职工本人。

已购买住房的职工还要继续缴交住房公积金。其积累的住房公积金为无房户和住房困难户提供帮助，这是住房公积金互助性的体现。

6.住房公积金的性质

住房公积金由职工及其所在单位共同缴纳，职工个人缴存和职工所在单位为职工缴存的住房公积金，属于职工工资性质，归职工个人所有。

7.住房公积金管理中心的职责

住房公积金管理中心是直属城市人民政府的不以营利为目的的独立的事业单位。履行下列职责：

(1)编制、执行住房公积金的归集、使用计划；

(2)负责记载职工住房公积金的缴存、提取、使用等情况；

(3)负责住房公积金的核算；

(4)审批住房公积金的提取、使用；

(5)负责住房公积金的保值和归还；

(6)编制住房公积金归集、使用计划执行情况的报告；

(7)承办住房公积金管理委员会决定的其他事项。

二、住房公积金的办理程序

住房公积金的办理程序包括缴存、提取和使用。

以下根据《浙江省住房公积金条例》的规定说明住房公积金的办理程序。

(一)缴存

单位应当到住房公积金管理中心办理住房公积金缴存登记，经住房公积金管理中心审核后，到受委托银行为本单位职工办理住房公积金账户设立手续。每个职工只能有一个住房公积金账户。

职工和单位住房公积金的缴存比例均不得低于职工上一年度月平均工资的 5%。有条件的市(县)可以按省规定适当提高缴存比例。目前，杭州市机关、事业单位住房公积金缴存比例为单位和个人各交工资基数的 12%，企业住房公积金缴存比例为单位和个人各 8%—12%，工资基数以统计局统计系数为准。

职工按当地最低工资标准领取工资的，职工个人可以免缴住房公积金。职工所在单位仍应按照规定比例为职工缴存住房公积金。

住房公积金按月缴存。职工的住房公积金，由所在单位在其每月工资收入中代扣。单位为职工缴存和代扣的住房公积金，由单位在发放工资之日起五日内向管理中心缴存。管理中心应当于收到住房公积金当日计入职工个人住房公积金账户。住房公积金也可以采取同城特约委托收款结算方式归集。单位逾期缴存住房公积金的，管理中心按每逾期日加收应缴存金额千分之一的滞纳金。

单位应当对住房公积金单独建账，及时登录职工个人住房公积金缴存、提取等情况。企业代扣代缴住房公积金，应作如下会计处理：

借：应付职工薪酬——住房公积金

贷:其他应付款——住房公积金

计提企业承担的住房公积金时,应作如下会计处理:

借:管理费用——住房公积金

贷:其他应付款——住房公积金

住房公积金自管理中心收到之日起按日计息,按年结算。每年 6 月 30 日为结息日,结息后本息自动转存。住房公积金存、贷款利率,按国家金融管理的有关规定执行。

职工个人缴存的住房公积金,按规定不计入个人所得税的纳税基数;职工按本条例规定提取的住房公积金本息,免缴个人所得税。

住房公积金缴存办理具体涉及到以下程序:

1. 开户

新设立单位必须自批准设立之日起 30 日内,向所在地县级以上管理中心办理住房公积金缴存登记手续,设立职工住房公积金账户。

单位录用职工,必须自正式录用之日起 30 日内,向所在地县级以上管理中心办理职工住房公积金账户的设立或者转移手续。

开户时应填报住房公积金缴存单位登记表,选择托收方式缴存公积金的,另需填报住房公积金同城特约委托收款协议书(合同)。

缴存方式有同城特约委托收款及自行送缴(包括送缴转账支票和现金)两种,单位可自行选择。

办理开户应提供以下资料(复印件):

(1)属国家机关的,提供设立文件、组织机构代码证、单位负责人身份证、单位授权代理人身份证;

(2)属事业单位的,提供事业法人证书(或设立文件)、组织机构代码证、单位负责人身份证、单位授权代理人身份证;

(3)属企业单位的,提供营业执照、组织机构代码证、单位负责人身份证、单位授权代理人身份证;

(4)属社会团体、民办非企业单位的,提供营业执照、组织机构代码证、单位负责人身份证、单位授权代理人身份证;

(5)属其他组织单位的,提供设立文件(或机构登记证)、组织机构代码证、单位负责人身份证、单位授权代理人身份证。

对于城镇个体工商户、自由职业人员申请缴存住房公积金的,可由本人持相关资料直接到管理中心窗口办理,中心开设个人缴存总户。个人缴存公积金需提供城镇常住户口或有效长期居留身份证明,稳定收入证明,工商、税务部门连续 12 月以上登记、纳税收入证明等相关资料。

2.变更

单位发生合并、分立、解散等情形或者依法宣告破产的,应当自上述情形发生之日起 30 日内,由原单位或者清算组织向管理中心办理变更或者注销住房公积金缴存登记手续,并办理职工住房公积金账户的转移或者封存手续。

(1)停缴

单位与职工终止劳动关系或工资关系,包括职工离(退)休、调出、辞职、解聘、辞退、开除、死亡等,应当自终止劳动关系之日起 30 日内,到住房公积金管理中心及其分支机构办理封存手续。

应填报住房公积金缴存职工减少登记表,提供以下资料:

①职工离休、退休(退职)的,提供离休、退休(退职)证书或基本养老保险核定表;

②职工调出本单位的,提供调动工作单位证明;

③职工与单位解除劳动关系的,提供单位解除劳动关系证明;

④职工办理停薪留职的,提供停薪留职协议书;

⑤职工死亡的,提供派出所或医院出具的死亡证明。

(2)新增

单位录用职工的,应当自录用之日起 30 日内到住房公积金管理中心及其分支机构办理缴存登记。

应填报住房公积金缴存职工登记表,提供职工个人身份证复印件。

(3)调入

单位调入的职工,其原有单位已开设个人公积金账户的,调入单位在收到《杭州市(市区)住房公积金转移通知单》(第二联)后,需办理公积金调入确认手续。

需填报住房公积金缴存职工登记表,提供职工个人身份证复印件。

(4)启封

单位对已停缴公积金的职工,经再次录用或恢复工资关系后,对原有职工个人账户需恢复缴存的手续。

需填报住房公积金缴存职工登记表,提供职工劳动合同复印件及职工个人身份证复印件等资料。

3.转移

职工因工作调动需将资金转至其他公积金管理中心的,需填报住房公积金转移申请表,并提供转入地中心出具包含以下要素的证明:转入地公积金管理中心名称、开户银行、账号、转入单位名称及职工个人公积金账号。

其中,办理住房公积金或住房公积金补贴资金转移的,转出单位不需盖章;办理一次性住房补贴资金转移的,转出单位需按借款协议书核定转移金额并加盖公章。

资金转移手续可由职工本人或单位代理人办理。其中,职工本人办理的,须提供本人身份证原件;单位代理人办理的,须提供代理人身份证原件。

4.缓缴和降低缴存比例

单位严重亏损,缴存住房公积金确有困难的,经本单位职工代表大会或者工会全体委员会议讨论通过,可以申请降低缴存比例或缓缴。尚未建立职工代表大会制度或工会组织的单位,须经本单位职工大会讨论通过。

需填报降低住房公积金缴存比例(缓缴住房公积金)申请表,应提供本单位职工代表大会或工会全体委员会议通过的决议、经会计师事务所审计的上年度财务报告。情况特殊的,应当根据公积金中心的要求提供其他相关资料。

5.注销登记

单位发生合并、分立、撤销、破产、解散或改制等情况,应在发生之日起30日内,由原单位或者清算组织填报《杭州市住房公积金缴存单位注销登记表》,提供注销批准文件或注销登记证明,情况特殊的,根据公积金中心的要求提供其他相关资料,向公积金中心申请办理单位住房公积金账户注销登记。其中,单位有欠缴金额的应先补缴,无力补缴的应当明确缴存责任主体后才能办理。企业被依法宣告破产的,其欠缴的住房公积金列入第一清偿顺序优先清偿。

6.退缴

单位因未及时为职工办理停缴、调整缴存基数等原因多缴住房公积金,向中心申请从职工个人账户退回资金的业务。

需填报住房公积金单位多缴退款申报表,提供单位书面说明(如缴存基数申报有误需按年列出应缴、已缴、应退明细)。

(二)提取

根据《住房公积金管理条例》,发生下列情形之一的,职工可以提取本人住房公积金账户中的储存余额:

购买、建造自住住房或者翻建、大修自住住房的;

离休、退休的;

完全丧失劳动能力,并且与所在单位终止劳动关系的;

与所在单位终止劳动关系后,未重新就业满五年的;

出国、出境定居的;

户口迁出本市、县行政区域,迁入地未建立住房公积金制度的;

省人民政府规定的职工其他住房消费。

职工死亡或者被宣告死亡的,职工的继承人或者受遗赠人,可以提取该职工住房公积金账户中的储存余额。

另外,职工购买、建造自住住房或者翻建、大修自住住房所需资金,提取本人住房公积金账户中储存余额尚不足的,可以提取其配偶、父母、子女的住房公积金账户中的储存余额，但需征得被提取人的书面同意。

（三）法律责任

单位不办理住房公积金缴存登记或者不为本单位职工办理住房公积金账户设立手续的，由住房公积金管理中心责令限期办理；逾期不办理的，处 1 万元以上 5 万元以下的罚款。

单位逾期不缴或者少缴住房公积金的，由住房公积金管理中心责令限期缴存；逾期仍不缴存的，可以申请人民法院强制执行。

实务技能训练案例 7-2

承例 7-1，小张应如何办理住房公积金相关手续？

实务分析

1. 小张应自单位批准设立之日起三十日内，向所在地县级以上管理中心办理住房公积金缴存登记手续，设立职工住房公积金账户。

2. 开户时应填报住房公积金缴存单位登记表，选择托收方式缴存公积金的，另需填报住房公积金同城特约委托收款协议书（合同）。

3. 办理开户应提供以下资料（复印件）：营业执照、组织机构代码证、单位负责人身份证、单位授权代理人身份证等。

4. 发放工资时，应代扣代缴住房公积金。

根据图 7-3，应作如下会计分录：

借：应付职工薪酬——住房公积金　　1 440

　贷：其他应付款——住房公积金　　1 440

计提企业承担的住房公积金时，应作如下会计处理：

借：管理费用——住房公积金　　1 440

　贷：其他应付款——住房公积金　　1 440

使用住房公积金同城特约委托收款的，每月收到住房公积金通知书时应作如下会计处理：

借：其他应付款——住房公积金　　2 880

　贷：银行存款　　2 880

本情境主要介绍了社会保险的基本规定和办理程序，包括社会保险含义、种类、征收方式、缴纳方式等基本概念，以及如何办理社会保险开户登记、缴费登记、变更登记、注销登记、新增参保、停保申报及如何根据缴费比例进行计算和账户处理等内容，还介绍了住房公积金的基本规定和办理程序，包括住房公积金的定义、用途、性质、缴纳主体等基本概念，以及如何办理住房公积金的开户登记、如何缴纳住房公积金以及如何使用住房公积金等内容。相关内容和要求具体如下：

任务内容	社会保险费和住房公积金认知	
	知识与技能准备	技能要求与目标
社会保险费的认知和办理	1.社会保险概述 2.社会保险的办理程序	1.能正确办理企业职工社会保险费扣缴和缴存手续 2.能正确区分社会保险个人承担部分及企业承担部分涉及的会计分录
住房公积金的认知和办理	1.住房公积金概述 2.住房公积金的办理程序	1.能正确办理企业住房公积金扣缴和缴存手续 2.能正确区分住房公积金个人承担部分及企业承担部分涉及的会计分录

一、思考题

1.简述社会保险的征收方式。

2.新注册成立的公司如何办理社会保险登记？

3.社会保险缴费登记到什么部门办理？如何办理？

4.如何为单位新招聘的员工办理职工申报？

5.社会保险费什么时间申报？向什么部门申报？

6.住房公积金由什么部门管理？缴费的主体是谁？

7.简述住房公积金的计提依据、计提标准。

8.简述新注册公司如何办理住房公积金的开户手续。

9.住房公积金在何种情况下可以提取使用?

10.简述住房公积金的缴款要求和缴款方式。

二、技能训练题

技能训练1

实训目的:掌握社会保险登记的办理。

实训要求:班级同学分组,5位同学分为一组,成立一家公司,讨论确定公司名称、公司选址等一系列公司基本信息,制作公司的营业执照样本,同时招聘公司员工,将公司员工基本信息用EXCEL制表,确定公司员工薪酬标准,根据有关规定制定社保缴纳标准,另外班级设立一个社会保障服务窗口。请为你新成立的公司:

(1)办理社会保险登记。

(2)办理社会保险缴费登记。

(3)办理缴费单位参保人员登记。

用人单位社会保险登记表

<table>
<tr><td colspan="2">缴费单位名称</td><td colspan="2"></td><td>电话</td><td></td></tr>
<tr><td colspan="2">单位住所(地址)</td><td colspan="2"></td><td>邮编</td><td></td></tr>
<tr><td colspan="2">社会保险企业编号</td><td colspan="2"></td><td>税务登记证号</td><td></td></tr>
<tr><td rowspan="3">工商登记
执照信息</td><td>执照种类</td><td colspan="4"></td></tr>
<tr><td>执照号码</td><td colspan="4"></td></tr>
<tr><td>发照日期</td><td colspan="2"></td><td>有效期限</td><td></td></tr>
<tr><td rowspan="3">批　准
成　立
信　息</td><td>批准单位</td><td colspan="4"></td></tr>
<tr><td>批准日期</td><td colspan="4"></td></tr>
<tr><td>批准文号</td><td colspan="4"></td></tr>
<tr><td rowspan="3">法定代表人
或负责人</td><td>姓名</td><td colspan="4"></td></tr>
<tr><td>身份证号</td><td colspan="4"></td></tr>
<tr><td>电话</td><td colspan="4"></td></tr>
<tr><td rowspan="3">缴　费
单　位
经办人</td><td>姓名</td><td colspan="4"></td></tr>
<tr><td>所在部门</td><td colspan="4"></td></tr>
<tr><td>电话</td><td colspan="4"></td></tr>
<tr><td>单位类型</td><td colspan="2"></td><td>隶属关系</td><td colspan="2"></td></tr>
</table>

续表

<table>
<tr><td colspan="2">主管部门或总机构</td><td colspan="3"></td></tr>
<tr><td colspan="2">开户银行</td><td></td><td>户名</td><td></td></tr>
<tr><td colspan="2">银行基本账号</td><td colspan="3"></td></tr>
<tr><td rowspan="6">参加险种
及日期</td><td>参加险种</td><td>参保日期</td><td colspan="2">社会保险经办机构名称</td></tr>
<tr><td>养老保险</td><td>年　月</td><td colspan="2"></td></tr>
<tr><td>医疗保险</td><td>年　月</td><td colspan="2"></td></tr>
<tr><td>失业保险</td><td>年　月</td><td colspan="2"></td></tr>
<tr><td>工伤保险</td><td>年　月</td><td colspan="2"></td></tr>
<tr><td>生育保险</td><td>年　月</td><td colspan="2"></td></tr>
<tr><td rowspan="4">所属分支
机构信息</td><td>负责人</td><td>名　称</td><td colspan="2">地　　址</td></tr>
<tr><td></td><td></td><td colspan="2"></td></tr>
<tr><td></td><td></td><td colspan="2"></td></tr>
<tr><td></td><td></td><td colspan="2"></td></tr>
<tr><td rowspan="4">有关数据</td><td colspan="2">20　年末职工人数</td><td colspan="2">人</td></tr>
<tr><td colspan="2">20　年末离退休人数</td><td colspan="2">人</td></tr>
<tr><td colspan="2">20　年全部职工工资总额</td><td colspan="2">万元</td></tr>
<tr><td colspan="2">20　年职工平均工资</td><td colspan="2">元/年</td></tr>
<tr><td>社会保险
经办机构
审核意见</td><td colspan="4">经审核，符合社会保险登记的有关规定，同意登记。
经办人(章)　单位负责人(章)　社保机构(章)</td></tr>
</table>

社会保险费单位缴费登记表

登记日期：　　年　月　日

单位名称		组织机构统一代码（即缴费登记编码）	
税务登记证号		社会保险登记编码	
单位地址		邮　编	
开户银行		账　号	

续表

参保险种	基本养老保险	失业保险	基本医疗保险	工伤保险	生育保险
参保人数					
社会保险经办机构					
参保登记批准日期					
法定代表人姓名		身份证号码		电　话	
单位主办人员姓名			电　话		
经济类型			行　业		
代理机构			代理机构地址		
代 理 人			电　话		

缴费单位个人缴费信息登记表

________年度

缴费人名称（章）					企业编码		联系电话		
序号	姓名	身份证号码	上年月平均工资	在职标记	参保标记				
					养老保险	医疗保险	失业保险	工伤保险	生育保险

单位负责人：　　　　　　　　填报人：　　　　　　　　　　　填报日期：　　　年　　月　　日

填表说明：1. 在职标记："1"代表在职，"0"代表不在职；养老保险标记："0"代表未参保，"1"代表参加事业单位养老保险，"2" 代表参加企业基本养老保险，"3"代表参加双低养老保险；3. 医疗保险标记："0"代表未参保，"1"代表参加机关事业基本医疗保险，"2"代表参加企业基本医疗保险，"3"代表参加大病统筹医疗保险；4. 失业保险标记："0"代表未参保，"1"代表参保，"2"代表农民工；5. 工伤、生育保险标记："0"代表未参保，"1"代表参保。

技能训练 2

实训目的:掌握社会保险缴费的办理

实训要求:

(1)根据技能训练1的资料,月底,根据公司员工工资,填报关于社会保险部分的综合申报表。

(2)上述向税务局填报的综合申报表,社会保险将由税务局委托商业银行每月从企业账户中扣除(税务局接受社保机构委托代收社会保险费)。银行扣款后,可以从"地税因特网办税服务系统"中打印《电子缴税付款凭证》,作为入账的原始凭证。请补充以下电子缴税付款凭证的相关信息。

地方税(基金、费)综合申报表

申报(送达)日期:　　年　月　日

计算单位:元列至角分、平方米、元/平方米、本、元/本、辆、元/辆、吨、元/吨、%

<table>
<tr><td>纳税人名称(盖章)</td><td></td><td>注册类型</td><td></td><td>行业类别</td><td></td><td>经营地址</td><td colspan="3"></td><td>联系电话</td><td></td></tr>
<tr><td>税务登记号码</td><td></td><td>微机编码</td><td></td><td>社保编号</td><td></td><td>开户银行</td><td></td><td>账号</td><td></td><td>主管税务机关</td><td></td></tr>
</table>

<table>
<tr><td>税种(费)名称</td><td colspan="2">费种</td><td>项目</td><td>所属期</td><td>缴费人数</td><td>缴费基数</td><td>缴费率</td><td>应缴金额</td><td>批准抵扣金额</td><td>已缴金额</td><td>实缴金额</td><td>欠(退)金额</td><td></td></tr>
<tr><td rowspan="13">社会保险费</td><td colspan="2" rowspan="3">基本养老保险费</td><td>单位</td><td></td><td></td><td></td><td></td><td></td><td></td><td></td><td></td><td></td><td></td></tr>
<tr><td>个人</td><td></td><td></td><td></td><td></td><td></td><td></td><td></td><td></td><td></td><td></td></tr>
<tr><td>小计</td><td></td><td></td><td></td><td></td><td></td><td></td><td></td><td></td><td></td><td></td></tr>
<tr><td rowspan="5">医疗保险费</td><td rowspan="3">基本医疗</td><td>单位</td><td></td><td></td><td></td><td></td><td></td><td></td><td></td><td></td><td></td><td></td></tr>
<tr><td>个人</td><td></td><td></td><td></td><td></td><td></td><td></td><td></td><td></td><td></td><td></td></tr>
<tr><td>小计</td><td></td><td></td><td></td><td></td><td></td><td></td><td></td><td></td><td></td><td></td></tr>
<tr><td>公务员补助</td><td></td><td></td><td></td><td></td><td></td><td></td><td></td><td></td><td></td><td></td><td></td></tr>
<tr><td>职工救助</td><td></td><td></td><td></td><td></td><td></td><td></td><td></td><td></td><td></td><td></td><td></td></tr>
<tr><td colspan="2" rowspan="3">失业保险费</td><td>单位</td><td></td><td></td><td></td><td></td><td></td><td></td><td></td><td></td><td></td><td></td></tr>
<tr><td>个人</td><td></td><td></td><td></td><td></td><td></td><td></td><td></td><td></td><td></td><td></td></tr>
<tr><td>小计</td><td></td><td></td><td></td><td></td><td></td><td></td><td></td><td></td><td></td><td></td></tr>
<tr><td colspan="2">工伤保险费</td><td></td><td></td><td></td><td></td><td></td><td></td><td></td><td></td><td></td><td></td><td></td></tr>
<tr><td colspan="2">生育保险费</td><td></td><td></td><td></td><td></td><td></td><td></td><td></td><td></td><td></td><td></td><td></td></tr>
</table>

<table>
<tr><td>声明:以上申报的各项税款数额均正确、真实、如期,对申报的各项税款承担一切法律责任。
申报单位及财务负责人(签章):</td><td>主管税务机关(签章):
受理人:　　　审核人:
受理日期:　年　月　日</td></tr>
</table>

电子缴税付款凭证

征收机关：杭州市地方税务局＊＊＊税务分局　　　　　　　　转账日期：

<table>
<tr><td>纳税人名称</td><td colspan="4"></td></tr>
<tr><td>纳税人识别号</td><td></td><td>收款国库(银行)名称</td><td colspan="2">杭州市国库＊＊＊＊＊区支库</td></tr>
<tr><td>付款人全称</td><td colspan="4"></td></tr>
<tr><td>付款人账号</td><td></td><td>付款人开户银行</td><td colspan="2"></td></tr>
<tr><td colspan="3">税(费)种名称</td><td>税款所属期</td><td>实缴金额</td></tr>
<tr><td colspan="3">养老保险基金——职工缴纳</td><td></td><td></td></tr>
<tr><td colspan="3">医疗保险基金——职工缴纳</td><td></td><td></td></tr>
<tr><td colspan="3">失业保险基金——职工缴纳</td><td></td><td></td></tr>
<tr><td colspan="3">养老保险基金——企业缴纳</td><td></td><td></td></tr>
<tr><td colspan="3">医疗保险基金——企业缴纳</td><td></td><td></td></tr>
<tr><td colspan="3">失业保险基金——企业缴纳</td><td></td><td></td></tr>
<tr><td colspan="3">工伤保险基金——企业缴纳</td><td></td><td></td></tr>
<tr><td colspan="3">生育保险基金——企业缴纳</td><td></td><td></td></tr>
<tr><td colspan="3">金额合计(大写)：</td><td colspan="2">小写￥：</td></tr>
<tr><td colspan="2">本付款凭证与银行对账单付款记录一致方才有效
浙江省地方税务局 委托银行扣款专用章
征收机关(章)</td><td colspan="3">上述款项已扣缴，请与银行对账单核对一致
中国工商银行浙江省分行 电子扣税转讫 专用章
扣款单位(章)</td></tr>
</table>

技能训练 3

实训目的：掌握住房公积金开户手续的办理。

实训要求：根据技能训练 1 所成立的公司，确定本公司住房公积金的提取政策，以班级为单位成立模拟住房公积金管理中心。请分别为成立的公司办理公积金开户手续。

住房公积金单位缴存登记表

（单位第一次开户用）

年度　　　　　附汇缴清册　　　份

<table>
<tr><td>单位名称（全称）</td><td colspan="2"></td><td colspan="2">法人代表</td><td></td></tr>
<tr><td>单位地址</td><td colspan="2"></td><td colspan="2">所属行业</td><td></td></tr>
<tr><td>主管部门</td><td colspan="2"></td><td colspan="2">联系电话</td><td></td></tr>
<tr><td>组织机构代码证号</td><td colspan="2"></td><td colspan="2">经办人</td><td></td></tr>
<tr><td>营业执照注册号</td><td colspan="2"></td><td colspan="2">财务负责人</td><td></td></tr>
<tr><td>设立日期</td><td colspan="2"></td><td colspan="2">联系电话</td><td></td></tr>
<tr><td>单位性质</td><td colspan="5">□国家机关　□国有企业　□城镇集体企业　□外商投资企业
□事业单位　□社会团体　□城镇私营企业　□其他城镇企业
□民办非企业单位　□有限责任公司</td></tr>
<tr><td>发薪银行及账号</td><td></td><td colspan="2">发薪日期</td><td colspan="2"></td></tr>
<tr><td>缴存比例</td><td colspan="5">1998年11月30日前参加工作的职工缴存比例为　%（单位　%，个人　%）；1998年12月1日后参加工作的职工缴存比例为　%（单位　%，其中住房补贴比例　%，个人　%）。</td></tr>
<tr><td>缴存人数</td><td></td><td colspan="2">月缴存额</td><td colspan="2"></td></tr>
<tr><td>单位（章）
年　月　日</td><td colspan="5">我中心已为单位开设住房公积金账户，账号为：
住房公积金管理部门意见（章）　　经办人：
年　月　日</td></tr>
</table>

填表说明：1.单位、主管部门和发薪开户银行应填写全称；2.单位地址、法人代表、财务负责人、经办人、联系电话均应填写详细；3.单位性质按本单位情况在□内打“√”；4.缴存人数和月缴存额应与所附缴存清册的人数、金额总计相符；5.组织机构代码证和企业营业执照各复印一份由住房公积金管理部门留存；6.本表一式三份，一份经住房公积金管理部门签章后留存，一份交开户银行，一份由单位留存。

技能训练4

实训目的：掌握新增职工住房公积金缴存手续的办理。

实训要求：为公司所有的员工办理公积金缴纳登记手续，员工信息根据技能训练1所成立的公司，假设在原有员工基础上，公司新招聘一名员工张鑫，其已经在其他单位工作过三年并已缴纳过住房公积金。请同时办理新员工的公积金缴纳登记手续。

住房公积金缴存职工登记表

单位客户号（单位账号）：　　　　　　　　　　　　　　　　　　第　页/共　页

<table>
<tr><td colspan="6">职工填写</td></tr>
<tr><td>姓　名</td><td colspan="2"></td><td>个人客户号
（个人账号）</td><td colspan="2"></td></tr>
<tr><td>性　别</td><td colspan="2">□男　□女</td><td>证件类型</td><td colspan="2">□身份证　□其他：__________</td></tr>
<tr><td>出生年月</td><td colspan="2"></td><td>证件号码</td><td colspan="2"></td></tr>
<tr><td>通讯地址</td><td colspan="3"></td><td>邮政编码</td><td></td></tr>
<tr><td>固定电话</td><td></td><td>移动电话</td><td></td><td>电子邮箱</td><td></td></tr>
<tr><td>工作单位</td><td colspan="5"></td></tr>
<tr><td colspan="3">兹保证以上所填内容及提供的资料真实、有效。

签章：
年　月　日</td><td colspan="3">身份证复印件粘贴处</td></tr>
</table>

<table>
<tr><td colspan="6">单位填写</td></tr>
<tr><td>职工上一年度平均工资（元）</td><td colspan="2"></td><td colspan="3">是否符合个人免缴条件：□是　□否</td></tr>
<tr><td rowspan="2">缴存比例（单位、职工各为）</td><td rowspan="2">%</td><td rowspan="2">月缴存额（元）</td><td>单位：</td><td rowspan="2">合计</td><td rowspan="2"></td></tr>
<tr><td>个人：</td></tr>
<tr><td rowspan="2">本次缴存职工登记合计
（首页填写）</td><td>缴存人数</td><td colspan="2">职工上一年度月平均工资总额（元）</td><td colspan="2">月缴存总额（元）</td></tr>
<tr><td></td><td colspan="2"></td><td colspan="2"></td></tr>
</table>

兹保证以上所填内容真实、有效。

单位代理人（签章）：　　　　单位公章：

年　月　日

注：此表一式两联，第一联住房公积金管理中心留存，第二联单位留存。

技能训练 5

实训目的：掌握职工住房公积金补缴手续的办理。

实训要求：假设上题中张鑫从原单位辞职，到你所在的公司之间有 3 个月时间未缴纳住房公积金，现需补缴以前月份应该缴纳的住房公积金。根据规定，需填写《住房公积金单位职工漏缴补缴申请表》，连同有关资料向住房公积金管理中心提出申请，管理中心接受申请后，向申请单位出具确认单。请根据以上资料办理补缴住房公积金的申请手续。

公积金变更业务确认单

年　　月　　日　　　　委托单位　＊＊＊＊＊＊公司

业务账号	姓名	业务内容	月缴纳	业务金额	备注说明	业务类型
4275839	张鑫	托收补缴	396	1188	3325189346656	补缴

注意事项：请注意核对业务内容、姓名、身份证有无差错，合并业务时，业务金额为合并金额，调整业务时，业务金额为新月缴额，补缴业务时，业务金额为补缴额。

经办人签名：

住房公积金单位职工漏缴补缴申报表

单位名称(公章)：　　　　　　　　　　单位客户号(单位账号)：

资金性质(请打"√"选取其中一种)：□一般住房公积金　　□住房公积金补贴　　　第　页/共　页

<table>
<tr><th rowspan="3">序号</th><th rowspan="3">姓　名</th><th rowspan="3">个人客户号
(个人账号)</th><th colspan="6">漏缴补缴明细</th><th rowspan="3">补缴
金额
合计
(元)</th></tr>
<tr><th rowspan="2">起止年月</th><th rowspan="2">职工上一年度
月平均工资额(元)</th><th rowspan="2">缴存
比例%</th><th colspan="3">月缴存额(元)</th></tr>
<tr><th>单位</th><th>个人</th><th>合计</th></tr>
<tr><td>1</td><td></td><td></td><td></td><td></td><td></td><td></td><td></td><td></td><td></td></tr>
<tr><td>2</td><td></td><td></td><td></td><td></td><td></td><td></td><td></td><td></td><td></td></tr>
<tr><td>3</td><td></td><td></td><td></td><td></td><td></td><td></td><td></td><td></td><td></td></tr>
<tr><td>4</td><td></td><td></td><td></td><td></td><td></td><td></td><td></td><td></td><td></td></tr>
<tr><td>5</td><td></td><td></td><td></td><td></td><td></td><td></td><td></td><td></td><td></td></tr>
<tr><td>7</td><td></td><td></td><td></td><td></td><td></td><td></td><td></td><td></td><td></td></tr>
<tr><td>8</td><td></td><td></td><td></td><td></td><td></td><td></td><td></td><td></td><td></td></tr>
<tr><td>9</td><td></td><td></td><td></td><td></td><td></td><td></td><td></td><td></td><td></td></tr>
<tr><td>10</td><td></td><td></td><td></td><td></td><td></td><td></td><td></td><td></td><td></td></tr>
<tr><td colspan="3">本页合计补缴人数</td><td colspan="3"></td><td colspan="3">本页合计补缴金额(元)</td><td></td></tr>
<tr><td colspan="3">各页合计补缴人数
(首页填写)</td><td colspan="3"></td><td colspan="3">各页合计补缴金额(元)
(首页填写)</td><td></td></tr>
</table>

单位代理人(签章)：　　　　　　　　　　　　填报日期：　　年　　月　　日

注：此表一式两联，第一联住房公积金管理中心留存，第二联单位留存。

主要参考文献

1. 高翠莲. 出纳业务操作[M]. 北京:高等教育出版社,2011.
2. 沈宝燕,徐耀庆. 出纳员岗位实训教程[M]. 北京:经济科学出版社,2010.